日記で読む日本史18

クララ・ホイットニーが綴った明治の日々

佐野真由子 著

倉本一宏 監修

臨川書店

目次

序　章

クララ・ホイットニー（Clara Whitney）は、一八六〇年から一九三六年までを生きた、アメリカ人女性である。クララは母の教えに従い、遅くとも一二歳で日記をつけはじめた。現存する最も古い日付である一八七三年一月一日の日記からは、初めて日記帳を手にした緊張や感激は読み取れないので、もっと早くからの習慣であったと考えられる。

七三年いっぱいは文字どおり毎日記しているが、その後は、必ず日ごとに書いたのではなく、しばらく間が空くこともある。思いのたけを書き綴った日もあれば、ごく簡単にできごとを記録した日もある。ごくフレキシブルな態度で続けられた、クララの心の友としての日記。それが、世界史のなかでも稀有の激動を経験した明治日本の記録として、かけがえのない価値を持つことになろうとは、本人は予想もしなかったに違いない。最後の日付は、一八八七年四月一七日（二六歳）。以降は家計簿や料理の記録が日記にとってかわった。

クララ日記の存在は、歴史家を中心に知られており、また後述の和訳書は熱心なファンも獲得しているが、必ずしも広い範囲の一般読者に読み継がれてきたわけではない。「日記で読む日本史」という課題に応える一冊として本書が取り上げるのは、この、クララ・ホイットニーという、けっしてその人自身が歴史上の「偉人」というわけではない、一人のアメリカ人の日記である。

日記の原文は、ぎっしりと書き込まれた一八冊のノートからなり、現在、"Clara A. Whitney Papers" としてワシントンDCのアメリカ議会図書館に収蔵されている（同文書群には、厳密には日記以外の手紙やクララが折々に書いたエッセイ、未完の小説原稿、また右に触れた家計簿なども含まれている）。しかし、そのようにして全体が公の閲覧に供されたのは一九八七年になってからのことであり、以降も、この原資料が研究に活用されることは皆無であったと言ってよい。

これらの日記はそれ以前の一九六〇年代に、遺族の手で初めて日本にもたらされ、七六年、日本関連部分――クララが日本で暮らすことになった一八七五年から、一時帰国（一八八〇～八二年）の時期を除いて、一八八七年に日記が途切れるまで――の和訳が講談社から刊行された（『クララの明治日記』上下巻）。ほぼ同時に、同じ範囲の英語原文、ただし抄録版が、講談社インターナショナルから出版され、また一九九六年には講談社版に若干の改訂を加えたものが、中公文庫の分厚い二巻本として世に出た。このほかに、右の各書から省かれていた一時帰国中の記録のうち、ごく一部、旅の途上でロンドンに滞在した一家と当時の森有礼駐英公使の交流に関係する部分に限って、『新修　森有禮全集』（文泉堂書店、一九九九年）の出版に際し、英文のまま新たに翻刻紹介された経緯がある。

先行研究が拠ってきたのは、ほとんどの場合、中公文庫版である。(1) これをアメリカ議会図書館の原文と照らし合わせてみると、まとめて省かれた来日前や一時帰国の間のほかにも、掲載されていない日もあり、掲載された日であってもこまごまと削除された部分がかなり多いことが判明する（ただし、筆者

122
Monday 2. We are anxiously looking for
land. A beautiful day.
Tuesday August 3rd. Yokohama
Here we are in Japan! I
can hardly realize that we are in the
land for which we have prayed so
often. Early this morning I arose &
land was in sight, for the morning
was clear & bright & all favorable. Soon
after 5 o'clock every one was on deck
intently watching through glasses &c
the blue outline of Vries Island, until
the breakfast bell rang to call them
below. After the meal, all went above
to continue their vigil. The awning
was put up & all the passengers & some
officers brought out chairs
themselves on the deck.
the railing. The sea &
tiful blue color, the
varying, to green or
clouds overshadowed it.
outline of land grew
until without the aid
field or opera glasses we
the light house & other
expected to arrive in port
but the currents were
allow of it.

図序−1　クララの筆跡（日本に初めて到着した1875年８月３日の日記）と、
1875年１月１日〜８月30日（３冊目）の日記帳
BOX 1, Clara A. Whitney Papers, Manuscript Division, Library of Congress, Washington, D.C.
現存する18冊の日記帳はそのときどきの所在地で買い求めたと考えられるもので、形状や表紙の柄などもさまざまである。

の見る限り、これらは内容——たとえば遺族の都合——による取捨選択ではなく、純粋に分量の制約から省略したものと想像できる）。本書では、むろん労作である中公文庫版に依拠しつつも、これまで未公開であった部分も含めて、クララの足跡から浮かび上がる明治日本の姿を捉えていきたい。

◇

クララは、アメリカ東海岸、ニューアーク（ニュージャージー州）で商法を教えていたウィリアム・ホイットニー（William Whitney）とその妻アンナ（Anna）のもとに生まれた。五歳年上の兄、ウィリス（Willis）がおり、のち、八歳離れた妹アデレード（Adelaide）を持つことになった。

「開国」の道を歩み始めた徳川幕府が、その歴史上初めての外交使節をアメリカに向けて送り出したのが一八六〇（万延元）年、ほかでもないクララが生まれた年である。正使・新見正興以下がホワイトハウスでブキャナン大統領に謁見した五月

図序－2　新聞紙上で紹介された遣米使節
HARPER'S WEEKLY Vol.IV No.179　江戸東京博物館所蔵　Image：東京都歴史文化財団イメージアーカイブ

一八日前後から、現地の新聞は日本人一行の滞在についてさまざまな記事を掲載したが、八月三〇日生まれのクララはまだ母のお腹のなかだ。ホイットニー家の人々も、遠来の使節団が目と鼻の先のニューヨークに立ち寄り、華々しく迎えられたことをおそらく知ってはいただろうが、彼らのその後の人生が、この日本という国とこれほど大きくかかわってこようとは、思いもよらなかったであろう。

彼らの生活のなかに日本人が現れた最初は、一〇年後、一八七〇年の暮のことであった。発足間もない明治政府が派遣した官費留学生の一人、富田鐵之助――のちの日本銀行総裁――が、クララの父ウィリアムが校長を務めるブライアント・ストラットン・アンド・ホイットニー・ビジネス・カレッジ（Bryant, Stratton and Whitney Business College）に入学してきたのである。富田はもともと明治維新以前からアメリカに留学し、牧師宅で英語の個人教授を受けていたが、すでに年齢が三〇代に達していたことや、なお英語力が不十分であったことなどから、正規の大学ではなくビジネススクールへの進学を選び、紹介を受けてここにやってきたのだという(2)。

その富田を、ウィリアム・ホイットニーは自宅に受け入れて住まわせたのだった。クララ、一〇歳。残念ながらその時点での記録は残らないが、さだめて珍客であったことだろう。あとから振り返れば、これこそが彼女の人生を日本に結びつけた、運命的な出来事であったことになる。富田は、この家庭で熱心に実践されていたキリスト教信仰に関心を持ち、とりわけ謹厳なクリスチャンであったクララの母アンナから聖書を学ぶようになる。

富田の縁を通じ、このとき駐米代理公使であった森有礼の肝煎りで、ウィリアム・ホイットニーを商

図序-3　ホイットニー夫妻　クララの父ウィリアム・ホイットニーと母アンナ
出典：『勝海舟の嫁　クララの明治日記（上）』中央公論社、1996年

法の教授のため日本に招くという話が持ち上がった。おそらく一八七二年中のことであったと考えられる。なぜなら、一八七五年の春になっていよいよ出発が決まったとき、クララが「神様のお導きによって私たちが日本で働くことを考え始めてから、今日までに三年が過ぎた」旨を日記に記しているからである（四月二一日）。子どもの記憶とはいえ、家族の大切な問題ゆえ、大きな間違いはないと想定してもよいのではないだろうか。逆に、少なくとも確実に言えるのは、一八七三年以降が現存するクララの日記中には、日本行きの発端と見なされるエピソードは登場しないということである。

一家が日本行きに踏み切った背後には、折からウィリアムのビジネス・カレッジ経営が難しい局面に陥っていたという事情もあったと考えられるが、決心を強く支えたのは、むしろアンナのなかに芽生えていた日本への思い――富田との出会いをきっかけに抱くようになった、クリスチャンとしてその信仰を広めるという使命感――であったようである。かくしてクララは、一五歳の誕生日を目前にした夏、家族とともに日本にやってきた。一八七五年のことであった。

彼らが来着したとき、日本側の混乱のためにホイットニー採用の計画は進捗しておらず、彼はついに、正式に（官傭）御雇外国人となることはなかったのだが、代わって民間の有志が彼を迎えて設立した商法講習所は、今日、一橋大学に発展している。ホイットニー一家はしかし、その大黒柱であるべきウィリアムのキャリアという観点からは、不遇であったと言わざるをえない。予定された雇用が初めから実現しなかった――そのため少女時代のクララは日記のなかで、父を日本に招聘した中心人物である森有礼をひどく恨んでいる――ことに加え、その後に就いた職からも短期間で解任されてしまった。一家の生活は結局、母や子どもたちの働きと、結果として彼女らの人生を多彩なものにした日本人たちの援助によって支えられていくのである。

ウィリアムが優秀な商法教師であったことは、いくつかの先行研究や、そもそも富田が彼を見込んで招いたことからも事実のようだが、日本側の計画頓挫という不運に加え、自らの力で不遇を打ち破るような、さらには周りから慕われるというタイプの人物ではなかったのかもしれない。長期にわたる娘クララの日記にも彼はほとんど登場せず、わずかな記述からは、活力に乏しい、頼りにならない父親像が浮かび上がる。

さて、ウィリアムが職を失った以上、一家はすぐにアメリカに帰国しても不思議はなかったはずである。少なくとも当初、そのまま日本滞在を続けたのは、日本での安定した生活を期待し、家財を処分して来日した彼らが、帰国の旅費を工面できなかったためと考えられる。加えて、母アンナが来日前から持っていた布教への情熱が、平信徒として日本で生活を続けるべく彼女を引き留めたからであろう。敬虔なクリスチャンであり、忍耐力と行動力を併せ持つ女性であったと思われる母アンナが、家族の支柱であった。

その一家の窮状を助けたのは、まだアメリカから日本に戻ってきていなかった富田を別として、当初においては——子どもであったクララの視野には入らなかったかもしれないが——やはり森有礼であり、また彼らの理論的な拠り所であった福沢諭吉であり、そしてつねに、勝海舟である。勝ははじめ、日本から頼んで呼び寄せた家族が路頭に迷う事態に陥っているのを知り、官費に代えてウィリアムを雇用できるよう、商法講習所設立資金として個人で一〇〇〇円を拠出した。また長男のウィリスを子弟の家庭教師に雇ったのも、むろん教育上の理由もあったろうが、ホイットニー家の家計を援助する意味が大きかったと想像される。さらに、ウィリアムがその商法講習所の職を失ったのちは、自邸の敷地内に別棟を建てて一家を住まわせた。

一家はその環境になじみ、日本に滞在する必然的な理由がなくなったのちも、赤坂の勝屋敷で生活を続けていくことになる。むろん、収入は必要であったから、母は頼まれて女学校で教え、ウィリスも教師となり、またクララも、自宅で上流階級の子女に英語や音楽を教えるなどの仕事をした。そして、一八八〇年に至っていったんはアメリカに戻ったものの、二年後、偶然の僥倖から資金を得て再度来日する。その旅中に父を、日本到着後に母を失ったのちも、大人になった兄妹は日本で暮らしたのである。

兄ウィリス（クララの日記には「ウィリイ」として登場する）は医師となってキリスト教精神に則った赤坂病院（一八八六年から一九二九年まで東京・赤坂に存続）を建設し、その献身的な活動は日本の医療史、キリスト教史の双方で記憶されている。妹アデレード（同じく「アディ」）はイギリス人の牧師と結婚して自らも活発に布教活動に従事したが、一八九六年、二八歳の若さで亡くなった。

図序-4　クララ（中央）と兄妹
BOX 4, Clara A. Whitney Papers, Manuscript Division, Library of Congress, Washington, D.C.

そして、クララについてはこのあとの本文で見ていくことになる。彼女は二五歳のとき（一八八六年）、勝海舟の三男・梅太郎と結婚し、六人の子をもうけ、その日本との縁は兄妹と比べても「ただならぬ」ものとなった。中公文庫版クララ日記に添えられた、「勝海舟の嫁」という肩タイトルは、むろんこのことを意味している。ただし、結婚をめぐる経緯は、おそらくこれが現代で言う「でき婚」であったためか、クララ本人が詳細を記録していないこと、さらに、その後の育児に忙殺されたと思われる時期には日記自体が途切れてしまうことから、彼女の結婚とその後の生活は、日記に着目する本書の対象とはならないことを、お断りしておかなければならない。

結婚という事態をさておいても、一八七五年の日本にやってきて、これほど親密に日本人とかかわり、日本社会に入り込んで生活した外国人は、特別な存在であったと述べて間違いはないであろう。クララ・ホイットニーが残した日記には、何よりもその意味で、類い稀な価値がある。

◇

日本で外国人のいわゆる「内地雑居」が正式に認められるのは、治外法権撤廃後の一八九九年に至ってからのことで、それまでにさまざまな形で緩和されていったとはいえ、ホイットニー一家の到着時にはまだ、幕末に開国して以来の「外国人居留地」の制度が明確に残っていた。商人などの一般外国人は、定められた居留地内に住み、特別な旅行許可を受けた場合のほかは、そこから一〇里以内の「遊歩」以外は移動が許されていなかったのである。居留地は、「安政の五ヵ国条約」締結当初からの開港地である横浜、長崎、函館、遅れて開かれた神戸、大阪の川口、江戸の築地に置かれていた（もう一つの開港地として一八六八年に開かれた新潟だけは、区画を整理せずはじめから内地雑居の状態にあったが、そもそも外国人数はわずかであった）。

この居留地の外、つまり日本の一般の市街に住まいを持つことが許されていたのは、各国の駐在外交官と、日本の官公庁等に雇い入れられた御雇外国人だけである[3]。したがって、来日時に想定されていた職に就くことがなかったのみならず、その後の雇用実態もきわめてあいまいであったウィリアム・ホイットニーの一家が東京の市中に居住を続けたのは、実は異例と言わなければならない。当初の不運な経緯によって、日本政府の高官や民間社会の上流に位置する人々から個人的に支援を受ける顛末となったことこそが、かえってその大きな要因となったと考えられる。

アンナを中心とする一家の人柄もあって、支援は親交へと発展し、とりわけ勝家との運命的と称してもよい絆が生まれたことで、ホイットニー家の子どもたちが長期にわたり日本社会で人生を送るに至ったことは、すでに触れたとおりである。そして、勝家の敷地内にあったホイットニー宅には、政府の高官をはじめ、後世から見れば当時の日本社会を牽引していた人々とその子女が次々と訪れた。一家の長女クララが彼女自身の日々を書きつけた日記には、あたかも歴史教科書の頁を繰るかのように、そうした顔ぶれが次々と登場する。

しかし、彼らはここに仕事をしにくるのではない。この家のディナーに呼ばれ、またクララや母アンナに英語や西洋音楽を習いに、あるいは聖書を読みに、ときにはただひとしきりの会話を楽しみに、やってくるのである。クララの日記のなかで、明治史を彩る「偉人」たちは、けっして偉人のそれではない素顔を表して、一家との交流のひとときに身を浸している。

そこには当然、勝家の人々自身も頻繁に含まれる。同時にホイットニー家の面々が勝家に入り込んで過ごす時間も少なくない。そうした生活を通じて、とりわけ長女のクララは、日本人の生活様式や日本語を急速に吸収していったが、その交わる人々の社会階級に応じて、彼女はごく自然に、品格のある言葉や振る舞いを身につけたようである。それが居留地暮らしの外国人の間で流布していた片言の日本語などと明確に異なるものであったことを、周囲の日本人から得た評価として、彼女自身が日記に書き留めている。

一方で、ホイットニー一家はもちろん、在日外国人のコミュニティーとも交際を維持していた。主要な外交官や、貿易商、学者、宗教者等々。そしてやはり、その子女たち。――クラフの日記は、当時の日本に海外からやってきて暮らしていた、それらの人々の日常の姿を描き出しているという点でも、貴重な記録となっている。なかでもそこで、クララと同年輩の少女たち、また、その母親を含む女性陣が自ずと主役の座を占めていることは、今日に残されたさまざまな記録のなかで、きわだった特色と言ってよいだろう。

◇

さて、このクララの日記を、「日本史」を読み込む素材としていかに位置づけるかを考える場合、著者が外国人であることに着目し、まず、「外国人の日本滞在（体験）記」という大きなカテゴリーの一角を占めるものとして捉えるのは、ごく自然なアプローチと考えられる。幕末の開国以降、日本に駐在した外交官や、長短期さまざまに日本を旅した人々はもとより、「鎖国」中も出島に駐在し、江戸に参府する機会もあったオランダ商館員、さらにはそれ以前の時代の宣教師などが、多くの滞在記を残してきたことはよく知られている。そこには異文化にあふれる日本社会が活写されており、日本人が当たり前と思って見落としてしまう生活習慣や風景が物珍しく詳述されていることも多いために、読み物としても史料としても、まことに興味深い著作群であると言える。日本語に翻訳され、廉価版として手に入るものも少なくない。

個別の作品やその著者についての研究も枚挙に暇がないが、これを一つの分野として扱った試みに、佐伯彰一・芳賀徹の共編による『外国人による日本論の名著――ゴンチャロフからパンゲまで』（中公新書、一九八七年）がある。歴代の著作のなかから四二の作品を選び出し、それぞれの専門家が批評・紹介したもので、これ自体が名著である。対象とする時代は幕末以降で、初期にはI・A・ゴンチャロフ『日本渡航記』（一八五三年）、R・オールコック『大君の都』（一八六三年）、アーネスト・サトウ『一外交官の見た明治維新』（一九二一年）などの外交関係者が並び、また周作人『日本管窺』（一九三五年）、李御寧『「縮み」志向の日本人』（一九八二年）など、アジア諸国からの視点も盛り込まれている。新しいものでは、その時点で刊行間もなかったモーリス・パンゲ『自死の日本史』（一九八四年）までが含まれている。

つまり、これら「外国人の日本滞在記」は、右書の標題にも明らかなとおり、あくまで「日本人論」、別の表現を選ぶとしても「日本社会論」「日本文化論」として読まれてきたのであり、またそう読まれることによって、日本の読書界で意味を持ってきたと言えるだろう。こうしたなかで、日々のできごとや思いを時系列的に記した「日記」の形式を持っているものは必ずしも多くはないが――仮に右の四二作のなかから挙げるならば、エルヴィン・ベルツ（一八七六年から一九〇五年まで滞日したドイツ人医師）とジョセフ・グルー（太平洋戦争開戦に至る一〇年間の駐日米国大使）の日記がそれにあたる――、いずれにせよ、同様の意味合いを持つ著作の一形態として受け止められてきたと考えてよい。「日本人論」として外国人の日本滞在記を読むとき、その著者の目に映った日本人／文化／社会を知ってあらためて感動を覚えたり、わが身を振り返って反省したりといった要素がそこにあるのは言うまでもないが、同時に、物語の主人公である著者が異文化としての日本文化に出会い、戸惑いを重ねつつも徐々にこれになじんでいく過程を追うことこそが、読者の体験の主要部分を占めることになる。結果として、著者の日本理解の度合いを日本人の立場で評価・批評するという視点が伴うのも、まずはごく自然であろう。右の四二作品を評するそれぞれの名文にも、濃淡の差はあれ、そのような姿勢が表れている。

クララ・ホイットニーという少女の日記は、当然ながらと言うべきかどうか、四二の名著には含まれていないが、これを独自に取り上げてきた数少ない先行研究の一つの軸は、やはりこの角度にあった。クララに関する現時点で唯一の単著である、福田須美子『つながりあう知――クララと明治の女性たち』（春風館、二〇〇九年）、またそこに至る福田の一連の研究でも、この視点が貫かれている。(4)

同時に、右の福田書のタイトルにも顔を出しているように、こうした見方のなかで、日記の著者であるクララの「女性」という属性が重要視され、クララが交流した日本側の人々のなかでも女性たちが注目されるのは、また当然と言えるだろう。先にも触れたが、書き手が女性であるがゆえに、その日記には、彼女が主に暮らしていた家庭内の様子や、その友人たちの消息が自然と多く記されることになる。外交官――女性外交官は当時まだ考えられなかった――をはじめとする、社会の表面で脚光を浴びた人々の記録には現れようのない、さまざまな場面が、そこに書き残される。もう一歩踏み込んで、「女性ならではの」文化理解、文化受容という捉え方が可能かつ適切であるかどうかについては別途の検討を要しようが、歴史的に見て、一般に光が当てられる機会の少なかった社会の側面が照らし出されることの価値は、やはり特筆に値するだろう。

なお、この「分野」に関しては、二〇一六年、ロナルド・クライン（Ronald D. Klein）編著、*Meiji Japan as Western Women Saw It: A Bibliographic Companion*（西洋人女性の明治日本記　英文書誌事典／Tokyo: Edition Synapse, Abington: Routledge）が、書名に該当する二五〇以上の著作を網羅して刊行されたことを紹介しておきたい。収集された二五〇点のなかにはクララ日記のような長大な「一点」から、ごく短いエッセイや記事までが含まれ、むしろ後者が大多数を占める。明治日本に関する著作を残した女性たちは、ここでは「旅行者」「宣教者」「滞在者」「作家（日本への来歴のない創作者も含まれる）」に分類されており、クララはむろん「滞在者」に位置づけられている。このカテゴリーに収録された著者たちを見渡しても、クララほどに早い時期から、長く、そして日本の内奥に迫る暮らしを経験した女性の書き手は、他にいなかったことがわかる。

このように、外国人による日本滞在記（ないし日本人論）――なかでも日記形式をとったもの――そのなかでも女性の手になるもの――としてクララの日記を整理することは、もちろん可能であり、おそらく順当でもある。が、「日記で読む日本史」という壮大な構想のなかで、「近代化」の時代を担う限られた一冊となる本書の素材にこれを取り上げようとする筆者の心は、あえて外国人、あえて女性を選ぶ、というところにはない。何よりもここには、「明治の素顔」が表れている。それを、「日記で読む日本史」として、大切に掬い取り、伝えたい。

もちろん、そのような日記は、外国人だから、女性だから、残せたという面はあるだろう。また逆に、外国人だから、女性だから、しかも年若い女性であったがゆえに、クララには見えなかった日本社会の諸要素も、実は少なくないと言わなければならない。社会の大ニュースとなっていたはずの政治的事件についても、いつも彼女が真相をつかんでいたとは言いがたい。しかし、そのありのままの視線を通じて、政治的事件の中心人物に見えていたのとはまた異なる、当時の社会を覗くことができればと思う。

とはいえ、以下の本文では、クララの日記そのものを追跡、解読することは、できるだけ避けたいと考えている。そのような試みよりは、彼女の日記それ自体を読んでいただくほうが何倍もおもしろいに違いないからである。本書は、筆者がクララの日記のなかから選び取った一四の場面に焦点を当て、そこを入口に、もう一歩、二歩、当時の社会に足を踏み入れてみるという形をとって進めていく。そのような方法で、「クララ日記で読む日本史」の可能性を探ってみたい。

なお、以下の本文でクララの日記から引用する場合、中公文庫版に含まれる部分については、原則としてその日本語訳を尊重し、そのまま使用させていただく。未刊行部分を原文から紹介する場合の翻訳は筆者の責に帰する。原文ならびに中公文庫版の書誌は左記のとおりである。

BOX 1-3, Clara A. Whitney Papers, Manuscript Division, Library of Congress, Washington, D.C.
クララ・ホイットニー著、一又民子他訳『勝海舟の嫁　クララの明治日記（上・下）』中央公論社、一九九六年。

クララの日記をもとにした記述には注を付さないこととし、日記の日付が本文から明らかでない場合には、（　）書きで添える。日記には、しばしば当日のことばかりではなく、振り返って過去の出来事が記されている場合もあるが、（　）書きで添える日付は、一貫して日記のそれである。

第一章　初めての日本語〈一八七三（明治六）年八月二日〉

近づいてくる日本

振り返れば、この日はクララ・ホイットニーの人生にとって記念すべき瞬間であったと言うべきだろう。ニューアークの町で成長しつつあった一二歳の少女は、自宅を訪れた日本人から、初めて日本語を教わったのである。

覚えたのは、「カステラ」「ヲハヨ」「トミタ」の三語。クララはこれらのカタカナを、日々の記録とは別に、使っていた日記帳の表紙裏に書き付けている。そして日記には、「日本語を勉強するのはとても簡単だと思う」との得意げなひとことが残されている。とはいえ、ここからちょうど二年と一日後に日本に到着することになる彼女は、自分がその後わずかな期間で評判の日本語の名手となり、さらに日本と浅からぬ縁を持って生涯を送ることになろうとは、まだ思いもしなかったであろう。

「カステラ」は、もちろんお菓子のカステラである。子どもに外国語を教えるのにこの言葉から入るとはなかなか洒落ているが、はたして実物のカステラがおみやげに持参されていたのかどうか、日記からはわからない。「お菓子のこと」であるとは書かれているが、もし併せて食したのであればおそらくはその感想が記されたであろうから、言葉だけを習ったのだろうか。クララは日本で暮らすようになっ

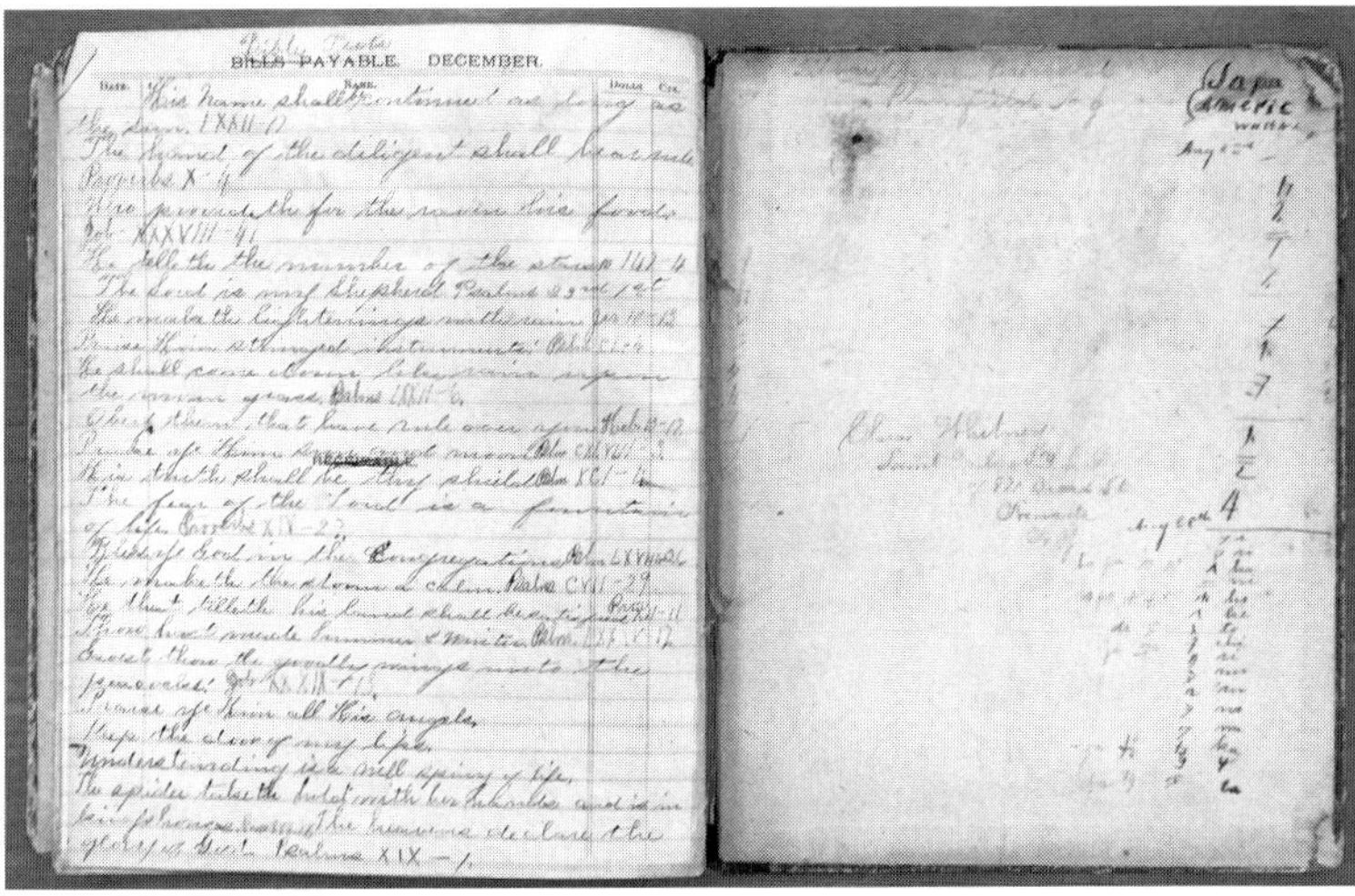

図1－1　「カステラ」「ヲハヨ」「トミタ」
BOX 1, Clara A. Whitney Papers, Manuscript Division, Library of Congress, Washington, D.C.
現存する日記帳第1冊にあたる1873年分の末尾、表紙裏の右端に縦に書き付けられている。（その下には「イロハ…」とそのローマ字表記が見える。）

てから、カステラのつくり方も教わり、「日本のお菓子」のうちでも大好物に挙げるようになる（一八七七年二月一日、五月二五日など）。

「ヲハヨ」は「おはよう」。そして「トミタ」は、前年までホイットニー家に同居していた富田鐵之助の名前である。

ただし、この日クララに言葉を教えたのは、富田自身ではない。彼女の日記にはMr. Okomuraとあって、岡村か奥村と推測されるが、残念ながら現時点で人物を特定することができない。一八七〇年末からウィリアム・ホイットニーの学生として同家の厄介になっていた富田自身は、七二年の二月には在米のままニューヨーク領事心得に任命され、その時点でこの家を離れていた。

富田との縁をきっかけに、ホイットニー家には日本人留学生の出入りが少なからずあったことがクラの日記からも知れるので、"Okomura" もそうしたなかの一人であったか、また、彼がわざわざ富田の名前をクララに教えていることからは、むろん一家と重要な関係を持ち続けていた富田からの使いの者、あるいはこの日、富田も同道であったのかもしれない（なお、Mr. Okomura はクララたちが来日したのちの一八七六年四月一五日の日記に登場し、日本で再会を果たしたことがわかる）。逆に見れば、二年以上同居した富田はその間、クララに日本語を教えなかったことになる。クララがまだ小さかったからもあろうし、英語の不得意な居候の立場ゆえ、遠慮もあったのだろうか。

ともあれこの日、クララは初めて Okomura さんから日本語を教わり、三つの単語を覚えて、何文字かのカタカナを書けるようになった。

ホイットニー一家が住んでいたニューアークは、いわゆる「西部開拓時代」のアメリカにあって、近代化を牽引する東海岸のなかでも商工業の発達した街であった。最先端都市ニューヨークもごく近く、クララたちも何かにつけて買い物やその他の用事のために出かけている。つまり、クララは都会の女の子であった。その街で、毎日学校に通い、友だちとさまざまなおしゃべりをし、夕方は宿題や練習問題に取り組み、よくできた日もあればいくつも間違えた日もあり、週に一度は音楽のお稽古（歌が中心だったと思われる）をして、空いた夕方は母親とショッピングに出る。日曜日には家族と教会に行ったり、親せきを訪ねたりする。夏休みは家族と海辺の町に滞在する――。

現存する最も古い日記帳である一八七三年分の一冊には、そんなごく普通の――経済的には比較的余裕があると言ってよい家庭の――少女の生活が、日々途切れることなく記されている。これまで日本で公開されたことのなかった来日前の時期、日記の著者としてのクララはまだまだ幼く、また、和訳によって知られてきた日本での劇的とも言える日々に比べて、家族の生活も当面は淡々としている。

そのなかで異彩を放っているのが、必ずしも頻繁ではないが、ときどき触れられる日本人の存在、またはは日本についての記述である。まったく普通に見えるアメリカ人家庭の生活に、日本人の若者らしき面々が出入りしているらしい様子が、とくに目新しくもない様子で日記に表れ、そうしているうちに彼女が日本語の単語を習ったりもする。逆に見れば、ウィリアム・ホイットニーの商科学校周辺に出没するという形で、少なくとも数人の日本人が、この地域の平凡なアメリカ人の日常に立ち現れ、足跡を刻みつつある。一八七三年――明治六年――の日本が国際社会に接していた最前線の一角が、きわめて具体的な形で、ここにある。

海外渡航の禁こそなくなったとはいえ、誰もがおいそれと海外に出られた時代ではない。後述する最初期の外交官を別として、このころアメリカにいた日本人のほとんどは、政府派遣の留学生であった。

幕末の開国以来、日本からの海外留学は、ここまでにすでに三つの段階を踏んでいたと見ることができる。第一は、開国後まもなく、一般にはまだ日本人の海外渡航が認められていなかった時期に、徳川幕府がオランダを皮切りに留学生を派遣し始め、一方で長州藩や薩摩藩が密航留学生を送り出していた段階である。ところが幕府は一八六六（慶応二）年になると、幕府自体や各藩が費用を負担する場合はもちろん、私費による欧米留学も公に認めることにしたため、より多くの有意の若者たちが海を渡るよ

図1－2　後年の富田鐵之助
『東京府史　第1巻』、国立国会図書館
デジタルコレクションより

うになった。これが第二段階。そして政権が変わり、明治新政権が人材育成のための留学の重要性を認識し、具体的な制度を設けて積極的な推進策を講じるようになったのが第三段階である。

　富田鐵之助は、留学生としては実はこの第二段階の世代に属している。仙台藩から江戸に出て、勝海舟が開いた私塾、氷解塾で学ぶうち、勝に信頼されるようになり、一八六七年、勝の費用援助によってアメリカに留学した。名目上は、同時に留学した勝の長男・小鹿の世話役という形をとっていたが、現地ではそれぞれの適性に応じて別の道をとり、小鹿がニューブランズウィックのラトガース大学に入学したのに対して、富田は先にも触れたように、はじめ牧師の個人宅で英語を勉強した。彼らは維新のニュースを受けて慌てて帰国したものの、落ち着いて引き続き勉学に励むよう勝に諭され、アメリカに戻ったのである。この時点で、第三段階に合流したことになる。

　ここで言う第三段階のなかでも、海外留学生の研究で知られる石附実によれば、年々出発する留学生数はアメリカ、イギリス、ドイツを中心に、一八七〇（明治三）年から翌年にかけてピークを迎えたという。うち約四割を占め、最も多くが学んでいたのがアメリカであり、両年で計一四九名が新たに渡航、一八七二年時点での在米学生は二〇〇人を下らなかったと考えられている。[1] 七三年までには、むしろ国内の人材を確保するために留学抑制策がとられ、[2] その数は減少を見るのだが、いずれにしても、こうして送り出されていた学生たちの一部が、ニューアークのホイットニー家に姿を現したのである。

国境を跨ぐ文明開化

その第一号であった富田鐵之助は、先に触れたように一八七二年初頭、在ニューヨーク領事心得に就任した。実はほかでもない、右の留学抑制策の対象となり、日本に帰還するかわりに現地で政府採用となったのであった。[3]

富田の任命を行ったのは、特命全権使節として訪米中の岩倉具視である。大久保利通、木戸孝允、伊藤博文をはじめ、維新政権の中枢を司るメンバーが顔を揃え、足かけ三年にわたって欧米の条約相手国を巡回、いわゆる不平等条約改正の下調べと、何よりも諸国の社会視察に努め、日本の近代化の原動力となったことで知られる岩倉使節団。その足取りが、クララに最も近づいた瞬間と言うことができる。

前年暮に横浜を発った岩倉使節団一行――これ自体も、世上に名高い五人の少女を含め、訪問先各地に残す予定の留学生を伴っており、総計一〇〇人を超える大組織であった――は、太平洋を渡ってサンフランシスコに到着。そこからは、二年半前に完成したばかりの大陸横断鉄道に乗って東海岸へ向かった。最先端の文明の利器であった列車そのものの観察はもとより、開拓途上の中西部を通り、サクラメント、ソルトレーク・シティ、シカゴ……と途中の街々を見分しながら旅を続けた彼らの感慨は、久米邦武の筆になる使節団の記録『米欧回覧実記』に生き生きと書き付けられている。

ワシントンでグラント大統領に謁見したのが一八七二年三月四日。その後、いったんは即時条約改正を試みようとして、大久保利通と伊藤博文が全権委任状取り付けのため日本に戻るという有名なエピソードを挟み、一行のアメリカ滞在は同年八月までの長きにわたったことを考えるなら、その間にホイットニー家の人々が富田を介し、またはメディアを通じて、彼らの消息に触れることも十分にあっただろう。

さて一方、日本政府はこれに先立って一八七〇年秋から、初めて外国の首都に常駐の外交官を置くという制度の設置に着手していた。まずはパリに鮫島尚信、ワシントンに森有礼が派遣され、さらに七二年にはロンドンに寺島宗則が赴任して、それまで鮫島が兼務していた対英関係を司るようになる。

これ以前、日本と諸外国との外交のあり方は、一八五六（安政三）年にアメリカから来着し、当初は下田に総領事館を置いたタウンセンド・ハリスを嚆矢として、駐在官は諸外国の側から日本にやってくるばかりという、片務的ないし変則的な形が継続していた。むろん開国当初の形態としては致し方なかったと言えよう。日本側から、まずは臨時の外交ミッションとして、一八六〇（万延元）年に初めての遣米使節、約二年後に遣欧使節が実現したのは、相当速やかな対応であったと評価してよい。引き続き、徳川政権下で二件の外交使節が派遣された。(4) 岩倉使節団は、維新を跨いでその形を踏襲した最後の臨時外交使節団と位置づけることができるが、このときには並行して右の三ヵ所に初代駐在代表がおり、それぞれ現地で岩倉らを迎えるとともに、各種の外交実務にあたる態勢が整い始めていたのである。

その一人であった森有礼は、のちに伊藤博文総理のもとで初代文部大臣となり、近代日本の教育制度の構築に邁進した人物として知られている。そのさなかの一八八九（明治二二）年、国粋主義者に刺され、四三歳で世を去った。周知のとおり、もとは薩摩藩の出身であり、二〇歳を迎えるより前の一八六五（慶応元）年、いわゆる密航留学生としてロンドンに渡ったのだった。日本には維新成った後の一八六八（明治元）年に帰国、新政府に出仕したが、早々に廃刀を主張したことが主因で免官になっていたのを、このときあらためて採用され、アメリカに駐在を命じられたのである。[5]その時点で、いまだ二三歳の若さであった。

森がクララたちの人生を大きく左右することになる顛末についてはこのあとで述べるとして、ここでは、明治日本が目下、こうして新しい国家の形を整えながら、少しずつ、しかし大胆に、世界デビューを果たしつつある様子を確認しておきたい。日本の国内はまさに、文明開化の時代に突入している。廃藩置県があり（一八七一年）、学制が頒布され（一八七二年）、西洋暦が採用された（一八七三年）。あるいは、断髪令が出され（一八七一年）、新橋・横浜間に鉄道が開通し、横浜にはガス燈が灯った（一八七二年）。しかしその変革は、国境の内側だけでなく、外側でも確実に展開していたのである。

加えて、岩倉使節団がヨーロッパ巡回中であった一八七三年二月二四日、日本国内においてキリシタン禁制の高札が撤去され、江戸時代以来の禁教策に終止符が打たれた。現地で使節団に向けられる批判をかわす意図があったとされる。これはただちに信教の自由を推進したり、さらにはむろん、キリスト教の信仰を積極的に奨励したりする趣旨のものではなかったが、このときそれが黙認されるに至っていたことは、ほどなく日本にやってくることになるホイットニー一家にとって、その生活と活動の不可欠の前提をなしたと言うことができる。彼女らは、こうした動きをつぶさに知っていて来日したわけでこそないが、もしも少しの時間差で、このような社会の条件が整っていなければ、その日本での立場はまったく異なっていたであろう。

商法講習所をめぐる顛末

さて、一家の日本行きの可能性は、前章でも触れたように、一八七二年には浮上していたことが、クララの日記から推測できる。一二歳であった彼女の位置から見る限り、そのことが家族の日々の生活に色濃く影響していたわけではないようだが、ずっと底流にあったことは間違いないだろう。彼女が「日本語を勉強するのはとても簡単だと思う」と記したのも、その意味では、単に遊びで教わった言葉についての感想ではなく、いずれ、より近しく付き合うことになるかもしれない文化への安堵感と理解すべきかもしれない。

日本に行くという話が出たのは、遡れば、富田がホイットニー家を離れる前後から、その後しばらくの間ということになる。一家の来日に関しては、右のとおり一八七〇年から駐米代表（当初は少弁務使、のち中弁務使、さらに代理公使）としてワシントンに赴任していた森有礼が抱くようになった、日本の発展のためには商業教育の学校を設けることが肝要という発想に端緒があること、一方で森が初めからウィリアム・ホイットニーと昵懇であったわけではなく、富田の仲立ちがあったことは、すでに知られてきた。(6) 具体的な時期と照らし合わせた場合、七二年初頭にニューヨーク領事心得となり、在米トップである森の指揮系統下で働くようになった富田が、森の考えを実現しうる人物として師のウィリアム・ホイットニーを推挙し、かつ本人へもその可能性を打診したという推測が成り立つ。または、ホイットニーの商科学校で学んだ経歴を持つ富田が身近にやってきたことが、森にそのような着想を与えたとも考えられる。

一方、日本の経済学の源流を探る観点から近年新たな富田鐵之助研究を発表している髙橋秀悦は、日本の公文書類や渋沢栄一の講演録等を渉猟した結果、在米の森は商業学校の必要性をまず東京府知事・大久保一翁に宛てて訴えたとし、その時期として「明治五年五月からの二ヵ月」が有力であるとしている。(7)「五月」というのが、ちょうどこの年まで存続していた和洋暦のいずれによるものかはっきりしないが、いずれにしても一八七二（明治五）年夏までの時期に違いない。その動きと並行して富田がホイットニーにコンタクトしていたとすれば、本書が初めて世に紹介するクララの来日前の日記から筆者が試みた、右の推測とも一致する。

ただし、商科教育が重要という考えは森の専売ではなく、ほとんど同時期に、森とは別に文部省から、「商法学校興立ノ儀」についての伺（明治五年四月一七日）が正院に提出されていたのである。これは、すでに日本に在住していた御雇外国人ゴットフリート・ワグネルを教師にあて、プロシアの協力を仰いで計画を進めようとするものであった。化学の専門家で、日本の窯業の発展に功績のあったワグネルでは、この役割に対してどう考えても畑違いであるという問題はさておくとして、この案は主に大蔵省によって不急の事業と判断され、実現しなかった。

引き続き、今度は東京府が正院に宛てて、「商学舎」設置願（明治五年七月）を提出する。右の髙橋はこれを、国立の商業学校設立に二の足を踏む「大蔵省の意見を斟酌」してのものと解釈しているが、先の時期的推測が正しいならば、むしろ在米の森から大久保への相談がここにストレートに反映されたと考えるのが自然ではないのか。

なお、『一橋大学百二十年史』は、もともと森は「国立の商業学校設立の希望を文部省に打診」したが、「文部卿大木喬任はこれを受けなかった」としている。森が東京府に理解を求めようとする以前、国立学校の創設を発想し、文部省に掛け合っていた可能性は十分に考えられるが、その史料的根拠は示されていない。他方で同書は、文部省自体が提出していた右の商法学校設置案には触れていない(8)。ともあれ、東京府の意向はこの段階では日の目を見ず、構想は立ち消えとなった(9)。話が再び動き出すのは、翌一八七三年に森自身が帰朝してからである。

クララの日記に戻ると、森の離米直前にあたる七三年春、ウィリアムの妻アンナは息子のウィリスと娘のクララをつれて、遠路ワシントンを訪れた。森と面会したのは三月六日である。残念ながら、クララはウキウキした様子で「日本の総理大臣（もちろんクララの誤解）である森氏のお宅に伺った」「とても素敵なおうちを持っていらっしゃる」と書き残すのみで、会談の内容はわからない。が、時期を考えても、森が発つ前に日本行きの一件を話し合うための訪問であったことは、まず疑う余地がないであろう。ただ、それならばなぜ、そのような大切な問題を話し合いにウィリアム自身が出かけなかったのか。単に多忙であって、残り時間の少ない森と急遽会うためにアンナが出向かざるをえなかったのか、または、決定権がむしろアンナにあったからであると理解してよいのかどうか、判断しきれない。

加えて、一行には日本人が一人同行していたことが、やはりクララの日記からわかる。クララはこの人物を“our Japanese”と表現していて、具体的な名前を記していないのだが、状況からは富田が同席したと想像して差し支えないと思われる。また、彼女が「私たちの」ないし「うちの」と呼ぶ日本人はやはり、一年以上同居し、その後もよくホイットニー家を訪れていたと考えられる富田以外にないのではないか。

図１－３　森有礼
国立国会図書館ウェブサイト「近代日本人の肖像」より

ところで、名前で呼ばず「うちの日本人」とする書きぶりは、子どもから大人に対するものであることも考え併せれば、それだけを見る限り、やや蔑視を含んでいるようにもとれる。当時のアメリカ社会やホイットニー家の内での日本人観が自ずとクララの筆致に反映したものだろうか。あるいは、このときの一家がすでに日本行きを熱望する気持ちを持っていたことを前提とするなら、その日本と自分たちをつなぐ存在への、親しみを込めた言い様であったろうか。

ここでおそらく、森とホイットニー家の間に何らかの合意がなされたと考えられるが、それから約五ヵ月を経た八月九日――つまりクララが「カステラ」などの日本語を習ったちょうど一週間後――の日記には、「日本遠征」の話がダメになって母が大変がっかりしているという記述が見出される。この日に直接何があったのかは記されていないが、離米後ヨーロッパを回っていた森が七月に日本に帰着したこととの関係からは[10]、日本の状況に接した結果、当面計画が実現できそうにないことが、本人または富田を介して伝えられたのかもしれない。しかし、続けてクララが書き付けている、「神様が私たちにこの考えを持たせたあとで、私たちを引き留めるようなことをなさるとは考えられない」という一文は、両親、とくに母の決めた日本行きがこの時期、すでにクララ自身の決心に転化していることを示していよう。

少し先の経過をたどっておくならば、彼女らへそのような情報が届けられていた一方で、帰国した森は、すでにいったん商業学校の件が否定されていたにもかかわらず、積極的な動きを開始していた。あらためて東京府知事・大久保一翁を動かし、右大臣・岩倉具視に宛てて「商法講習所相設ノ届」を提出せしめるとともに、並行して東京会議所の了解を取り付ける[11]。ここからは、少なくとも一八七二年以降の森が、まず一貫して国ではなく東京府による商業学校の設立を構想していたことがわかる。懲りずにもう一押し、二押しを試みるには、そちらのほうが見込みがあると睨んだのだろうか。これが一八七三年一〇月中のことであり、そして年内にはついに、いったん「商法講習所」の創設が認められるに至ったのである。[12] しかし、関係者が学校建設用地として狙いを定めていた木挽町の地所の払い下げが進まなかったために、計画はまたも頓挫してしまった。

約一年を経てそこへ飛び込んできたのが、ほかでもない富田である。これはアメリカからの休暇一時帰国で、彼はこの間に、福沢諭吉を仲人、森有礼を主賓として、医師・杉田玄端の姪にあたる杉田縫と婚礼を挙げた。この顔合わせがきっかけとなり、もとより実用的な商業教育の価値を理解していた福沢によって、商法講習所の設立趣旨書にあたる「商學校ヲ建ルノ主意」（内閣文庫蔵）が書かれることになった。その末尾の段落を引用しておこう。[13]

日本の文明、未だ進まずして、何事も手後れと為りたる世の中なれば、独り商法の拙なるを咎るの理なし。何事も俄に上達す可に非ず。唯怠らずして、勉強す可きのみ。維新以来百事皆進歩改正を勉め、文学を講ずる者あり、芸術を学ぶ者あり、兵制をも改革し、工業をも興し、頗る見る可きもの多しと雖も、今日に至るまで全日本国中に一所の商学校なきは何ぞや。国の一大欠典と云可。凡そ西洋諸国商人あれば必ず亦商学校あり。猶、我武家の世に武士あれば必ず剣術を学ばざれば戦場に向う可からず。商売を以て戦うの世には商法を研究せざれば外国人に敵対す可からず。苟も商人として、内外の別を知り、全国の商船に眼を着する者は、勉る処なかる可らず。亜国に商法学士「ホウヰツニー」氏積年日本来て商法を教んとするの志あり。森、富田両氏の知る人なり。東京其他の富商大賈各其分を尽して資金を出すの志あらば両氏も亦周旋して其志を助け成す可し。森有礼、富田鋏之助君の需に応じて。

明治七年十一月一日　福沢諭吉記

おそらく富田は、森がアメリカを離れたのちも現地でホイットニー一家との付き合いがあり、その日本行きの希望を理解して帰国したと考えられる。右の文章にはすでに、「商法学士『ホウヰツニー』氏」と個人名が記載されており、一般的な提案ではなく、彼の招聘を前提とした趣意書が福沢の手で物されたのである。加えてこの段階では、最後の一文に「東京其他の富商大賈各其分を尽して資金を出すの志あらば……」と見えることから、すでに東京府の線も立ち消えとなって、民間有志の出資による設立が念頭に置かれていることがわかる。

結果としてホイットニー一家は、この翌年の夏、ついに日本に向けてアメリカを発った。事が急に動いたのは、序章で触れたとおり一八七五年春のことで、急に道が開け、来月出発することになった旨が、クララの四月二一日の日記に記されている。ニュースが到来したのは必ずしもこの当日ではなく、これ以前、二月七日を最後にめずらしく二ヵ月間日記が途絶えた間のことと思われる。すでに四月一六日金曜日をもって学校もやめたというから、出発準備のために突然、忙しくなったのであろう。なおクララは、「これは政府に呼ばれていくのではなく個人的な渡航で、領事の富田さんがパパのために商業学校の仕事を用意してくれたのだ」と、状況を正しく理解している。

知らせはおそらく富田自身が持ってきたのであろう。富田が帰米したのは日本での結婚後すぐのことだが、クララの筆致からは、その後ここに至る数ヵ月の間、ホイットニー家へ懸案の途中経過を伝えていたようには思われない。おそらくはこのとき、東京でなんらかの具体的な準備が整ったという連絡があって、飛んできたのではないか。

実はこの間、東京では、もともと商法講習所のために払い下げを求めていた木挽町の土地を、森が自邸用に借り受けるという形をとり、実際には講習所の教師館（宿舎）にするために洋館の建築に着手していた。完成した洋館で、まずは森自身の結婚式が行われたのだが、挙式が一八七五年二月であったことを考え併せると、(14) この建物の竣工をもってアメリカにいる富田にゴーサインを出したのではないか。ホイットニー一家が動き出した時期とも一致する。

なお、右に紹介した四月二一日のクララの日記にはもうひとことあり、父が仕事を得たことに加えて、「ママは神様の御心に従って伝道の仕事をするのだ」と記されている。むろん日本側でそのような要請をしたはずはあるまいが、富田との間では了解事項であったかもしれない。

一家はこのあと、慌ただしく準備を進め――クララは母の言いつけで頻繁にニューヨークの歯医者に通い――、五月下旬にはニューアークの家を引き払って借家や親せき宅で暮らしたのち、六月三〇日、ついに「私たちの東洋の家に向けて（for our Oriental home）」出発した。

第二章　太平洋の向こうへ〈一八七五（明治八）年七月一五日〉

オーシャニック号での出発

この日、クララは興奮していた。サンフランシスコから乗船、いよいよ太平洋を渡るのである。船は正午きっかりに港を離れた。日記に記された「偉大なるオーシャニック号は一路東洋へ向かった（The great Oceanic was on her way Eastward.）」という一文に、大洋の向こうへ馳せる思いがあふれる。ゴールデンゲート海峡を通り過ぎるとき、振り返った彼女の目に写った「アメリカ最後の景色」は、見送りの人々にひしめく長い桟橋であった。

ホイットニー一家が乗船したオーシャニック号は、当時の遠洋航海における花形客船である。のちのタイタニック号でも知られるイギリスの海運会社ホワイト・スター・ラインによって一八七〇年に建造され、翌年就航した船舶で、航海には蒸気と帆を併用した。船速のみならず、一一六六名の乗客を収容する客室の構造や、食堂の豪華なつくり、最新鋭の電動の呼び鈴、船体全体の高級ヨットのようなデザインの美しさなど、船舶史に画期をなした船であるという。船舶史家の野間恒は、この船の出現は「いい知れぬほどの社会的インパクトを海運界に与えた」と述べている。[1]

当初は大西洋航路に就航していたが、一八七四年に設立されたアメリカのオクシデンタル&オリエン

図2－1　1871年、大西洋を航海中のオーシャニック号
Source: Library of Congress, Prints and Photographs division pga.03862
Author: William Lionel Wyllie

タル汽船にチャーターされ、翌七五年、太平洋に回航。サンフランシスコ―横浜―香港間をつなぐことになった。これにより、従来、約一ヵ月かかっていた太平洋の横断は、一五、六日にまで短縮されたという。一八七五年六月二九日にこの船が初めてサンフランシスコ港に現れたことを伝える翌日付のデイリー・アルタ・カリフォルニア紙記事には、遠洋航海の新たな時代への期待が充満している。

つまり、七月一五日にサンフランシスコから出航したホイットニー一家は、この六月二九日に初めて同港に入ったオーシャニック号の、最初のアジア行き船客のなかにいたのである。クララは、むろん船旅など初めてだが、オーシャニック号がすばらしい船であること、ホワイト・スター・ラインに属していて、大西洋航路から移行したということを、当日の日記にきちんと書き留めている。

もう少々この航路について見ておこう。ホワイト・スター・ラインからオーシャニック号をチャーターしたオクシデンタル&オリエンタル汽船は、一八六九年のアメリカ大陸横断鉄道の完成を受け、これをアジアまでの太平洋航路に接続するため、ユニオン・パシフィック鉄道とセントラル・パシフィック鉄道が提携して設立した会社である。ここは推測だが、ホイットニー一家も、この二週間前、東海岸を鉄道で出発するときから、連続して同社の船に搭乗する計画であった――そのようなパッケージを購入した――のではないか。同社はすべり出しから大成功し、鉄道との連携を拒んできた先行のパシフィック・メール汽船はこれと協力せざるをえなくなったという。(2)

つまりこのとき、太平洋世界と大西洋世界は、人間のつくり出した技術と経済網でつながった。一九世紀の「グローバル化」が大きく歩を進めた瞬間であったと言っていい。

一八五〇年代半ば、かのペリー艦隊も東回りで、つまりヨーロッパ列強がアジアに向かったのと同じように西から東へ、アメリカからはまず大西洋を越え、アフリカ大陸とインド亜大陸の南側をたどる経路で日本に到達したのである。太平洋の両岸はまだ結ばれていなかった。一八六〇(万延元)年に、徳川幕府初の遣米使節団を乗せたアメリカ鑑と日本の咸臨丸が太平洋を横断したことはよく知られている。まだ冒険に属する航海であった。一八六七(慶応三)年になると、パシフィック・メール汽船が初の太平洋横断定期航路を開発。そして一八七五(明治八)年、アメリカ大陸横断鉄道と接続するオクシデンタル&オリエンタル汽船の成功。

さて、ここに至る鉄道の旅は、すでにクララを大きく変貌させていた。六月三〇日、生まれ育ったニューアークを家族で発ち、いったんニューヨークに出てから、いよいよ七月五日に大陸横断鉄道に乗り込む。翌日にはナイアガラの滝に驚嘆し、翌々日から列車はカナダを走り、再びアメリカ合衆国領内に入ってシカゴで乗り換える。ミシシッピ河を渡り、オマハ、オレゴン、サクラメント、と進んでいく。路線の問題だけでなく、故障などの原因で、列車の乗り換えは相当頻繁にあったようである。その都度一家は、豪華な客室を与えられたり、質素な寝台に耐えなければならなかったりし、クララは一喜一憂している。

鉄道の旅は快適とは言えないが、自分にとって「すべて新しいことばかり」であると記すクララの筆致は、それ以前、宿題の出来や、たわいのないクラスメートとのやりとりなどを日々トツトツと書き綴っていた同じ子どもとは思えないほど、急激に色彩を増し、雄弁になっている。すでに知られてきた来日後の日記に見る彼女の鋭い観察眼や文筆家としての能力が、このとき、自身で言う「さまざまな経験」によってみるみるうちに花開いたことは間違いない。

クララがとりわけ感激したのは、数日間にわたって走り続けた大陸中部の大平原である。東海岸の都会では想像もできない景色だったろう。彼女はそれを、「尽きることのない美の源」と表現し、さらに、「空気は異様なほど新鮮で、甘くスパイシーな草と花々の香り」が平原に漂っていると、五感を働かせている（七月八日）。窓外の風景ばかりではない。列車に乗り合わせた人々との交流も、一四歳の少女に次々と新しい世界を開いた。音楽家もいれば、士官学校生も、ビジネスマンもいて、若い男性に関心を寄せられることもあった。

七月一三日、ついにサンフランシスコに着くと、何もかもが異国風で、またいままでとは別の、初めて接する光景が広がっていた。多くの中国人がいて、彼らが鉄道建設の現場労働者、またはレストランのウェイターとして働いていることに、クララは目を留めている。オーシャニック号に乗り込んでからも、船員のほとんどは中国人だった。

列車の乗客たちは途中のさまざまな場所で下車し、またはサンフランシスコにとどまり、皆がいっせいに横浜行きの船に乗り換えたというわけではないようである。日本まで行くというクララたちに、サンフランシスコで見送る人々は、「よさそうなところなら自分も行ってみたい」「そのときには上司に、日本に友人がいるのでと言うことができます」などと声をかけたらしい。ここから新たに約二週間の予定で、多様な人々との航海が始まったが、それも必ずしも日本を最終目的地とする乗客ばかりではなく、クララの日記に記された情報の断片からは、横浜で乗り換え、さらに上海に向かう人々がかなりの割合を占めていたことが読み取れる。

船客のなかには女性がまったくいない――本当に一人もいなかったのかどうかはわからないが――とクララは記しており、サンフランシスコまでとも違い、船上の男性客は「よくない人たち」が多いと母親に注意されたので、クララはあまり人とも接触せずにおとなしくしていなければならなかった。幸いに船酔いとも無縁だった分、この航路ではやや退屈気味である。天気も芳しくない日が続いたが、アリューシャン列島付近を通るルートは南回りより四日短いかわり、天候に恵まれないのが常であるらしいと、船中で教わったのであろう航海の知識を日記に記している。

空が美しく晴れ渡ったのは八月一日。そして翌二日、乗客皆が一日千秋の思いで求めた陸地の姿が、視線の先に現れる。三日、オーシャニック号はついに横浜港にすべり込んだ。

「いよいよ日本に着いた！」という元気なひとことから、クララの日本時代は始まる。ここからは、抄訳とはいえ大部の『クララの明治日記』で、従来から紹介されてきた。しかし、どうだろう。クララの日本は、そこで初めて幕を開けたのではない。アメリカ東海岸から地球を半周し、陸と海の光景を眺め、異なる人々と町々を知り、何より自身をここまで運んだ列車と大型客船という文明を体感しながら、横浜にたどり着いた。一四歳の少女の経験としてはあまりに豊かな、めくるめく一ヵ月の先に、彼女の日本はあったのである。

明治八年の横浜

横浜に到着した日のクララの日記を、引き続き見てみよう。

あれほど心に祈り続けた国に着いたのだという実感がほとんど湧かない。今朝早く起きたら、陸が見えていたのだ！　空は明るく晴れ渡っていて、何もかも好都合だった。五時少し過ぎには全員甲板に出て、朝食のベルが鳴るまで、双眼鏡などを持ち出して一心に眺めていた。食後もふたたびみんな上に戻って熱心に眺め続けた。日除けが張られると、船客全員と高級船員も何人か、甲板に椅子や腰掛けを持ち出して坐ったり、手すりにもたれたりした。海と空の青色はとても美しかった。陸地の霞んだ青い輪郭は次第にくっきりとしてきて、双眼鏡やオペラグラスがなくても、灯台やその他の建物がはっきり見分けられるようになった。

横浜は、この時点で六ヵ所設定されていた日本の開港地――北から函館、新潟、横浜、大阪、兵庫、長崎――のうち、背後に首都東京を抱える、日本の対外貿易の要であった。とはいえ、本格的な築港工事が施され、横浜が近代的な港湾設備を整えた貿易港へと急速な発展を見るのは、明治二〇年代に入ってからのこと。このときクララの目に映った港の風景は、その一幕前のものであり、幕末以来の姿を色濃くとどめていた。

……岸に近づくにつれ、たくさんの漁船が見えてきたが、それに乗っている人々は素裸だった〈ショッキングだ！〉。岸に散在している村々の家はたいてい茶色の竹でできた漁師の家で、屋根は葦か何かそのような材料で葺いてあった。

景色のすばらしさは格別で、起伏する丘が重なり合い、実に鮮やかな緑に覆われていた。「日出ずる国」は本当に美しくてどの眺めも快く、まさに「などか人のみつみに染みし」といった感じだった。……横浜湾はいろいろな国の船でいっぱいで、アメリカのどこかの港のようだった。……そして白いポーチのある館、ホテル、海軍造船所といったロマンチックな背景を緑の丘が引き立てて、港は大変印象的な一枚の絵になっていた。

日本に到着し、海辺で働く人々が裸であることに強い印象を受け、書き残した外国人は少なくない。たとえば、ここからさかのぼること一三年、一八六二（文久二）年に一九歳で来日し、その後、イギリス外交官として開国期の日本の歴史に名を刻むことになったアーネスト・サトウ――クララもやがて接点を持つようになる――もその一人。自身の日記で、横浜港に近づく船から視界に入った漁師たちが「ほとんど裸体」であることに、興味津々の目を向けている。

風景の美しさもまた、すでに多くの遠来の客たちの賛嘆の的となっていた。同じくサトウは、クララ同様、「陽光燦々たる」なかへ到着し、「濃緑の森林をまとった形状区々たる小山が南岸一帯に連なっている」様子を眺めて、「これにまさる風景は世界のどこにもあるまいと思った」という(3)。さらには、ペリー艦隊の最初の遠征時――一八五三（嘉永六）年、場所は横浜からは少し位置のずれた浦賀であったが――の記録にも、「眼の向くところ何處でも、風光繪の如く、それ以上美はしい風景は他になかった」とあり、艦上から「周圍の海岸を眺めて飽くことを知らなかった」、そして「到る所のよく耕されている土地、濃い豊な緑のあらゆる草木、同灣の單調を破つてゐる入江の奥に林に圍まれてゐる無數の繁榮せる村々と、丘々の緑の傾斜を流れ下りて靜に牧場の間をうねつてゐる渓流とが相合して、麗はしい、豊な、幸福な景色を呈して居り、あらゆる人々はそれを眺めて心を樂しませた」という(4)。

そのような風景のなかに、いま、クララは家族とともに到着した。

ペリーのときにはまだ何の準備もなかった横浜を、一八五八（安政五）年のいわゆる「安政の五ヵ国条約」に伴って開港することになり、[5]幕府が急ごしらえの居留地を造成して外国人たちを迎えたのが、一八五九年夏。それから一六年がたっている。その間、一八六六（慶応二）年に大火があり、当初の木造瓦葺きの街は焼き尽くされた。ここから建設されていったのが、今日われわれが錦絵でも見慣れた、洋館の並ぶ居留地横浜である。一八六八（明治元）年には、徳川幕府時代にすでに招聘が決まっていたイギリス人技師リチャード・ヘンリー・ブラントンが来着、新政府のもとで仕事を始め、灯台建設のほか、中央大通（今日の日本大通）を中心とする都市計画に着手していた。その姿が形を現し始めたのが、この前年、一八七四年ごろからであるという。[6]横浜はいま、若々しい移行期にある。

一家がいよいよ下船するときの情景は、この時期の横浜港の状況をよく物語っている。

……私たちは船側を下りて小さなはしけに乗り移ると、はしけは一マイルほど離れた横浜に向かって波打つ海の上をすいすいと進んで行ったが、その漕ぎ方はかなり変わったものだった。はしけはイタリアのゴンドラのような形で、一人の男が舳先に立って平たい櫓で漕ぎ、ほかの二人が両側で長い竿を押す。その間ものうげな歌のようなものがこの作業に伴うのだ。一人が「オー」と言うと、もう一人が「アー」と答え、それを岸に着くまで続けていた。岸にはたくさんの人が同じような小舟に乗って待っていた。私たちは十五分か二十分ほどの「難航」ののちに上陸したが、その間にアディはすっかり船酔いしてしまった！

図２－２　横浜居留地風景（錦絵）
「横浜往返鉄道蒸気車ヨリ海上之図」明治初期、歌川広重（三代）画。横浜開港資料館所蔵

開港当初、横浜には幕府によって二本の突堤が築かれ、「イギリス波止場」「税関波止場」と称されたが、長さはそれぞれ約一四〇メートル、二本の間は約一五〇メートルであったとされる。のち、その東側に約八〇メートルの「フランス波止場」が設けられ、一八六四（元治元）年から使用が開始された。今日、「象の鼻」と愛称される湾曲した

図２－３　明治初年の横浜中心部（官庁街）
横浜開港資料館所蔵

旧波止場は、一八六六（慶応二）年の大火後に「イギリス波止場」を改修したものである。

このようにして徐々に設備の改善が図られたとはいえ、これらの小さな波止場に大型船舶が直接係留することはできず、止まれるのははしけだけであった。来港した大型船は沖に停泊し、荷物や人を乗せたはしけが岸との間を往復していたのである。ちょうどクララがやってきたころ、ブラントンが横浜港の増強構想を描き、一二隻までの大型船舶が入港できる埠頭の築造計画を明治政府に提出していたが、すぐに実現を見ることはなかった。(7)

波止場に直接接岸できなかったとはいえ、クララが描写するように、「横浜湾はいろいろな国の船でいっぱい」だった。一八七五（明治八）年の一年間に横浜港に入った諸外国船は、『横浜開港五十年史』によれば三六六隻、総トン数四七万五四一四である。(8)

港の設備は江戸時代の面影を引きずっていたとはいえ、この盛況ぶりから一六年前の開港時を振り返れば、まさに「隔世の感」と言っていい。比較のために数字を挙げておくなら、初めて一年間の統計が可能になった開港の翌年、一八六〇（万延元）年の入港外国船は一〇三隻、総トン数で見ると四万九〇五であった。数で約三倍、重量では一〇倍以上になったということは、端的に入港船の大型化を示していると考えられよう。

また、横浜居留地の在住外国人数は、同じく一八六〇年五月の段階で四五人、明治維新直後の開港一〇年目になると九四二人。そしてクララ来日の時期には約二五〇〇人が暮らすようになっていた。うち、中国人が約一〇〇〇人、残りの欧米人には、三分の一以上を占めるイギリス人を筆頭に、アメリカ人、フランス人、ドイツ人、オランダ人、ポルトガル人、スイス人、イタリア人、スペイン人、ロシア人、デンマーク人、オーストリア＝ハンガリー人、スウェーデンおよびノルウェー人、ベルギー人が含まれている。(9)

クララたちがまだ沖で上陸のタイミングを待っていたとき、彼女たちが乗り込むはしけよりも前に、「イギリス人とアメリカ人を大勢乗せた小舟がたくさん、私たちを歓迎しにやってきた」ことが、日記に書き残されている。さらには「ヨーロッパ人を大勢乗せた別の小舟が来」て、「とうとう汽船の甲板は、陸から私たちを歓迎しに来た人たちでいっぱいになった」のだという。サンフランシスコを発つ時点では、日本をめざす乗客は圧倒的に少数派だった。しかし、こうして遠路やってきてみれば、すでに先輩として新来の同胞を迎える人々がいて、外国人コミュニティーを形成している――そんな環境が、この地に現出していた。

そして、この一八七五（明治八）年は、クララたちを運んできたオーシャニック号の太平洋航路就航もさることながら、日本の海運史にとっても記念すべき年であった。緊密化していく世界のネットワークに参画すべく、日本は並々ならぬ努力を続けていたが、それは日本沿岸の開港場間を結ぶ定期航路を獲得することから始まった。なぜなら、こうした沿岸航路はもともと、パシフィック・メール汽船が太平洋航路の延長として開拓したものだったからである。一八六九年に横浜から神戸、長崎を経由して上海までが結ばれ、二年後には横浜―箱館間も結ばれたが、その翌一八七二年、この航路に日本国郵便蒸気船会社が進出し、パシフィック・メール汽船と激しい競争を繰り広げるようになった。日本国郵便蒸気船会社とは、日本政府が三井財閥の支援を受けて設立した半官半民の海運会社である。

　それに対抗して台頭しつつあった民間の三菱汽船が、初の国際定期航路となる横浜―上海線の開設に成功したのが、一八七五年の二月であった。前年の台湾出兵にあたり、政府への協力を惜しまなかったことから成長の機運をつかんだ三菱は、この先、上海航路、沿岸航路の双方において、国内はもとより国外のライバルにも競り勝っていくことになる。こうした動きを背景に、同年五月には、大久保利通内務卿が海運政策に関する建白書を太政大臣三条実美に提出、採択され、民営海運の育成は強力な国是となった(10)。

　同時に、一八七五年とは、幕末に攘夷の動きが過激化するなかで一八六三（文久三）年以来、居留地の防衛のためとして横浜に駐屯するようになっていた英仏軍が、正式に撤退した年でもあることにも言及しておかなければならないだろう。不平等条約改正までの長い道のりのなかで、日本側が統治権の正常化に向けて最初の、最も基本的な一歩を進めた瞬間と言ってよい。クララたちが到着するわずか五ヵ月前の三月一日、両国軍隊は行進して横浜を撤退していったのである。

　あとから振り返れば、明治の国づくりは文字どおり緒についたばかり……しかし、一六年前の開港のときからを考えるなら、新しい国際社会の一員として、日本の様相は大きく変化しつつあった。そんな若々しい胎動と、それを包むなお江戸時代の面影をとどめた風景のなかへ、クララは一歩を踏み入れたのである。

日本での生活が始まる

ホイットニー一家はオーシャニック号からはしけに乗り移り、ついに上陸した。税関では、領事（ニューヨークの日本領事と推測されるが、日記からは詳細は判断できない）の紹介状を持っていたために荷物検査を省略することができたという。

外へ出ると人力車が何台も待ち構えていて、これに乗ってホテルに向かった。さしづめ今日のタクシー溜りのような光景であったのだろう。クララの筆によれば、人力車の乗り心地はまことに愉快で、ついには笑いをこらえきれなくなったらしい。おまけに、クララと母アンナがそれぞれ乗り込んだ二台の車が先に出発してしまったのに気づいた父が、必死に走ってそれを追いかけ、「止まれ！（Stop!）」と叫びながら傘を振り回すのを、「どんどん行け！」とでも解釈したらしい車夫がさらにスピードを上げるに及んで、クララは車中、一人で抱腹絶倒の状態に陥っている。少女の笑い声が日記から響いてきそうである。

そうして彼らが投宿したのがどのホテルであったのか、残念ながら特定することはできないが、クララが書き残していない日本での第一夜を、一家が心地よい安眠とともに過ごしたことを祈りたい。遅くともその二日後から、彼らは呆然とするような事態に見舞われなければならなかったのだから。

森有礼がウィリアム・ホイットニーに約束したはずの、新たに設立される商業学校の長という地位は、確保されていなかった。住居の準備もできていなかった。クララが日本到着の日の次に日記を残しているのは、すでに八月も後半に入った一九日のことだが、そこから推測して遡ると、横浜に上陸した二日後には東京に出て、木挽町の森邸を訪ねたと考えられる。クララの日記からは、横浜港にオーシャニック号が着いたとき、日本側の迎えがあったようには読み取れないので、おそらく翌日中に何らかの手を打ったうえで、その翌日、一家で東京に向かったのであろう。

八月一九日の日記に書き込まれた、「大変憂鬱で、うんざりするような二週間」という表現の背景には、一家が現実に日本にやってきた時点で森が約束を破ったことが判明し、「予定されていた地位に父は不適任だと言った」という少女の理解がある。が、現実には、前章で見たとおり、森は帰国後それなりに奔走し、自邸の建設に事寄せて教師館を用意するまでのことをしていたのであるから、計画が全面的に覆されたのではなく、学校を開くための準備が十分に間に合っていなかったという程度に理解すべきであろう。

実際、ホイットニー一家はその木挽町の邸——クララ自身が言う「この辺で一番大きい家」——に入居し、同じ八月一九日の日記のなかではもう、慣れない台所で料理をしたり、さらにお客を迎えたりという生活が始まっている。ただし、学校を始める準備ができていなかったことは、一家にとって来日後すぐから期待していた収入の途がないことを意味した。その事態に直面した彼らの困惑は、想像に難くない。

商法講習所自体の開設計画が、急遽、実現に向けて動いたのは、一家が来日し、日本側の関係者がその当惑を見てからのことである。森自身はもとより、既出の富田鐵之助夫人の親戚に当たる杉田玄端や、福沢諭吉、この年から新政府の工部省に出仕していた大鳥圭介も骨を折ったというが、ここで誰よりも具体的な援助を実行したのは勝海舟であり、事態打開のために私財から一〇〇〇円を拠出した。勝はもともとこの件にかかわっていたわけではないが、八月二七日に森、杉田が勝邸を訪問し、相談を受けた翌日の即決であったという。

この当座の資金によって、渋沢栄一率いる東京会議所がウィリアムを雇用し、これを森の私有する商法講習所の教師として貸し出すという形が整い、仕事を開始できるようになった。(11) 講習所の建物は木挽町の教師館の地続きに建設されるはずであったが、その竣工は翌春を待たなければならなかったので、最初に教場として使われたのは、銀座・尾張町にあった商店（現在のGINZA SIX敷地内――松坂屋銀座店跡地にあたる）の二階であったことが知られている。(12) 九月一日には、ウィリアム自身が礼を述べるために勝海舟を訪問した。(13) 講習所の開業について東京会議所が正式に東京府へ届け出たのは、九月二四日のことであった。(14)

したがってクララたちの不安は、先の八月一九日の日記のあとも、まず同月いっぱいは続いたことになる。クララはこの間、さらにはその後もずいぶんと長い間、森に恨みを集中させ、森が相談のため勝邸を訪れていたはずの八月二七日の日記にも次のように書き込んでいる。

財政上の困難については事態は変わらない。まるで森氏が私たちを借金で恥をかかせるか、餓死させるためにここに連れてきたみたいに思われる。

アメリカで公使——クララの目からは「総理大臣」——として偉そうにしていた森が張本人であるという子どもらしい思い込みもさることながら、この時期、森について福沢が「此度ホヰトニー氏渡來の處、森氏は少し素志を転じ候哉、あまり相手になり不申、第一此教師の雇主になることがいやになりしと見へ……[15]」と書いており、また実に森自身が、「ホウヰツニー氏來着……同人義は人品才能案外失望仕候廉有之候得共今更致方無之候[16]」という言葉を残していることからは、来日してしまった一家に対して彼の対応が実際に冷淡なものであり、それをクララが敏感に感じ取ったのかもしれない。この森のホイットニー評について明確な背景を突き止めることはできないが、彼が富田や夫人のアンナを通じてのみ知っていた同人と直接会ったのは来日後が初めてであったことを考えると、対面した結果、期待したような躍動的な人物ではなく、興味を失ったのではないか。

他方、このような状況に陥りながらも、遠来の外国人として初めて足を踏み入れた国で、かくもたくましく生活を始めていった家族の様子には、現代でも海外引越に伴う種々の苦労や、未知の土地で生活を立ち上げるのに要するエネルギーを考えれば、実に驚きを禁じ得ない。来日から約一ヵ月後にあたる九月五日のクララの日記には、救いの手を差し伸べた勝海舟への感謝とともに、それぞれが役割を見出して軌道に乗り始めた一家の生活が簡潔に描写されているので、これを引いて本章を終わりにしよう。

……私たちはすぐに仕事に取りかかろうと努力している。父は朝の八時から十時まで、若い日本の銀行家に授業をしているし、母はシズと有祐と富田夫人を教えている。ウィリイは有祐と森家の使用人に算術を教え、私は毎晩ヒロに綴字法と読み方と会話を教え、午後は有祐、ジョニー、森夫人（常）を生徒とする世界史の授業を受け持っている。小さなアディさえも感化されて、近所の小さい子供たちにアルファベットを教えている。日曜日には聖書を読む会を開き、毎夕祈祷会を行なっているが、これは誰でも参加できる。

……富田夫人がうちにいっしょにお住みになることになったが、女の人が家にいてくださるのは母にとってもとてもうれしいことである。日本人の友達が毎日訪ねてくるので、この家はだんだん空虚な感じがしなくなってきた。飾りつけがきれいにできている部屋は今一つしかないが、そのうちもっと増やしたいと思う。

福沢（諭吉）氏が郊外の別荘に招待してくださり、森氏はお浜御殿（浜離宮）と呼ばれる天皇の大庭園の入園券を何枚かくださった。できるだけ近いうちに行ってみるつもりだ。

（引用文中のカッコ書きは中公新書版からそのまま借用した。「有祐」は森有礼の甥、そのほかカタカナで表記された名前は森家またはホイットニー家の使用人と考えられる。ジョニーと呼ばれているのも日本人であろう。）

第三章　木挽町のクリスマス〈一八七五（明治八）年一二月二五日〉

日本で迎えたクリスマス

木挽町での生活を始めて約四ヵ月、クララの日記に記された、一八七五年一二月二五日朝のホイットニー家の様子――。

客間に大きな木を立て、部屋の両端に緑の枝と大きな星を二つ飾りつけた。〈緑の枝がここではとても安いので〉アメリカにいた時よりも美しく飾りつけができた。広間の鴨居の上を松で飾り、中央に提灯と日本の旗をつるした。しかし玄関が一番人目につく所だ。この国では新年に、祖先が洞穴で暮らしていた時代を記念し、あるいは神道の祝い事として、また悪霊を近づけないために、橙をまん中からつるした藁縄にしだの束を結びつけたものを家の正面に掛ける習慣がある。高木氏は、この家の玄関を日本風に飾ろうとして、しだと藁縄を玄関に掛けた。ウィリィが額縁を緑の枝で囲んだら、美しい星のようなものができ上がったので、それをこの古い異教的迷信の象徴の真上に飾った。母は「暗黒の国にさし上るベツレヘムの星を象徴しているわね」と言った。終わって提灯をつるすと、とてもきれいになった。……

クララたちが初めて日本で祝うクリスマスは、文字どおり和洋折衷の様相である。手に入る材料でクリスマスらしい飾りつけを試みるホイットニー家の人々と、日本風の正月飾りに余念のない「高木氏」。

高木とは、父ウィリアムの商法講習所で助教を務めていた高木貞作であると考えて間違いない。高木はクララの日記に頻出するわけではないが、ほぼつねに、この講習所兼ホイットニー一家の自宅に詰めていたと想定できる。こうして家族とともに家を飾ろうとするのも自然なことであったのだろう。ちなみに高木は佐幕派の旧桑名藩士で、戊辰戦争に加わって官軍と戦い、五稜郭で榎本武揚に従った経歴の持ち主である。維新後、謹慎ののち新政府に出仕、機会を得て渡米したが、富田鐵之助を訪ねた縁でウィリアムに商法を学ぶことになった(1)。戻ってその活動を助け、東京で西洋文化の発信源となった家庭に身を置くとは、人生は奇なりと言うべきか。

高木が日本の習慣をこの家に持ち込もうとしたのは、この日のその後の様子をクララの日記で追う限り、政治的、文化的な主義主張を強引に押し通そうといった意図ではないようである。年末の行事への、彼なりの貢献だったのではないだろうか。他方、クララが書き留めている母アンナの言葉や、クララ自身による「この古い異教的迷信」という表現には、日本の慣習に対する彼女たちの嫌悪感とまでは言わないまでも、キリスト教徒としての、この段階での一種の優越感が表れている。同時に、そうであっても高木がする飾りつけを受け入れ、いかにも混交的に仕上がっていく自邸の様子を楽しむ姿勢でいるのは興味深い。

このあと、ホイットニー家にはおおぜいの客人が訪れた。クララの勘定では最終的に三二人の日本人が集ったという。彼女が具体的な名前を書き残している、主立った顔ぶれを見てみよう。

まず、まだ飾りつけが続いているうちに現れて、クリスマス・ツリーのセッティングを手伝うことになったのは、「E・スミウラ氏」、「中原氏」、そして「小野氏」。残念ながら「スミウラ氏」については詳しいことがわからない。「中原氏」はのちに銀行家となる中原国三郎、「小野氏」は報知新聞の記者（のち、論説委員）であったことが、クララ自身の記載からわかる。それぞれアメリカ留学時代にホイットニー家と縁ができ、一家の来日早々から出入りを始めて、頻繁にこの家を訪れていた。この日はお客というよりも身内として、パーティーの裏方を務める気持ちでやってきたらしい。

このほかに、やはり身内として邸内にいたことがわかる「富田夫人」は、言うまでもなく富田鐵之助の夫人、縫である。先にも見たとおり、富田が縫と結婚したのは、アメリカ駐在中に一時帰国し、それが商法講習所設置計画が前進するきっかけともなった一八七四年のことだが、結婚後早々にアメリカへ戻るとき、新婦を福沢諭吉宅に預けることになった。富田自身の福沢との関係に加え、縫が杉田玄端の姪、杉田玄白の曾孫にあたるという縁が背景にあったと考えられる[2]。ちなみにこの富田夫妻こそは、日本で初めて「契約結婚」をしたカップルでもある[3]。

実はすでにその時点で、ウィリアム・ホイットニーの来日がいよいよ叶った暁には、縫はホイットニー家に同居し、その世話にあたるということが話し合われていた[4]。講習所の開校準備が追いついていなかったために、一家の日本での生活は難儀に見舞われてのスタートになったが、ともかくも木挽町の家で生活を始めると、縫は予定どおりほどなくそこへ移り、夫が帰国するまでの約一年をともに過ごしたのである。

「世話」をすると言ってもむろん日々の雑用ではなく、話し相手になったり、さまざまな手助けをしたりするという意味である。クララのここまでの日記に縫は頻出し、前章末尾に引いた部分のほか、「上流階級の出で、本当に上品できれいな方だ」（一八七五年八月一九日）、「宝石のようにすばらしい方で、まだあまり時がたっていないのに、私はとても惹かれている。……なさることすべてにいいセンスをお見せになるので、いっしょにいるのはとても楽しい」（一〇月五日）などと書き残されている。したがってクリスマス当日の縫は、当然のこととして一家とともに来客を迎え、接待にあたっていたのだった。

準備が整ったところへ、「大鳥氏」が「一家そろって、生後二ヵ月の赤ちゃんまで連れて」到着し、そこへ「勝氏の二人のお嬢さんと令息一人」、さらに「箕作」「杉田」「阿部」の各氏が「家族連れで」、続々と姿を見せる。まずは、元幕臣でこの時期には工部省に出仕していた大鳥圭介とその家族。勝家からは海舟自身こそ現れなかったものの、おそらくは次女頼子、三女逸子と、三男梅太郎。そして、蘭学者・箕作秋坪、医師・杉田玄端と、それぞれの家族である。「阿部」氏に関してはこの場面で名字が言及されるのみで、残念ながら特定できない。これらの人々は、クリスマスに突然ホイットニー家を訪れたのではなく、この段階までに一家と行き来を持つようになっており、クララの日記にも登場している。

さて、ここに現れたのは、クララのこれからの日本人との付き合いを考えれば、まだごくひと握りの人々には違いないが、すでに、今日のわれわれがよく知る明治の立役者たちの名が、ずらりと言及されている。とりわけ、明治初期の文明開化的側面を担った面々であることは一見して明らかだろう。いずれも、ホイットニー一家の来日の発端から関係の深かった、森有礼や富田鐵之助と関係の深い人たちでもある。邸を貸していながら森自身やその親族が現れないのは、来日時点からの行き違いが尾を引いているものかどうか、必ずしも判断できない。富田はいまだアメリカ駐在中であった。いずれにしても、この人脈が、結果としてはこれから長く続くホイットニー家の日本での生活の核となっていく。

あえて踏み込むなら、「明六社系の人々」と表現してもよい顔ぶれが、この日、ホイットニー家のクリスマスを楽しみに訪れていた。明治の思想界に華やかに現れ、文明開化の思潮を牽引した明六社が、森有礼を会長に推し、福沢諭吉や大鳥圭介等々の知識人を会員として発足したのは、この前年、一八七四年のこと。その会報としての『明六雑誌』は、森の有名な「妻妾論」などを掲載して世間を賑わしたが、これが続いた期間は短く、一八七六年には早くも、当時政府が強めていた言論統制に妥協する結果を恐れて廃刊の道を選んだのだった[5]。逆に見れば、クララたちが日本に到着してこのクリスマスを迎えるに至る一八七五年は、日本に『明六雑誌』が出回り、強い影響力を持っていた時期と重なる。その中心にいた人々が、一家族の実践を通じて日本に入ってくる西洋文明の要素を支え、自らも熱心に触れようとしたことに不思議はない。

さて彼らは、ホイットニー家に到着すると、まず食事のもてなしを受け、その後、クリスマス・ツリーのある客間に通された。そしてクリスマス・ソングを歌い、プレゼントを交換し、さまざまなゲームや羽根つきをして夜までを過ごしたのだった。

日本のクリスマス元年

クララの記すところによると、クリスマス・ツリーを目にした全員の口から感嘆の叫びがもれた。「このようなものは今までみたことのない人が多かったのだ」と彼女は言う。そして二日後の一二月二七日の日記には、「ある日本の新聞に、うちのパーティーの記事が載っていた」とあり、「こんなことが日本で行われたのはほとんど初めてだという」と、あらためて書き残している。

明治初期、新聞の刊行が急速に進んだことは周知のとおりだが、この時点ですでに発刊されていた新聞は必ずしも多くはない[6]。それらを一点一点確認してみると、ホイットニー家のクリスマスについて報じたのは、一八七五年一二月二六日の『東京曙新聞』であったことがわかる。「昨廿五日ハ商法學校の教師（ホイトニー）先生の宅にも（クリスマス）ノ祝宴ありて碩學たちの集會がござりました」というのが、その内容である。

ホイットニー先生宅「にも」と書かれているのは、そのほかにもクリスマスの集まりがあったからで、同じ『東京曙新聞』が紹介しているのは二件、一つは一二月二四日のクリスマスイブの晩、宣教師ジョージ・カックラン邸で催された「祭式」、いま一つは二五日に、築地の女学校で開かれた「お祝ひの儀式」であるという。後者は生徒たちの公開試験の場を兼ね、英詩を詠唱する様子などを披露したらしい。このように計三件を挙げるのは『東京曙新聞』のみで、他に同日の『東京日日新聞』と翌二十七日の『読売新聞』は、女学校の集会のみを取り上げている。

これ以前の年に遡ってもクリスマスの催事が紹介された例は見当たらないため、クララの言うように、「こんなことが日本で行われたのはほとんど初めて」であったことは間違いなさそうである。では、いわゆる「ものの始め」考の起源として著名な石井研堂の『明治事物起源』が日本におけるクリスマスの起こりをどう記しているかと言えば、戸川残花の談話筆記を引きつつ、「明治八九年頃」に銀座三十間堀の「原女學校」で行われたクリスマスの行事を「元祖」としており(7)、今日に至る各種の類書がこれを踏襲している。ところが、そもそも原女学校が「わが国における最初の日本人経営のキリスト教系女学校」として開設されたのは、翌一八七六年、つまり「明治八九年頃」のうち明治九年であるから(8)、実はこれは、クリスマス会の元祖ではなかったのである。

右の『東京曙新聞』はじめ三紙が取り上げたように、一八七五年一二月の段階で、「築地の女学校」でクリスマスの祝賀行事が行われたとすれば、この時期までに築地居留地に存在していた複数の、外国人宣教師の経営による女学校のうちいずれか(9)、またはそのすべてでそれぞれ催されたものであったと考えられる。ともかく、われらがホイットニー家のクリスマスはこの年の東京で唯一無二のものであったわけではなく、おそらくは、より人目を引いた集会が他にあったことになるが、いずれにせよ、「明治八九年頃」ならぬ「明治八年」こそ、まさに日本のクリスマス元年だったのである。

『東京曙新聞』の同じ記事は、カックラン邸および築地のクリスマス集会ともに、「有名の人々が大勢」、また「有名の碩學先生やら緒家の奥様やら」が出席したことを伝えている。具体的に挙げられている日本人は、築地の女学校に「中村敬宇先生」「大鳥圭介君」「津田仙先生」、カックラン邸に「西郷公の奥方やら御嬢様など」。ただし後者に関しては、カックランが中村敬宇（正直）の学校、つまり一八七三年に設立された私塾・同人社の教師であることにとくに触れているので、出席者として記すまでもなく中村はその場にいたのではないか。

いずれも網羅的なリストではないので明確なことは述べられないが、それぞれ近代日本を代表する啓蒙思想家、農学者として名を残す中村、津田を含め、やはり明六社と関係を持つ文明開化の推進者たちが、この年の一二月二四、二五日の二日間、東京で催されたクリスマスの催しを二ヵ所または三ヵ所、ハシゴして歩いたと考えてもよさそうである。さらにそこには、時の陸軍中将西郷従道の一家なども顔を出して、華やかな社交の場が現出していた。なかでホイットニー家のクリスマスは、いわば最もアットホームな雰囲気のものだったことだろう。なお、このときはホイットニー家の集まりに加わっていない中村、津田とも、同家とはやがて親交を結ぶことになる。

ところで、こうして一二月二六日に三件のクリスマス集会を報じた『東京曙新聞』の、その前日、つまりクリスマス当日の記事には、「本日は（クリスマス）（耶蘇誕生日）」とあり、ゆえに「耶蘇宗信仰の輩はそれ〴〵に祭式を整へて」いることを簡単に伝えている。右の三件のように東京市中で多くの日本人が参加したケースを別としても、横浜や築地の外国人居留地に暮らす西洋人らが、思い思いの形でクリスマスを祝ったであろうことが想像される。

そうした様子は、一年先の記事ではあるが、翌一八七六年一二月二六日付の『郵便報知新聞』に、より具体的に書かれているので、ここに引いておくことにしよう。

昨日は基督降誕日ゆゑ横濱幷に築地居留地の商館は家々戸を鎖して業を休み戸口にハ緑葉の飾りをなし｛牛肉屋と酒屋のミハ休業とせず牛肉屋ハ羊豚牛肉の上へ種々の花飾りをなし柑子などを結ひ附けたり｝縉紳《ぜんとるめん》ハ細君《わいふ》と手を組んで禮拜堂へ詣し賤奴ハ朝からブランデーに喰ひ醉つて大聲に分らぬ寝言を吐き散らして市街を彷徨ひ滞泊の軍艦ハ帆桁に緑葉を結ひ附け商船も思ひ〲に旗を掲け飾りをなし夜に入り各所にて烟花《はなび》を揚けたり

興味深いのは、再び一年遡って一八七五年一二月二五日の『東京曙新聞』がひとこと、「追々には家毎にかういふことに相成りませう」と予測していたことである。ここで言う「家毎に」とは必ずしも西洋人家庭の意ではなく、クリスマスの行事が一般の日本人の間に広まることを指しているように読み取れる。

その後の展開を見るに、初期には、右の描写のように遊び戯れるにせよ、あるいは真摯に儀式を執り行うにせよ、あくまで「基督教信者のみ」が祝うものであったクリスマスは[10]、このすぐあと明治一〇年代に入ると、丸善がクリスマス用品を輸入するようになって一般に広まりはじめ、二〇年代にはクリスマス・カードの輸入が始まり[11]、さらに三〇年代に至ると、一般的な絵葉書の流行と重なったこともあって、「本邦年中行事の一となるに至れり」という[12]。二〇世紀初頭の日露戦争のころまでには、明治屋を中心に銀座のクリスマス・イルミネーションが冬の名物として知られるようになっていったのである[13]。

明治初年のキリスト教

言うまでもなく、ホイットニー家の人々は、クリスマスをそのような信仰とは無関係の年中行事として紹介しようとしたのではない。クララが日記に「今までとはまったく違っていながらもとても楽しいクリスマス」であったと書き入れているように、生活環境の変化に適応しながら、彼女らなりにクリスマスの習慣を実践したのである。

同時に、一家のなかでもことにクララの母アンナは、日本という未知の土地でキリスト教を根付かせようという具体的な意思を持っていた。むろん、宣教師としてではない。民間の一信徒としてである。実際、ホイットニー家では生活が落ち着いてくると、アンナを中心に、来日前にも家庭内で行っていたのと同様の祈祷会（聖書講読会）が持たれ、ここには徐々に、さまざまな在留外国人はもとより、クリスチャンであるなしを問わず関心に応じて日本人が集まるようになった。アンナはとくに積極的に人を誘ったわけではなく、ただ人づてに聞いてやってくる人々を受け入れていただけであるというが、来日後一年半もたつころには、その影響力に本職の宣教師たちが嫉妬して、彼女に関するよからぬ噂を流すようになったということが、それからさらに一年ほどを経たクララの日記に振り返られている（一八七八年一月二〇日）。

先にも触れたとおり、明治に入っても禁じられていたキリスト教が、その旨の高札が外されることで事実上解禁されたのは、一八七三年である。クララたちの来日がもう少し早ければ、表立ったクリスマスの祝宴などは許されず、一家はまた別のストレスを味わうことになったであろう。

他方、初期の宣教師たちは、幕末の「開国」に伴い、一八五九（安政六）年以降、まだ禁教が厳格であった時期から、各開港地に設けられた外国人居留地に入ってきていた。これらの人々の多くは、「鎖国」以前のフランシスコ・ザビエルに代表されるカトリックの宣教師ではなく、プロテスタント各派に属し、とくにアメリカ人が多かったことが知られている。本格的な布教の時機を待っていた彼らのもとで、高札撤去の前年、一八七二（明治五）年には横浜居留地に日本初の教会が開設され、そこに集う日本人もいた。これが「横浜バンド」と称される、最初の日本人キリスト教徒の一群を形成することになる。ちなみに「バンド」とは英語で隊、団の意味を持つが、日本のキリスト教史においてこの言葉は、幕末の開国後、それぞれの地方事情を背景に、新たに流入したプロテスタンティズムをまとまった数の人々が受容し、周囲への布教を行うなど一定の勢力をなしたケースについて使われてきた。横浜のほかに、アメリカ人教師ジェーンズの洋学校を中心とした「熊本バンド」（一八七六年成立）、クラークの農学校を発端とする「札幌バンド」（一八七七年成立）が知られている。

すなわち、高札撤去と相前後する一八七二年から五年ほどの間――つまりホイットニー一家がやってきて、自らの実践を通じて実質的な布教を始めた時期――は、日本において、外国人居留地から一般日本人の住む市中へとあふれ出す様相で、キリスト教が浸透を見せたときでもあった。その後、今日までの日本で引き続きキリスト教が広がることのなかった要因については専門家の議論に譲り[14]、ここでは立ち入らないが、このころの日本がキリスト教の急速な受容期にあったことは間違いない。

ところで、右のような一般的な経過に対し、一つの例外的な動きが見られた静岡に、いったん目を転じてみたい。静岡には一八七四年、カナダ・メソジスト派の宣教師であるマクドナルドが入って伝道を開始し、その後の四年間に一二〇人が受洗するという劇的な展開を見て、現在も静岡市内の西草深町にある静岡教会が成立した(15)。が、それよりもここで注目すべきは、解禁以前の一八七一年から、この地で事実上の布教が始まっていたことである。その役を担ったのは、静岡県独自の御雇外国人としてアメリカから招かれていた青年教師エドワード・ウォーレン・クラーク（Edward Warren Clark, 有名な札幌のクラークとは別人）であった。

この時期の静岡は、幕末の政争に敗れた徳川氏の移封先となり、旧幕臣が集中的に流入したことは周知のとおりである。一方、そこで徳川氏がまっさきに着手したのが、あらゆる身分に開かれた学問所を開設することであったことは、必ずしも広く知られていない。一八六八年九月、文字どおり移封後真っ先に開設された静岡学問所の教師陣は、旧幕府の昌平坂学問所と開成所（旧洋学所・蕃書調所）から厳選された顔ぶれからなり、漢学、国学、洋学の要素を併せ持った総合教育機関と称すべきものであって、これを中心に明治初年の静岡は、東京よりも一足早い文明開化的様相を呈した(16)。クラークが呼ばれたのはこの学問所に理系の要素を加えるためで、専門の理化学と、併せて英語、仏語を教えることになっていた。その人選と手配を行ったのは、勝海舟である。

さて、到着したクラークが、契約書の案文に慣例的に含まれていた、キリスト教布教に類する行動を禁ずる旨の条項に反発すると、勝ら静岡側はあっさりとこれを削除。クラークは着任当初から、毎日曜日に自宅に学問所の生徒たちを招いて聖書研究会を行ったが、その一切は黙認されたのである[17]。これと勝海舟が「耶蘇教黙許意見[18]」を物した時期とは、まったく一致する。クラークの活動が土台となって、三年後、宣教師マクドナルドの来着とともに急激に数を増やした静岡のキリスト教信者たちは、先の三バンドになぞらえて「静岡バンド」と称されることもある[19]。

この時期、クラークとの親交を通じてキリスト者になった人々のなかでも代表的な一人が、先に見た一八七五年のクリスマス記事に名前の挙がっていた中村正直である。中村は、もとは昌平坂学問所の儒官であり、静岡学問所開校時の教授であった。その後東京に移ったため、厳密には静岡バンドの一角をなすことはなかったが、東京でカックラン牧師に洗礼を受けた。この年の東京におけるクリスマスパーティーを主催した一人であり、中村の経営する同人社の教師となっていたカックランは、もともとマクドナルドと手を携えてカナダから来日した宣教師である。

これに関連して、日本の初期プロテスタント信者の多くが旧幕臣や佐幕派に属する人々であったことは、早くから論じられてきた。その背景として、いわば「負け組」となり新時代において立身出世の道を断たれた人々にとって、新たに出会ったキリスト教が心のよりどころとなったことや、とりわけプロテスタントの教理が彼らの持っていた儒教的心性に沿うところがあったことなどが指摘されている[20]。

しかしながら、同じ時期の静岡に、杉田玄端、津田仙など、すでに本書に登場した人々のほか、津田真道、杉亭二等々、それにつらなる「明六社の人々」がずらりと顔を揃えていたことを考えるなら、ここに見え隠れしている問題は「キリスト教と佐幕派」という範疇にとどまらないように思われる。当時の旧幕エリートにとって、明治新政府の先を行くキリスト教の黙認は、その宗教的内容というよりも、静岡での再出発にあたり、まず何よりも学問所、しかも洋学や自然科学を含む総合的教育機関の設置を重視した、開かれた社会運営への発想と、同義であったのではないか。政権を失ったとはいえ、開国期の舵をとってきた経験の蓄積から彼らが幕末までにたどりつき、構想を宿していた方向性が、ここに現れていると捉えることができるのではないだろうか。

こうして徳川氏の移住先で花開いた「静岡の文明開化」は、一八七一年の廃藩置県を具体的な境界線とする急激な中央集権化により、右の中村正直をはじめ、まさに開化のエンジンとなっていた人々が東京に呼び戻され、新政府への出仕を求められたことで、早々に終焉を迎える。彼らを束ねていた勝海舟自身も、翌一八七二年には海軍省への出仕を断り切れず、東京に出た[21]。

そしてほぼ同じ顔ぶれが、ほかでもない、クララの周辺に出没することになるのである。むろんそこには、森有礼や福沢諭吉など、静岡とは別系統の人々もいたが、いずれにしても、東京市中でいち早く西洋的生活が実践されることになったその家に集い、また好んでそのような実践を支えた者たちの多くが、旧幕臣か、その人脈に近い人々であったことは、「静岡の」にとどまらぬ「日本の文明開化」の性格をあらためて把握するうえでも、目を留めておいてよさそうである。

第四章　再びのクリスマスと徳川家達公
〈一八七六（明治九）年一二月二五日〉

文明開化のなかの徳川人脈

場面は一年後のホイットニー家。クララたちは再び朝から、ツリーの飾りつけに忙しい。

ただし、自宅は最初に入居した森有礼邸ではなく、この年の八月、小ぶりながら美しかったという新居――クララは「宝石荘」と名づけた――に移っている。転居の詳細は史料には見いだせないが、商法講習所がなんとか動き出してまもなくの一八七五年一一月、森が駐清公使に命ぜられて離日することになり、講習所の一切を東京会議所に委託したこと、さらに半年後の七六年五月には、同会議所の業務全体を東京府に還納するという決定がなされ、これに伴って講習所も東京府の所管となったことと関係していよう[1]。講習所の諸施設は、当初からの木挽町の敷地内に徐々に整えられていったので、一家もその一環として別棟に移動したものと推測される。

さて、クリスマス当日の朝からの様子は昨年とそう大きくは変わらないが、ここではクララの日記に登場する、新しい顔ぶれに注目してみたい。そこに、一家が過ごしてきた一年が映し出されている。

この日の主役は、誰あろう、幕府崩壊後の徳川宗家の継承者、徳川家達であった。もとは幕府の奥祐筆を務め、維新後、徳川家の家扶となっていた滝村小太郎（鶴雄）が伴ってきたのである[2]。遡ると、滝

図４－１　徳川家達肖像写真（10歳前後）
徳川記念財団所蔵

村は約一ヵ月前の一一月二〇日の晩、ホイットニー家を訪れて夕食の馳走に預かっている。滝村の来訪はこのとき初めてであったのかどうか、当日のクララの日記中には明記されていないが、「滝村氏はこの家にあるものがみんな気に入」ったという彼女の書きぶりからは、それ以前にやってきたことがあるようには思われない。さらに「出された食べ物は全部とてもおいしいといって召し上がった」という様子から推測するに、おそらくは家達のための事前の見分ではなかったか。

だとすれば、なぜ滝村がその晩、この家に現れることになったのか。直接の答えは書かれていないが、すでに述べてきたホイットニー家周辺の徳川人脈が自然とそこへつながったものであろう。昨年のクリスマスに登場した人々の多くは、その後も何かにつけて同家に出入りしていたし、とりわけ滝村が現れる約二週間前の一一月八日には、同家でクリスマスとはまた別の夕食会が催されていた。出席者は、このときすでにアメリカから帰国していた富田鐵之助とその夫人・縫（富田の帰国に伴ってホイットニー一家との同居は終了し、夫と新居で暮らしていた）、津田仙、大島圭介、勝海舟、福沢諭吉である。

このあと勝あたりが滝村に、家達のクリスマス・デビューと、その前段として滝村自身のホイットニー家訪問を勧めたなどというのは想像が過ぎるだろうか。また、家達の実母竹子——田安慶頼の側室——の実家が幕臣の津田家であったという事実も見逃すことができない。竹子の妹の婿養子として津田家に入ったのが仙である。家達が徳川宗家を継いで田安家を離れたのちも、長く実母とその実家とのつながりを保ったことは、先行研究が指摘している(3)。

さて、当の家達はこの時点で、満一三歳の少年であった。一八六三（文久三）年に田安徳川家に生まれ、幼くしてその当主となっていたが、幕府が倒れ徳川家が存亡の危機に立たされたとき、謹慎の身となった「最後の将軍」徳川慶喜に代わり、この家達（田安亀之助）に徳川宗家の相続が許されることになる。新政府からその旨が発表されたのが、一八六八（慶応四）年六月。翌七月には徳川氏の静岡（駿府）移封が決まって、家達は駿河府中城主という一大名に封ぜられた。そして九月には、「東京」と改称されて間もない江戸を出発、静岡に入るという、目まぐるしい変転を経験する。とはいえ、四〇〇万石から七〇万石に転落した徳川家の経営から、彼自身の身の回り一切の世話まで、勝や滝村らの旧幕臣が引き受けたことは言うまでもない。

静岡には、家達にわずかに先立って慶喜も引き移っていた。これに連なって大量の旧幕臣が「無禄移住」し、大混乱を来したことが人口に膾炙しているが、移転先が物理的にごった返したのは事実であっても、必ずしも無秩序な移動というわけではなかったことは、『静岡県史』が伝えるこの間の詳細な経過から読み取れる。徳川家は新旧当主とともに、相当計画的な選抜によって有能な者たちをつれていったのであり(4)、その着手した最初のプロジェクトの一つに、前章で見た静岡学問所があった。家達もまた、この学問所に馬車で通い、教育を受けたという。(5) なお、移転の翌一八六九（明治二）年には版籍奉還によって、彼の身分は「静岡藩知藩事」に替わった。その間にはいったん東京に戻り、明治天皇に拝謁している。

しかし、この生活も長くは続かなかった。一八七一年、廃藩置県により、旧藩主のまま知藩事の職にあった者たちは罷免され、東京への移住を余儀なくされた。家達もむろんその一人である。東京では短期間に二度の移転を繰り返したが、翌年には赤坂に購入した邸に落ち着いた。(6) 同邸内では、別棟とはいえ、第一三代将軍家定の夫人であった天璋院、家定の実母本寿院、第一四代将軍家茂の実母実成院ら、いわば徳川歴代の遺族と同居することになる。(7) ホイットニー家を初めて訪れたのも、このような生活が続いていた時期である。

わが家にやってきた家達をクララは、「非常に威厳のある風采の方で、とても色が黒く、濃い赤みがかった鷲鼻、細い眼、小さい弓型の口をしておられる」と描写している。その来訪を知らされていなかったホイットニー家の日本人の使用人たちは、滑稽なほど驚愕したという。が、クララ自身は彼を握手で迎え、遠慮なく隣に座って絵を見せるなどし、また家達自身も気さくにゲームに加わり、元気に過ごした。罰ゲームとして皆の前で椅子の上に立ち、しばらくそのままでいなければならなかったときは、「若殿は、まるで玉座に上がるみたいに椅子の上にのぼり、平然と眺めまわしていた！」とクララは観察している。

家達がこの半年後には英国留学に発ったことから振り返れば、むろん周囲ではすでにその準備にあたっていたに違いなく、滝村やその背後の人々が彼をここへつれてきたのは、西洋の流儀に触れさせようとの狙いもあったのではないか。クリスマスの訪問ののち、二ヵ月後にはホイットニー家の人々が徳川邸に招かれ（一八七七年二月一七日）、その二ヵ月後には、ホイットニー家が家達のために夕食会を催す――その準備のために、クララとすでに親友の関係にあった勝海舟の次女逸子が泊まりがけで手伝いにきた――（同年四月三日）、といった交流が重ねられている。さらに出発直前にも贈り物の交換をして（同年六月八日）、家達は、結果として五年になる留学の途に就いた。ちなみに贈り物は、家達からクララへは絽の反物、クララから家達へは化粧カバンと手製のケーキだった。

家達について、「いつか祖先の地位を占めるようになるかもしれないという噂もある」というクララ日記（同年六月八日）の書き込みが現実となることはなかったが、[8] 家達は長じてのち、三〇年以上にわたって貴族院議長を務めた。その間、一九二一（大正一〇）年にはワシントン会議全権委員、一九三六（昭和一一）年からは、一九四〇年に予定されながら戦争のため中止された東京オリンピックの組織委員長を引き受けるなど、いわば国際派貴族として戦前の日本社会に重きをなした徳川家達の原点が、ここに垣間見えるようである。

東京の外国人コミュニティー

さて、一八七六（明治九）年のクリスマス当日、当人がホイットニー家を訪れていたわけでこそないが、クララや来客たちの口の端に上った重要な人物が二人いる。「ビンガム夫人」と「レディ・パークス」――前者は、ときの駐日アメリカ公使ジョン・A・ビンガム（John Armor Bingham）の、後者は駐日イギリス公使ハリー・S・パークス（Harry Smith Parkes）の妻である。後者に「レディ（Lady）」が付いているのは、パークス公使がイギリス本国から Sir の称号を受けていたことに伴う夫人の尊称で、クラをはじめ皆が彼女をそう呼んでいたのであろう。ちなみに前者は、日記の原文では「ミセス（Mrs.）」ビンガムである。本書の日本語表現が依拠している中公新書版はこのように訳し分けているが、日本語の文章としてはいささか不自然なので、ここでは以降、後者も和訳して「パークス卿夫人」と表記することにしたい。

ビンガム夫人はクララへのクリスマス・プレゼントとして、「美しい切り抜き帳に優しいお祝いのことばを添えて送ってくださった」。一方、パークス卿夫人が登場する文脈は、そのようにクララ個人とかかわるものではないが、パーティーにやってきたクララの友人、エマ・ヴァーベック（フルベッキ／Emma Verbeck）が、ホイットニー家のクリスマス・ツリーを見て、「パークス卿夫人のところのより立派だと言った」というものである。

クララたちの日本での生活は、むしろ日本人の知的有力者に囲まれ、支えられる形で始まったが、二度目のクリスマスにあたり、またこの日までの一年にクララの記述に何気なく顔を出す人物群を見ても、並行して在留外国人コミュニティーとの交際が着実に進展していることがわかる。なお、エマはその姓からわかるように、幕末に来日した著名なオランダ人宣教師フルベッキの娘で、一八六三（文久三）年に長崎で生まれ、このとき一三歳。のち、立教女学校の教師となる。クララより年下のエマはもちろん両親、少なくともそのいずれかに伴われてホイットニー家にやってきたのであろう。

さて、アメリカの初代駐日代表として、タウンセンド・ハリスの名はよく知られている。それ以前、いわゆる「黒船」のマシュー・ペリー提督が一八五四（嘉永七）年に二度目の来日で日米和親条約を締結したが、ハリスはこれに基づき、二年後の一八五六（安政三）年に総領事として下田に着任した。翌年、江戸に出府して徳川第一三代将軍家定への拝謁に漕ぎつけ、さらにその翌年には日米修好通商条約の締結に成功。いわば、幕末の日本が近代外交の世界に足を踏み入れていった過程で、つねにそのステップに立ち会うという役回りにあった人物である。一八五九年には公使に昇格するとともに、拠点を本格的に江戸に移した。

同じ極東の隣国でも、東シナ海を隔てて西側の中国（清）では、インドを押さえてさらに東漸を狙うイギリスが常時先頭に立って門戸をこじ開けたのに比べ、日本ではその「開国」後、最初の段階においては、右の経緯の帰結としてアメリカの影響力が強かった。その優位をアメリカが失うようになった主な要因は、日米修好通商条約を追うようにして結ばれた日英修好通商条約に則り、一八五九年、イギリスの初代駐日代表として、中国ですでに一五年の領事経験を積んだベテランのラザフォード・オールコックが江戸に送り込まれ、ハリスとのライバル関係を徐々に制していったこと、また、折しもその時期にアメリカは南北戦争に突入し、本国政府が極東外交への関心を維持できなかったことにある。(9)

そうしたなかでハリスは一八六二（文久二）年に離任。以降、明治維新をはさんで一八七三（明治六）

年までをカバーした、第二代ロバート・プリュイン、第三代ロバート・ヴァン＝ヴァルケンバーグ、第四代チャールズ・デロングの各公使は、思い切ってひとことで評するなら、いずれもぱっとした足跡を残していない。一方のイギリスは、初代のオールコックを継いで、第二代パークス公使が一八六五（慶応元）年に着任し、彼が明治維新をめぐる日本の政局に重きをなしたことは周知のとおりである。パークスは引き続き一八八三（明治一六）年まで在任した。

その半ば、アメリカからは一八七三年五月に、デロングの後を受けて第五代公使が来日する。それが、元弁護士で共和党の下院議員を務めた経験もあるビンガムであり、彼の時代、アメリカは再び、駐日外交団においてイギリスのライバルとして浮上することになる。彼の対日外交の最大の特色は、西欧諸国一般に共通していた日本に対する優越的な態度を嫌い、不平等条約の改正をめざす日本の立場を徹底して支援した点にあると評されている[10]。

結果として、一八八五年までの長期にわたったビンガム公使の在任期間——右のパークス英公使には及ばないが、今日に至るアメリカの歴代駐日代表のなかで最長——において、条約改正こそ日の目を見なかったが、彼は日本側の官界からも、外交官を中心とする在留外国人コミュニティーにおいても、一目置かれる存在となった。明治天皇はビンガムの離任時、とくに午餐を催して招いたという[11]。一八一五年生まれで、着任時点で五八歳という年齢からくる落ち着きも（前任のデロングは一八三二年生、またパークスは一八二八年生）、日本における彼の信頼感を高めるうえで一役買ったかもしれない。

クララたちがやってきた一八七五年は、そうしたビンガム時代の三年目であった。在留アメリカ人に

図4-2　ビンガム公使
米国大使館ウェブサイトより

とって、一般的な意味で暮らしやすい時期にあたったことは間違いないだろう。クララは一八七六年六月二九日の日記に、その時点での在留アメリカ人数を六二人と記しているが、つまりは十分に顔と名前が一致する範囲のコミュニティーであり、頂点に立つ公使の功績や人柄次第で、彼らの日本での立ち位置も容易に左右される規模の社会であったと考えられる。

が、それだけにとどまらず、ホイットニー家の人々がビンガム公使の家族とあたたかな関係を築き、交際を深めたことは、クララの日記に残された折々の記述から読み取ることができる。クララは母アンナ、妹アディと、一年前のクリスマスに先立つ一八七五年一一月一六日に初めてビンガム邸を訪ね、そのときに夫人とも対面しているが、翌年二月になると夫人がホイットニー家を訪れて長時間おしゃべりを楽しむという場面があり（一八七六年二月二六日）、その後は何かにつけて行き来している。

大人たちの付き合いもさることながら、クララは「本当にうちのモクリッジお祖父さんによく似ていて優しいので、ついお祖父さんを思い出してしまう」（一八七六年四月四日）というビンガムとその夫人が大好きだったようで、一人でも頻繁に公使館に遊びにいくのだが、この年の九月二五日には、親友の勝逸子（お逸）を伴って出かけた。ビンガム夫人は、すでに親しいクララへはもちろん、初めて会うお逸にも「お父様の勝提督をよく存じ上げていますよ」と話しかけて大変親切に接し、二人にゼラニウムの花を一本ずつ贈って「いつでもおいでなさい」と言ったという。そしてその日の思いを、クララは次のように日記に書き入れた。

きっと夫人は私を好いてくださるのだ。私はいつもとても大事にしていただいている——だからといって、好かれていると決めることはできないけれども。しかし、お嬢様方が結婚したりアメリカにいたりして、そばにおられないからきっと寂しいのだろう。そしてよく知っている少女は私だけだから、私は幸運なのだ。

女性たちのクリスマス

こうして公使「夫人」という立場で明治の日本に暮らした女性について、単に公使の随伴家族として存在を記録されるだけでなく、その生活の様子が書き残されていることは、実はそれ自体、クララ日記のきわめて大切な要素である。公使夫人だけではない、たとえばエマ・ヴァーベックの来訪と、一三歳の少女らしい率直な発言が何気なく記されているのは、日記の書き手が、ひいてはここで見ているすべての経験の主体が、クララ・ホイットニーという少女であるからにほかなるまい。政治の表舞台に立ったどんな偉人の日記にも登場しようのない、したがって歴史編纂の光が当てられることのなかった、女性たちの日常が、この日記のすみずみにまで息づいている[12]。

一八七六年のホイットニー家のクリスマスに戻り、そこに顔を見せている女性たちを、ここに一通り取り上げておこう。登場順に、まずは妹のアディと母アンナ。そして既出のエマ・ヴァーベック。おなじみの富田夫人。勝海舟の次女、逸子。そのあとに到着する「杉田ご一家」には、杉田玄端一家の女性と子どもたちが含まれると考えられる。具体的には、この日の日記の後半に、杉田玄端の長男・武の妻よし（およしさん）の名前が記されている。また、やはり後半に名前のある「およね」は勝家の使用人で[13]、お逸に付き添ってきたのだろう。

続いて、「おやおさん」と称される少女が侍女とともにやってくる。おやおさんとは松平八百子という、幕末の出雲松江藩主・松平定安の娘である。幼いころから、父の実家でもある津山松平家に、養女、つまり子息康倫の許嫁として預けられていた。八百子の養父で旧津山藩主であった松平確堂（斉民）は、第一一代将軍徳川家斉の実子で、一二代将軍家慶からは異母弟にあたる。旧幕側、新政府側双方から信頼が厚く、幕府の倒壊に際しては明治新政府から徳川宗家の新当主・家達の後見人に指名されるなど、この時期、多くの場面で徳川家を代表する立場にあった[14]。

その津山家から、八百子が初めてホイットニー家を訪れたのは、この年も始まって間もない二月一六日のことだった。案内してきたのは、その前年のクリスマスにも顔を出していた洋学者の箕作秋坪で、一二歳になるおやおさんはその日から毎日クララの家に通い、英語を習うことになっていたのである。

日本最初の女子海外留学生として有名な津田梅子――津田仙の娘――らが、岩倉使節団とともに旅立ったのは一八七一年のこと。そこからすでに五年近くが経過していたとはいえ、旧大名の姫君にこのようにして英語を習得させようという試みは、いまだ大変めずらしかったと考えて間違いあるまい。

先に触れたとおり、このころ徳川家達の本格的なイギリス留学が計画されていたのもさることながら、八百子が嫁ぐ予定の松平康倫は、すでにアメリカへ留学中であった。新時代を担う若者たちを国際人に育成しようとするこうした熱気のなかで、その妻となる女性にも、それにふさわしい外国語の知識を身につけさせ、また西洋人の生活習慣をも学ばせようとしたのではないだろうか。実際にはこの翌年、康倫は婚礼の日を迎えないまま病に倒れ、八百子は康倫の弟・康民の妻となるのだが。

初めて会った「おやおさん」に対するクララの評価はさんざんである。「その令嬢は、赤ん坊のように体を洗ってもらい、着物を着せてもらい、そして遊んでもらうのだ」と人から聞いたのであろう話を書いたのち、「その丸顔には表情といったものが全くない」「いろいろのものに目をやりながらも、人形のように一言も口をおききにならない」と観察する。さらには、これから毎日顔を合わせて英語を教える――つまりは彼女のお相手をする――ことになった彼女が「どうか見かけより利口でいらっしゃいますように」などと記してもいるのだが、ここからクララの思考は次のように展開していく。

大名の家の婦人たちは、書物を読んだり精神を陶冶したりすることは何もしないのだ。ああ、私は大名の令嬢に生まれなくて本当によかった。日本の甘やかされた、なんにも知らない貴族の令嬢より、自由で幸福でなつかしいアメリカの質素な田舎家の娘であるほうがましだ。……こういう令嬢たちはある青年と婚約して、従者と時おりの訪問客のほかは、社交界で人と交わることもないのだ。……

このような日本の狭量な女の人たちが交わり合って、アメリカ社会の楽しい自由を見ることができたら、どんなにいいだろうとよく思う。両性の社交的な集まり、そこでは騎士道精神が女性に示され、女性の意見が男性のと同様に重んじられるのだ。……（一八七六年二月一六日）

当時の日本社会における女性の地位について、クララはこのころから日記のなかで鋭い指摘を始めている。おそらく初めて、いわゆるカルチャーショックを受けたのは、前章で見た最初のクリスマスの折、日本人の若い男性陣と女性たちが互いに挨拶を交わそうともしない有様を見たときであったようだが、その後、日本での生活が長くなるにつれて、ジェンダーをめぐる彼女の日米文化比較は深まっていった。同時にクララは、自宅での各種の集まりが、この点で少しずつでも日本人の考え方を変化させるきっかけになりうることを、はっきりと意識し、また望むようになった。自身もまだ幼い少女であるにもかかわらず。

彼女は昨年のクリスマスの集まりを、男女の訪問客をともかくも同じ夕食のテーブルにつかせてパーティーを楽しんだという点において、「日本の少女たちにとって新時代の夜明け」であったと評しているのだが、実際、ホイットニー家に集まる日本人たちは、少なくともそこにいる限り、そうした新しい交際のあり方に少しずつなじんでいったように見える。そして、徳川家達を迎えての二度目のクリスマスでは、日本人、外国人を含む老若男女「全員が部屋のまわりに散らばり、ツリーを見ながらご馳走を食べ」、「みなとても気持ちよく笑い、しゃべった」ことを、クララは何らの留保もなく認め、その日の日記に記している。

この家にやってくる人々のうち男性は、これまでに登場した具体的な名前からもわかるように、欧米に留学したことがあるか、その経験がなくとも、自身が洋学者であったり、何らかの形で海外との交流に関与していたりと、日本の「欧化」を身をもって体現する人々が多くを占めていた。その意味では、こうした慣習の変化に対応する準備がむしろ男性の側に、ある程度できていたと考えられる。ホイットニー一家の来日早々から顔を出していた中原国三郎や、この二度目のクリスマスの少し前にアメリカから帰国し、さかんに訪れるようになった植物学者の矢田部良吉、あるいは、そもそも来日の発端にかかわった森有礼や富田鐵之助のように、クララたちと出会った時点ですっかり欧米風の振る舞いを身に着けていた者も少なくない。それを考えれば、ホイットニー家における「新時代の夜明け」とは、まさに女性たちのものであったと言えるだろう。

さて、一八七六年のクリスマス。この日の「おやおさん」は「すばらしく立派に着飾り、……本当に妖精のようだった」。家達がパーティーにきているのを見て、少し驚いた様子を見せたという。そしてやはり、皆と一緒に元気に過ごしたらしい。ここまで一〇ヵ月間、連日一緒に過ごして彼女の変化に立ち会ってきたクララの見方も、大きく変化している――おやおさんは「正装するとこの上もなく優雅で」、「完全な貴婦人に見え〈動作も貴婦人のようで〉、態度振る舞いに品位があ」り、「私はこの生徒にますます惹きつけられていく」と。

最後に、この場にいたもう一人の女性である、ホイットニー家の使用人、ウメの名を挙げておかなくてはなるまい。いわば当時の上流・知的階層の交際の場であったクララ周辺において、その生活の一部始終を見ていた唯一の、庶民の女性である。一家の来日後早々から、夫婦で住み込みで働いていた。残念ながら、ウメの出自や、誰から紹介されたかなどの詳細はわからない。

ウメはこのクリスマスの日、従者とともに現れた少年が徳川家達であると知って、両手を振り上げて驚愕し、戸の隙間からその様子を覗こうとして駆け寄り、そして、かつて往来で徳川家の乗物を見たら即座に平伏しなければならなかった、その作法をクララにやってみせてくれたのだという。――パーティーのテーブルに同席することこそない彼女の目の前で、日本の社会は音を立てて変化を始めている。

第五章　静寛院宮様の葬列〈一八七七（明治一〇）年九月一三日〉

旧時代を代表すると言ってよい一人の女性が亡くなったのは、翌一八七七年九月二日のことであった。静寛院宮――徳川第一四代将軍家茂の御台所であった皇女和宮――である。九月一三日に東京でその葬儀が執り行われ、麻布の宮邸を発して徳川家の菩提寺である芝の増上寺までを、一八〇〇人以上の儀仗兵に供奉された長大な行列が通り、これを市民が沿道で見送った(1)。クララたちははじめ富田夫人の誘いで、葬列の通り道にあたっていた富田家で見物する予定だったが、当日、大群衆のなかで迷っているうちに勝家の座席へ合流するよう声をかけられ、さらにそこへもたどり着けずに、結局は杉田家の人々に出会って同家の玄関前で行列を送った。

クララはこの日を評して、「長く記憶するに足る日」と日記に記しているが、それは、「日本の首都の街を、おそらく最後になると思われる葬列が通るのを見た」からであり、「文明が進めばそのようなものも消えてなくなるだろうから」という。クララがいかなる趣旨で「最後になる」と述べたのかは必ずしもはっきりしないし、古式に則った儀式という意味では、さらに「文明が進」んだ二〇世紀の終わりに、われわれが昭和天皇の崩御から平成天皇の即位にかけての一連の風景を見たことを考えれば、一七歳の少女のこのときの予測は当たらなかったことになる(2)。しかし、おそらくクララの直感は、目の前の葬列の具象を超えて、より深く「一つの時代の終わり」を捉えていたのであろう。

「公武合体」時代の終わり

時の孝明天皇の妹である和宮（親子内親王）が、開国以来の社会の激変で屋台骨の揺らいだ徳川幕府から朝廷への懇請によって、いわゆる「公武合体」の象徴として第一四代将軍家茂に降嫁したことは、あまりにもよく知られている。京都を発して江戸に向かったのは一八六一（文久元）年の晩秋、婚儀は明けて一八六二年三月一一日に行われ、和宮は満で一五歳であった。幼少期からの、有栖川宮熾仁親王との婚約を破棄しての江戸への輿入れである。政治に翻弄されたとしか言いようのない顛末だが、家茂との夫婦仲は睦まじかったと言われている。[3]

しかしその生活は、長くは続かなかった。そもそも和宮降嫁の背景となった社会不安が本格化した――国際情勢に鑑みて「開国」やむなしの道を進む幕府に対し、攘夷の嵐がいよいよ激しくなっていった――のは、むしろこの時期からである。公武合体によって朝廷との路線対立を避けようとした幕府の目論見は外れ、その効果は逆に、政治の主導権を朝廷に奪われるという形で現れることになった。最も象徴的だったのは、ほかならぬ和宮の夫となった家茂が、上洛して自ら天皇の御前に参内することを求められ、三代将軍家光以来、約二三〇年ぶりにその実行を余儀なくされたことである。そして幕府は、いわば和宮降嫁の代償として、朝廷の望む攘夷決行を宣言せざるをえなくなった。

家茂の最初の出立は、一八六三年三月三日。つまり、結婚からちょうど一年であった。その後、四ヵ月でいったん江戸に戻り、半年を過ごす。再び上洛し、五ヵ月後に帰城。このときは江戸で一年を暮らした。

その間に、幕府が形ばかりのつもりで発した攘夷決行の下知を、長州藩があえて真に受け、下関で外国船を砲撃するという挙に出た。勢いに乗る長州藩はしかし、薩摩藩の手回しによってほどなく京都から追い落とされる（「八月一八日の政変」）。諸外国も長州への報復を本格化させ、英仏米蘭の「四国連合艦隊下関砲撃事件」で、長州は敗れた。一方同藩は、前年の政変を覆さんがために武装上洛、禁裏に向けて発砲するに至る（「蛤御門の変」）。こうして事態は、一八六三年から翌年にかけ、長州藩を負の軸として国内の動乱へと発展した。

暴挙に出た長州を討つという新たな使命のもと、その陣頭指揮に立つため家茂が三たび江戸を出発したのは、一八六五（慶応元）年五月のことである。これが若い夫婦の永遠の別れとなった。家茂は上方で病を発し、翌年の夏に帰らぬ人となったのである。(4) 婚礼から五年半、ともに江戸城で暮らした時間は通算二年半。和宮は髪を落とし、静寛院宮となった。

それから半年もせずに、和宮の兄、孝明天皇が崩御、幼い明治天皇が即位する。徳川幕府は、第一五代将軍に就いた慶喜のもとで一時、勢力を取り戻すかに見えたが、結局一八六七年秋に大政を奉還。朝廷は徳川氏を外した新体制を立ち上げ、王政復古の大号令へと進んだことは周知のとおりである。

これとときを同じくして静寛院宮のもとには、孝明天皇らの御陵を参拝するという名目で京都帰還を促す密旨が朝廷から届いていた。しかし、宮は帰らずに江戸に留まり、その後の戊辰戦争勃発にあたっては、京都方へ徳川氏救済を嘆願するという役回りを担った。宮の従兄であり、旧幕府方を掃討する東海道鎮撫総督の任にあった橋本實梁に託した書面には、次のように書かれていた（句読点筆者）。

……徳河征伐之爲官軍差向られ候やに承り、當家之浮沈此時と心痛致しまいらせ候。……何卒家名立行候様、幾重にも願度、老《ママ》後世迄當家朝敵之汚名を殘し候事、私身に取候ては實に殘念に存まいらせ候。何卒私への御憐愍と思しめされ汚名を雪、家名相立候様私身命にかへ願上まいらせ候。

その後も静寛院宮は、官軍の江戸進撃を止めるよう、そしていよいよ江戸無血開城の成ったのちには、謹慎した慶喜の継嗣として家達を立て、家名の存続を図ることを許すよう、朝廷への陳情を重ねた(5)。まさに静寛院以外にはできない仕事であったが、「公武合体」の効果がこの段階に至って発揮されたとすれば、徳川氏にとって皮肉である。

自身の京都帰還については朝廷より催促を受けていたが、「徳川氏處分に際し寛大の恩命を下したまへるを謝せんため」にいずれは承諾するという意思を示しながらも、家達以下の駿府移封が落ち着くのを待って引き延ばしていた。いよいよ東京を発して京都に向かったのは、一八六九（明治二）年が明けてからである。『明治天皇紀』はこの間の宮の真意を、「故将軍徳川家茂墳墓の地を離るゝを欲せざるに在るなり」と推測している(6)。一方その全体が、自身の評判を熟慮しての宮の「策略」であったとする説もある。[7]

京都では宮家の人々と交わって過ごしたが、五年後、甥である明治天皇よりあらためて、都となった東京への移住を勧められ、再び東行の途に着く。東京に落ち着くと、麻布に設けられた静寛院宮邸は、天皇・皇后、皇太后の格好の外出先となった。[8] また宮は徳川方とも親交を保って、ようやく平穏な日々を送ったのである。[9]

しかし、それもまた束の間のことであった。三年後の一八七七年夏、軽い脚気の症状を見て箱根塔ノ沢に湯治治療に赴いたが、間もなく急変。九月二日に衝心、つまり心不全を起こして帰らぬ人となった。[10] 享年（満）三一歳。

その一一日後に執り行われた葬儀を見送る沿道に、クララが立っていたのだった。歩兵中隊を先頭に立てた壮麗なる行列の詳細――参列者らの衣装など――については、ここにかいつまんでに引き写すより、文字どおり興味津々で眺め続けたことが伝わる彼女の日記そのものを、ぜひ手に取って読んでいただきたい。ただし、行列のなかでクララが具体的に名前を記している何人かの人物には、注目しておく必要がある。

一人目は「おやおさんのお養父様」、松平確堂である。徳川家達の後見であったことはすでに述べたが、このとき家達自身は留学中で不在であったため、確堂が家達の代理として喪主を務めていた。

そのあとに僧侶たちが連なって行き、皇族と政府高官が続いたが、次にクララが目を留めるのは大久保一翁――勝海舟とともに江戸無血開城に当たり、静岡に移った徳川氏を要として支えた、旧幕臣中の重要人物——である。廃藩置県ののちは新政府に請われて東京府知事を務め、この年からは元老院議官となっていた。森有礼が商法学校の設立を当初から相談していた相手でもあり、この前年からは講習所が東京府所管になっていたことを考えれば、父ウィリアムの雇い主でもあったのだから、間接的とはいえクララの人生にも浅からぬ縁がある。しかし、クララにとっての一翁はあくまで、「我らが友大久保氏の尊敬すべきお父様」である。

彼女の言う「大久保氏」とは、今日では植物学者と称されることの多い大久保三郎のことだが、駿府時代から六歳年下の徳川家達の遊び相手を務め、維新後に徳川家の援助でアメリカに留学した(11)。帰国後、ここで見ている時点の翌年にあたる一八七八年以降は政府、さらに東京大学に職を得て植物研究に従事したことが知られるが、クララの日記に登場する姿からは、それまでの間、東京で再び徳川家達の世話役を務めていたと考えられる。クララが面識を得たのは、先に触れた、彼女が家族とともに家達邸に招かれた折のことで、当日の日記やその後の幾度かの再会の記録からは、三郎の洗練された容姿や振る舞いにクララはずいぶんと心惹かれていたらしいことが伝わってくる。この日、このような形でまみえた「お父様」にはさぞかし興味を持ったことであろう。

それから、「徳川公の令弟」が登場する。家達の二歳年下の弟で、一二歳のこのとき、すでに田安徳川家の当主となっていた達孝に違いない。おそらくはやはり家達邸で知り合っていたものだろう、彼のほうからクララたちにお辞儀をしたので、その様子を見て驚いた群衆が一家を「じろじろと眺め始めた」という。

ところで、こうしてクララが挙げる行列の構成員は、いずれも徳川氏の主要関係者である。すでに述べたとおり、ホイットニー家の人脈に旧幕府系の知識人が多かったのは事実であり、クララが見つけた既知の人物がこのような顔ぶれになるのは無理もない。しかし、この日の葬列に関して、以上の人々は必ずしも、大勢のなかからとくにクララの知人のみを取り出したわけではないと思われる。なぜなら、実際に静寛院宮の葬儀はあくまでも徳川氏の手によって行われた――つまりこれらの人たちは、真にこの儀式の主役であった――からである。それは、松平確堂が喪主を務めていること、ひいては本来、徳川家達がその任にあったという事実に、最も具体的に表れている。

ただし、維新後すでに宮がいったん京都へ戻り、あらためての東京移住も天皇に呼び寄せられてのものであったことを振り返るなら、このような形で葬儀が挙行されたことは、必ずしも自明の運びではなかったはずである。徳川の面目を立てるためであったかどうか、葬儀の宰領を家達の代理たる確堂に任せ、「仏礼を以て、徳川氏にて増上寺へ御葬送申すべき旨」は、とくに宮内庁から確堂へ、明文の達によって確認されていた[12]。他方で、葬儀にかかる事務処理は宮内省が引き受け、費用も国費の一端である「帝室御用度金」から支出されたのである[13]。

そのような新政府のお墨付きのもと、明治一〇年の東京を、旧幕府の錚々たる顔ぶれが静寛院宮の棺を擁して行進したことこそ、「公武合体」の最後の晴れ舞台だったとは言えまいか。「公武合体」はそれが発想された当時、徳川政権を支えるに十分な効果を発揮することはできなかったが、新政府の最初の一〇年を陰で支え、ここに幕を閉じたのである。

西南戦争と明治一〇年

クララが葬列を眺めていたとき、沿道の群衆がとりわけどよめいた瞬間があったという。「薩摩の西郷の弟が来るぞ」という声がクララの近くから上がったときだった。それ自体は誤りだったので騒ぎは静まり、行列のなかのその人が実際には誰であったのか、クララは記録していない。が、「薩摩の西郷」という名前に皆が特別な反応を示したのには理由がある。

この年、二月に鹿児島で、すでに三年前の政変で下野していた西郷隆盛をかつぎ、反乱が起きた。征討軍が派遣され、大規模な内乱に発展する――西南戦争である。熊本を中心とする激戦を経て、この時期、西郷らは鹿児島へ退却し、戦闘は最終局面に入っていた。後日から振り返れば、西郷がついに城山で最期を迎えるのが、静寛院宮の逝去と同じ月の二四日のことである。

周知のとおり、西郷の挙兵は、「不平士族による反乱」と言われている。ともに明治維新を成し遂げたはずの新政府の中枢が割れたのは、ここから遡ること四年、足かけ三年にわたって政府を留守にし、欧米を巡回した岩倉具視の使節団が戻ったあとのことであった。決裂の直接の要因は、西郷らの征韓論に帰国組が反対したことにあるとされている。西郷はこのとき政府を去った。一八七三（明治六）年一〇月。西南戦争で薩軍を率いることになる面々を中心に、数百名の鹿児島士族が西郷と行動をともにし、帰郷したという[14]。

むろん、対韓関係は対立が具象化された一要素にすぎない。新政府が維新の理想の実現に向かっていないといういらだち――その専制と、欧化を基調とする急進的な社会改革の方向性への不満――が、旧武士階級を中心にくすぶっていた。西郷の下野を引き金に、翌年の「佐賀の乱」、そこから二年を経て「神風連の乱」（熊本）、「秋月の乱」（福岡）、「萩の乱」と、いずれも西南方面の士族が次々と挙兵した。その事態に直面しながら、一八七六年に政府が実行に移した「廃刀令」と「秩禄処分」は、旧支配階層の最終的な解体を意味する政策であった。

反乱はいずれも政府に抑えられたが、そのエネルギーが「鹿児島の一隅に圧縮して閉じ込められてい」った結果、西郷が帰郷後に創設した私学校を拠点に、ついに暴発が起こった。中央政府による西郷暗殺計画が存在するという情報が、最後の導火線になったとされる。(15)

戦闘の経過を詳しく述べることは本書の役割ではないが、結果としてこれが八ヵ月にわたって九州全土を巻き込み、最大兵力は薩軍が三万余、征討軍が六万を超えたとされる大規模で本格的な内戦に発展したこと、(16)そしてこれが薩摩一個の問題ではなく、「朝トナク野トナク天下ノ士人ハ皆ナ西郷公ノ進退動止ニ注目属目セサルモノナシ」(17)と、この時期、西郷の一進一退が全国の耳目を惹きつけ、また心情を左右していたことを記しておくことにしたい。なお、このとき西郷自身は、反乱を牽引しようとする者たちに担がれ、身をゆだねざるをえない状況になっていたのであり、戦闘についての本人の意向は必ずしも明らかでないことを、西郷をよく知るイギリス外交官アーネスト・サトウの日記や報告を通じて萩原延寿が指摘している。(18)

一八七七年九月一三日に戻ろう。このころまでに急速に発達していた新聞網によって、人々はほぼリアルタイムで日本全国のニュースを知ることができるようになっている。静寛院宮の葬列を見送る人々は、九月に入って届く、宮崎陥落、官軍延岡城入りといった報道に、十分に接していたであろう(19)。その向こう側では西郷軍が刻々と追い詰められていっている。維新の前から現在の世へ、それぞれの立場で架け橋となった、文字どおり代表的な女性と男性を失うことで、明治の国づくりが一つの段階を終えようとしている——、そのような感慨を、言わずとも共有していたのではないか。

明治一〇年。とりわけその九月というのは、日本史にとってそのような区切りのときであったと言えるだろう。江戸時代があらためて閉じられたとき、と捉えてもよい。

西郷がすでに政府を離れたのちの一八七五（明治八）年に来日したクララが、政府や知識界の主要人物と多く知り合いながらも、その名を聞くことがどの程度あったか、彼女が目下の内乱の意味をどれほど理解していたかは、明らかではない。ただ、その世相が、彼女の身近に具体的な姿を現したことが二度ある。

最初は、ここから三ヵ月を遡った同年六月のことだった。ホイットニー家が重宝していた使用人のテイが、熊本の戦線に従軍するため仕事を辞めると言い出したのである。クララは政治向きのこととは無関係に、頼りにしていた者がいなくなるのを悲しみ、また家事の手が足りなくなるという日々の問題に大きなショックを受けているのだが、テイの参戦の理由については本人に聞いた話を次のように書き留めている（一八七七年六月二三日）。

自分は行きたくないのだが、大名たちが昔の家来に呼びかけた時、トウノウザワサマも家来の名を皆登録した。テイは桑名の生まれで、兄弟もいとこも召集されていくので、テイも兵籍に入れられたのだ。そして先週、友達にいっしょに来るよう説得されて、いつもの優柔不断から、西ノ丸に行って訓練を受けることに同意してしまったのである。

この説明がどの程度正確であるかはわからないが、「大名たち」という言い方からは、複数の旧藩がこの動きに加わっていることがうかがわれる。内、テイの出身である桑名はもともと徳川譜代の藩であり、幕末の藩主定敬は尾張藩主徳川慶勝や会津藩主松平容保の実弟であって、戊辰戦争では官軍に徹底抗戦して五稜郭までを戦った。しかし、最終的には降伏して許され、この時期には謹慎も解かれ新政府のもとで位階を得るまでになって、西南戦争の際は朝旨に応じ、旧藩士を集めて征討軍に参戦したことが知られている。(20) テイはまさに、この事態に末端で遭遇したということになろう。クララが聞き取った「トウノウザワサマ」は、定敬の呼びかけを受けた旧藩士の一人であり、テイの直接の主人であったと解してよいのではないか。

結局のところ、ホイットニー家周辺の関係者が手を回し、テイの健康状態が出兵に向かないという報告をしてやったので、テイは翌月になって無事に戻ってきた（七月一〇日）。テイ自身はこの時点で、自ら戦争に加担する意思はなく、一小市民として平穏に暮らしていくことを望んでいたようだが、同時にここからは、そのような人物にも、旧体制の縁故から容易に声がかかるような歴史的段階に、このときの日本があったこともわかる。

そして西南戦争がいま一度クララに近づくのが、さらに月が替わった八月一日のことであった。父ウィリアムの元学生で、商法講習所発足当初からの助教であり、来日後のホイットニー家とは最も近しい関係にあった高木貞作――先の章でも触れたとおり、彼こそ生粋の桑名藩士でった――が、旧藩主定敬自身の供をして出立することになり、別れの挨拶をしにきたのである。ただし、様相はテイが出兵を余儀なくされそうになったときとはだいぶ異なっていた。定敬と高木はこれから保養旅行で日本全国を回るというのんびりした話であり、九州にも寄って「西郷さんの首をおみやげに持って」くると言ったらしい。

ところで、桑名藩の末端の侍であったテイがどのような経緯でホイットニー家にやってきたかについては判然としない。高木の紹介であった可能性は高いであろうし、テイの体調を適当に報告して従軍から救った関係者というのも、実は高木かもしれない。

そもそも、藩主定敬自身もこれ以前にホイットニー家を訪れたことがあったのである。最初は一家の来日早々と言ってよい一八七五年一〇月二四日のことで、クララの日記（一八七五年一〇月二六日）で見る限り、定敬は夫人を伴って予告なしで訪れ、しかもそのときは高木が同家にいたわけでもなく、富田夫人が中心になって大慌てで対処したらしい。クララは「本物の生きた殿様」の来訪に浮き立ったが、定敬がいわゆるあばたづらであったことにがっかりしている。

誰にも事前に連絡がなく、にもかかわらず定敬夫妻がこの日、ホイットニー家で夕食までもてなされて帰ったとは信じがたいようにも思うが、いずれにしても藩主側にとって何らかの縁がある家だからこそ、こうしたことが起きたのは間違いない。そのときテイははたしてどうしていたのか、何よりテイがこの突然やってきた殿様と自分の関係をわかっていたのかどうかも怪しいが、少なくともクラには、二年後の西南戦争当時、テイをめぐる顛末と、そのときまでには再び現れることもあった定敬とを、つなげて考えた様子はない。いずれにしてもホイットニー家に旧桑名藩の上から下までの人物が出入りしていたことは、この家族の周辺に存在し、いまだ明確に機能していた旧幕系人脈の広がりを考えるうえで、興味深い事実である。

脚気の時代

さて、静寛院宮は先にも述べたように、脚気で亡くなった。勝海舟が書き留めるところによれば、初めは「少々御不例」というに過ぎなかったらしい。亡くなる約ひと月前、八月五日の海舟日記に「明後日頃箱根へ御湯治御出で」とあるが、この時点では本人も周りも軽い気持ちであったと思われる。同月の二七日になると勝のところへは、「静閑《ママ》院宮様、来月三日箱根御発駕」、つまりはもうほどなく東京へ帰還との連絡が入っていた。ところがその四日後に「御湯治先にて急御変」、九月二日の午後一〇時には箱根から電報が届いて、「静閑〔寛〕院宮様御衝心、御大切相成り候旨」が知らされてきたのである[21]。

脚気で死に至るとは、今日でこそ考えにくい事態だが、江戸時代、少なからぬ人々がこれに似た最期を迎えていた。とりわけ一七世紀末からは江戸の武士や町人の間で多く発生し、大坂、京都にも広まったという。一九世紀に入ると、中国地方や九州でも大勢の人が罹患するようになった。静寛院宮を残して上方で他界した第一四代将軍家茂も、またその先代家定も、死因は同じく脚気衝心であったと考えられている。[22]

静寛院宮が亡くなった明治初年にはさらに脚気は増え、明治天皇も、死にこそ至らなかったものの、頻繁に脚気を発症していた。ほかならぬ西南戦争においても、兵士の脚気罹患率は高く、衛生面の統計が未整備の時代ではあったが、政府軍側に唯一残されたという記録によれば、戦役中の総病者数五八三四人のうち、消化器病、急性伝染病などの「戦役の常として措くことができる」疾病と、内容の不明確な「雑病」を除き、コレラの七二一名に次いで多いのが脚気で六七四名。とくに熊本鎮台では、病死の一割を脚気死が占めた。これは各種の伝染病と比較して脚気の死亡率が低いことを考慮した場合、「脚気の大流行」と言うべき事態であったという。[23] この増加傾向は第二次世界大戦前までは止まらず、二〇世紀に入るころには、日本全国で毎年平均一万人前後が脚気によって命を落としていた。

脚気の初期にはむくみや手足の知覚麻痺が現れ、徐々に歩行困難を起こして、重症化すると心臓麻痺(脚気衝心)に至る。現代では、これがビタミンB_1の欠乏によって起こること、ビタミンB_1さえ欠乏しなければほとんど発生することはなく、またこれを補えば治癒することが知られているが、当時はその原因がわからないまま「国民病」として恐れられていた。ビタミンB_1は玄米の糠の部分に豊富に含まれるが、これを取り去った米には残らない。いわゆる「おかず」が豊かになった現代とは異なり、食事に米の占める割合が大きかった段階では、精米した白米を食する習慣が広まるにつれ、そのようなことが可能な地域や階層――都会の上流階級や軍隊――を中心に、脚気の被害が発生したのである[24]。静寛院宮は典型的に、この「国民病」に斃れたと言える。

翌一八七八年、官立の脚気病院が設立された。その中心となった脚気専門医の遠田澄庵は元幕府の奥医師で、家定、家茂、また明治天皇、静寛院宮の治療にも当たった人物である。遠田は漢方医として、「脚気は米の毒によって生ずる」という見解に達していたとされる。その主張は広く共有されるに至らなかったが、一方で西洋医学を学んだ人々のなかからも、とくに軍医たちの現場での経験から、麦飯が脚気の治療に有効であり、さらに肉類や野菜の多い洋食の採用が発生率の低減につながるという、実質的に遠田説とも呼応する栄養学説が生まれるようになった。その代表に、海軍医高木兼寛がいた[25]。

ただし、西洋にはもともと肉食の習慣があるために脚気は存在せず、この病気の知識はなかったので、こと脚気に関しては、西洋医学それ自体は解決をもたらさなかった。また、米食の多い他のアジア諸国やアフリカ各地でも脚気の発生が認められていたことから、欧米では、文明度の低い地域に現れる病気としてこれを蔑視する傾向が強かったとされる[26]。

日本の近代医学の拠点として一八七七年に創設されていた東京大学医学部では、こうした西洋医学の傾向に押され、脚気を細菌による感染症とする見解が主流となり、栄養欠乏説は否定された。そのために、海軍と異なり東大の影響力が強かった陸軍では、素朴な食物療法の効を説く人々はなかなか主流派の信用を得られず、長く攻撃にさらされたという。主流派の中心に、ドイツ帰りの陸軍医、森林太郎

（鷗外）がいたこと、ゆえに日露戦争では膨大な数の陸軍兵士が脚気で死亡する結果となったことも、近年では知られるようになった(27)。

国際的な状況は、一八八九年に至り、蘭領バダビアの研究所で、オランダ医師エイクマンが脚気に似た症状のニワトリを見たことをきっかけに、ようやく少しずつ変わっていくことになる。一九一〇年代にはついにビタミンが発見された。その後、日本の医学界が「微量栄養素欠乏症」としての脚気の正体を認めるに至ったのは、欧米ですでに進展していたビタミン研究が日本にもたらされる一九二〇年代のことである。静寛院宮の死から、半世紀が過ぎていた。

さらに、日本における脚気の罹患者が実際に減少を見るには、米の精米が制限されて玄米の摂取を余儀なくされた第二次大戦下での経験を経て、戦後、「栄養改善法」（一九五二年）により食料一般に対するビタミンの強化が図られるのを待たなければならなかったのである(28)。

第六章　内国勧業博覧会の閉幕〈一八七七(明治一〇)年一一月三〇日〉

「近代」の風景

西方で日本最後の内乱が戦われ、首都では静寛院宮の棺が群衆に見送られた明治一〇年の東京で、もう一つの景色が人々の脳裏に刻み込まれた。八月二一日〜一一月三〇日の約三ヵ月にわたり、上野公園に約一〇万平米の敷地を整備して開催された、内国勧業博覧会である。クララは、日記に書き残している範囲で、開会後ほどない八月二三日、続いて九月四日、そして本章で取り上げようとする最終日の一一月三〇日と、都合三回会場を訪れている。

内国勧業博覧会は、明治新政府による「殖産興業」の方針を体現する催しであった。広く全国の商工業者に呼びかけて製品を出展させ、人々の目の前で競争を促すために巨大な会場に展示するという、いわば教育的性格の強い商品見本市が、官主導で開かれたのである。政府自らも、外国からの購入品を中心に多くの品物を用意した。出品物は総計八万四〇〇〇点余にのぼり、鉱業及び冶金術、製造品、美術、機械、農業、園芸の六区に大きく分類して展示された。そのなかに、産業史上著名な工部省工作局による旋盤や、京都・西陣で開発された木製ジャガード織機などがあった。(1) 来場者は四五万人強と報告されている。(2)

この試みの直接のきっかけとなったのは、ここから遡ること四年、一八七三年にオーストリアの首都ウィーンで開催された万国博覧会である。万国博覧会とは、まずは右のような勧業博覧会の趣旨を世界規模に拡大したものと言ってよい。いち早く産業革命を経、かつ「七つの海」を制しつつあった当時の最先進国、イギリスで発案された。一八五一年のロンドン万博を嚆矢とする。

その前段として、イギリスよりもフランスで一八世紀から行われていた、国内産業見本市の存在が指摘されるのが一般的である。しかし、万博につながったものはそれだけではない。パリのルーヴル美術館やロンドンの大英博物館を典型として、王族や貴族の膨大な個人コレクションを大衆に公開するという動きが起こっていたこととも無関係ではないし、また、とくにロンドンでは、一般市民を「展示を見て学ぶ」ことになじませようという、いわゆる社会教育につながる明確な意図をもって、小規模の美術展覧会が繰り返し催されてきていた。これは、結果として一八五一年の万国博を実現させた、同じ人々による試みであった(3)。

そしてついに、ロンドンの広大なハイドパーク内に、鉄骨とガラスで巨大な温室のような建物をつくり、文字どおり一つ屋根の下に世界中の物産を集めて六ヵ月にわたって展示するという、大博覧会が実現したのである。その成功に触発されたアメリカとフランスがすぐに追随し、ニューヨーク(一八五三〜五四年)、パリ(一八五五年)、再びロンドン(一八六二年)、パリ(一八六七年)と、相次いで万国博覧会が催された。これに続いたのが一八七三年ウィーン万博である。

日本は徳川政権のもとで「開国」したのち、すでに、一八六二年ロンドン、一八六七年パリの万博に参加していたが、明治維新後初の機会となったウィーン万博は、国際社会での向後の地位を占う試金石、いわば「日本のデビュー戦」として絶好の場面と考えられた。政府を挙げて臨んだ出品の経過とその成功について、本書で詳細に踏み込むことはできないが、同じ時期の明治政府によるもう一つの大プロジェクトとして、足かけ三年にわたる米欧回覧の途にあった岩倉使節団が、最終的な帰国を目前とした時期、折よくこのウィーン博を現地で視察したという事実には目を留めておく必要がある。

岩倉使節団の公式報告書にあたる『米欧回覧実記』からは、これが彼らにとってきわめて印象深い、そしてぜひとも日本に持ち帰らなければならない経験であったことが読み取れるが、そこでは、万国博覧会なる事業を次のように説明している。

> 博覧会ハ「エキスビション」トテ、国国ヨリ物産を持集リテ、一楼榭ノ内ニ列シ、之ヲ衆人ニ観セテ、各地人民ノ生意、土宜、工芸、及ヒ嗜好、風習ヲ知ラシメ、一ハ持集リタル人人、己ノ物品を観テ、己ノ及ハサル所以ヲシリ、今ヨリ工夫スヘキ要ヲ考ヘ、諸方ノ嗜好ニ従ヒ、更ニ我生意ヲ広クスル目的ヲ達スヘシ、并セテ名士ノ高評ヲ乞ヒ、其注意ヲ受ケ、益其進歩ヲナス津筏ヲ求ムルニ便ニス、故ニ貿易ヲ盛ンニシ、製作ヲ励マシ、知見ヲ衆ニ広ムルニハ、切要ナル会場ニテ、国民ノ治安、富強ノ媒助トナス設ケナリ(4)

内国勧業博覧会は、同使節団が肌で学んできた万国博覧会の効用を国内で生かすべく、計画された。

これが、使節団の副使であり、帰国後内務卿として殖産興業政策を率いた大久保利通の主導によることはよく知られている。ただし、大久保自身は一八七三（明治六）年に入ると留守政府の要請で一足早く帰国したため、実はウィーン博を見ていない。集団としての使節団が共有した認識として、この万博から内国博への経緯を捉える必要があるだろう。

内国博の前年には、早くもウィーンに続く万国博覧会がアメリカのフィラデルフィアで開催され、明治政府はこれへの参加にも熱心に取り組んだ。同万博についてのニュースは、アメリカの親戚や友人たちからクララのところへ届く手紙や現地の新聞などに現れるだけでなく（一八七六年五月七日）、その空気が日本の一般社会でも共有されていたことが、彼女の日記から読み取れる。たとえば、万博の翌年になってもなお、買い物に立ち寄った店の主が、ここで買った品物をフィラデルフィア博に出すのかなどと尋ねてきたり（一八七七年二月二七日）、また、たまたますれ違った日本人が、彼女とウィリスをアメリカ人と見て「フィラデルフィアの博覧会でお会いしましたね」などと言いながら近づいてきたりする（同八月二三日）。

そこへ、いよいよ満を持しての内国勧業博開催である。万国博が、日本を国際社会に位置づけ、貿易も大きく進展させることを狙う場であるとすれば、国内での博覧会は、そうした国際社会を背景に、日本産業の足腰を鍛える場であった。同時に、首都で実現したこれまでにない大規模で華やかな催しを目にした人々は、産業に従事する関係者ならずとも、新たな時代の空気を十分に吸い込んだことであろう。クララが描写する閉会式の日の、それも夕暮れどきになってからの会場の様子は、そのことをよく伝えている。

……私たちは丘に上って、赤と白の提灯に照らし出されている全景を見渡すことができた。なんともすばらしい光景であった。提灯が無数につるされており、それがいろんな形をしていた。富士山の輪郭をしたもの、菊の花をかたどったものなどがあった。入り口のアーチは提灯や花に覆われており、その上に白い菊の花で「大日本」と書いてあった。

前年にアメリカから来たばかりの少女の持った印象は、幕末から明治への動乱を見てきた人々が共有したであろう感慨とは無縁と言うこともできる。ごく単純に、目の前に広がった風景の美しさに息を飲んだだけかもしれない。他方、クララが静寛院宮の葬列を見送って、一つの時代の終焉を嗅ぎ取った感受性の持ち主であることを併せ考えるなら、彼女はこの「なんともすばらしい光景」に、二ヵ月前に送ったものに代わって、これから建設されていく社会を予感したのではないだろうか。

時計を少し先に回すと、内国勧業博はこれを第一回として、一八八一年、一八九〇年、一八九五年、一九〇三年と、計五回開かれた。東京での開催は三回目までで、四回目は京都、五回目は大阪に場所を移して行われた。その後、一九〇七年に第六回が計画されていたが、いったんはこれを万国博覧会に拡大しようという構想が持たれ、しかしこの時点では実現を見ずに終わる。代わりに、近い将来の国際化を意識し、とくに「東京勧業博覧会」と銘打って実施されたため、(5)「内国勧業博覧会」のシリーズは五回で打ち止めとなった。さらにこの延長線上に、東京大正博覧会（一九一四〔大正三〕年）、平和記念東京博覧会（一九二二年）がある。

日本初の万国博覧会開催計画は、紀元二六〇〇年（一九四〇〔昭和一五〕年）奉祝記念事業として再着手され、東京の月島埋立地を中心に会場の整備も進み、チケットの販売まで始まっていたが、戦雲色濃くこれも「幻の日本万博」となった。(6) ついに念願叶ったのが、一九七〇年大阪万博ということになる。ここで見ている第一回内国勧業博覧会、または岩倉使節団が見たウィーン万国博覧会から約一世紀を経て、日本はその一大国際事業を主催する立場に立つのである。

明治天皇のお姿

一八七七（明治一〇）年に戻ろう。内国勧業博は、西南戦争終盤のニュースが日々流れ込んでくる東京で、華々しく開催されていた。閉会の日、母と兄と、それに親友の勝逸子をも伴って、自身にとっては三度目になる博覧会場を訪れたクララは、大変印象的な場面に居合わせることになった。少々長いが、彼女の日記から紹介しよう。

……博覧会場へ行く道の両側には、天皇陛下のお通りを拝もうと待っている群衆が並んでいた。……私たちは会場の入口近くまで進んで、そこで車を降りて、何事が始まるか見ることにした。私たちは前列にいて、警官が群衆を整理しようと必死になっている姿や、前を行く立派な馬車を見ていた。外国の公使はほとんど全員そこに集まっていた。金モール、端を捲き上げた帽子、羽根飾り、といった装束で。伊藤、大久保、その他の日本の高官たちの次に我が国の公使ジョン・A・ビンガム氏がスティーヴンズ書記官と通訳のタムソン氏を従えて乗りつけて来られた。……だんだん混雑がひどくなってきたので、私たちも中に入ることにした。……

中に入って少し歩きまわってから、天皇が演説をなさる天幕の中がよく見える柵のところに陣取った。私たちの選んだのはとてもよい位置で、両陛下のお掛けになる金の椅子がよく見えた。……急に周囲が騒がしくなった。美術館の前の天幕に向かって、天皇陛下とお伴の人々が、立派な馬車に乗って進んで来られたのである。陛下は車から降りられ、壇のほうに進まれた。人々は一斉に脱帽した。その時にうしろのほうから群衆がどっと押してきた。みんな何とかして一目陛下を拝もうと必死になっていたのである。……ようやく秩序が回復されたので、私たちはじっとしていた。陛下はこの構内にあるおうち――すばらしい日本式の家で、美しい屏風や骨董品がいっぱいおいてある――のほうに昼食をとりに行かれるところであった。陛下は天幕をお出ましになり、私たちの真ん前をお通りになった。手をのばせばさわれるほどの距離であった。数人の偉いお役人が陛下のまわりにいたが、その真ん中にあって、誰よりも背の高い陛下は、一人で歩いて行かれた。金の縫取りのある軍服に、白いズボンといういでたちであった。

天子様がお通りになると、みんなは帽子を抜いでお辞儀をした。お逸も、両陛下がお通りになる時には、愛国心の強い女性らしく、深々と頭を下げた。……天皇は私たちのすぐそばで足を止められて、外国の公使にお辞儀をされたので、私たちはうれしくなってしまった。陛下が脱帽されたのを見ると、口ひげを残してあとはきれいに剃っておられ、髪も短く切っておられた。若い日本人によいお手本を示しておられると思った。

両陛下とお伴が到着されると、テントの中に陣取っている楽隊が演奏を始めた。それが終わると、日本の笙の楽隊がその悲しい泣くようなメロディーを奏で始めた。……

内国勧業博への天皇のお出ましは、クララが目撃したこのときが初めてではない。去る八月二一日の開場式もむろん両陛下の臨席のもとで挙行され、またその間の一〇月二六日にも、夫妻で会場を視察している。(7) 同博を実質的に主催したのは内務省であり、内務卿大久保利通だが、あくまで天皇の名で行われることに意味があった。クララもたしかにこの行事を、「ミカド、皇后両陛下と内閣の主催」したものと認識していたことが、彼女自身は出向かなかった開会の日の日記からわかる。彼女の周りの人々がそのように説明していたということだろう。

ここで見ている閉場式についても、開会式と同様、「聖上　皇后宮　御親臨」を仰いで実施する旨が、とくに「内國勸業博覽會之儀ハ本邦未曾有之盛擧ニ付」との書き出しで、大久保内務卿から太政大臣三条実美に宛てた伺（一一月二一日付）と、それへの裁可（一一月二六日付）という手続きを踏んで決定されている。(8) その書類に「別紙」として付された当日の式次第によると、両陛下は午後三時に皇居より

「御出門」、午後四時に博覧会場に到着して「玉座ニ着御」。それに先立って、政府高官や外国公使は三時三〇分にはその場に集合し、待機することが指示されており、クララの記録とも一致する。

両陛下が玉座に着く際に「伶人樂ヲ奏ス」との次第は、右に引用した部分の末尾にある「日本の笙の楽隊」による演奏であろう。また、同所には「陸海軍樂隊」もいたことが式次第からわかるが、これはクララの「テントの中に陣取っている楽隊」にあたると考えられる。ただ、陛下が「昼食をとりに行かれる」というくだりは、式次第では式典が済んだのちに、「便殿へ　入御　御休憩」という最終項に該当すると思われるが、クララの日記では順番が狂ってこの部分が先に書かれているようである。このときに天皇・皇后が間近を通ったことの印象がよほど強かったのであろうか。式典ではまず「勅語」があり、内務卿が「閉場ノ祝辞ヲ奏上」し、さらに「府縣官員總代」の祝辞と続くのだが、クララはこの格式ばった場面にはまったく意識を払っていなかったらしい。

ところで、式典の行われた、つまり天皇の玉座を擁する天幕が設置された場所を、クララは「美術館の前」と書き留めている。第一回内国勧業博覧会における美術館は寛永寺本坊跡に建てたレンガ造りの洋館で、敷地の中心に聳え、明治新政府の近代化努力を象徴するこの催しを、さらに象徴する存在であった。その内部で試みられた、日本の美術史上、一つの画期をなしたとされる美術展示もさることながら、(9)「美術館の前」こそは、こうした式典会場として使用することを想定し、入念に準備された空間であった。何よりも、天皇を迎えて行われる行事の舞台装置として構想されたと考えられる。

江戸時代、宮殿の御簾の奥深くにあって神秘的な存在であり続けた天皇が、明治維新とともに、国家

図6－1　第1回内国勧業博覧会会場風景（正面奥に見える建物が美術館）
「東京名所之内　上野山内一覧之図」河鍋暁斎画。国立国会図書館デジタルコレクションより

元首として政府高官や諸国の外交官と対面するのみならず、群衆の畏敬の対象としてその前に姿を現すようになったという甚大な変化については、これまでつとに論じられてきた[10]。とりわけその天皇が、髪もひげも含めて西洋式に身なりを整えていることの一般民衆への影響は計り知れない。ここではクララまでが、「若い日本人へのお手本」と受け止めている。

とはいえ、「見える天皇」の機能がとくに明白な場面として言及されやすいのは、在位中九七件に及んだとされる地方巡行、なかでも明治時代の前半期に行われた、それぞれ二ヵ月近くにわたる「六大地方巡行」である。一八七二年の九州・西国を皮切りに、一八七六年に東北・北海道、一八七八年には北陸・東海道へ、一八八〇年、甲州・東山道、一八八一年、山形・秋田・北海道、一八八五年、山口・広島・岡山へと天皇が全国を訪れ[11]、国民の前に統師者としての姿を現した。各地の人々にとってその衝撃はいかばかりであったろう。

これらに比して天皇自身の移動距離は少ないながら、東京におけるさまざまな場面へのお出ましをも、一連の巡行の頂点をなす明治政府の事業として、併せ見る必要がある。そもそも、行幸という形で天皇を宮殿から「外出」させ、物理的にその身体を奉じて権威を担ぐことは、幕末から倒幕派が実行に移してきた革命の手段であった。明治の一〇年目、岩倉使節団の成果を具象化したとも言える内国勧業博覧会――とりわけその会期中に西南戦争を鎮圧し、こうして再び天皇を戴いての閉幕式――は、政権にとって一〇年どころか、その何年も前から続いてきた急坂の上の、晴れの風景であったと見るべきだろう。

内国勧業博を取り巻く人々

天皇と、大久保率いる明治政府の面々という、この事業の立役者は当然として、この日のクララの日記を追うことからはそれ以外にも、内国勧業博の風景に集約された「前進する日本社会」の先端に、どのような人々が、どのような様子で居合わせていたのかを知ることができる。

特徴的な一組は、先に引いた閉会式の一コマでも「ほとんど全員そこに集まっていた」とされている、各国の公使たちである。この時点までに日本と公的な関係を開設し、公使（またはその他の名称の代表）を置いていたのは、クララと最も関係の深いアメリカ（ビンガム公使）、また依然として強い影響力を持っていたイギリス（パークス公使）のほか、オーストリア＝ハンガリー、ベルギー、デンマーク、フランス、ドイツ、ハワイ、イタリア、オランダ、ペルー、ポルトガル、ロシア、スペイン、スウェーデン及びノルウェーの計一五ヵ国（ただしペルーとポルトガルの代表はこのとき休暇ないし他用務のため不在であった）[12]。

世界の国家数が一九〇を超える現在の感覚では、一見きわめて少なく感じられるが、これは当時の「国際社会」の構成国中、約半数に達していることに注意が必要である。第二次大戦後、とくに一九六〇年代を中心に植民地の独立が急速に進み、「国家」の数が増えたが、それ以前の世界では地球上の多くの地域が当時の先進諸国に従属しており、独立して外交関係を取り結ぶ立場にある（とされた）「国際社会の構成員」は限られていた。一九四五（昭和二〇）年における国連原加盟国がなお五一ヵ国にとどまるという事実が――むろんこの数字は日独伊などの「戦敗国」を欠いているとはいえ――、そのことを明白に語っていよう。

遡って一九世紀、国々の形はより流動的であった。そうした流動性のなかの各時点における「国際社会の構成員」を具体的に知る便利な方法に、当時頻繁に開催された万国博覧会の正式参加国リストを見るという手段がある[13]。たとえば、ここで見ている一八七七（明治一〇）年内国勧業博覧会に最も近い、その前年にアメリカで開催されたフィラデルフィア万国博覧会の参加国は、以下の三一ヵ国であった[14]。

アルゼンチン共和国、オーストリア＝ハンガリー、ベルギー、ブラジル、カナダ、チリ、中国、デンマーク、エジプト、フランス（およびアルジェリア）、ドイツ、イギリス（および植民地群）、ハワイ、イタリア、日本、リベリア、ルクセンブルク、メキシコ、オランダ、ノルウェー、オレンジ自由国、ペルー、フィリピン諸島、ポルトガル、ロシア、スペイン、スウェーデン、スイス、チュニス、トルコ、ヴェネズエラ

ちなみに、日本に外国の公的な代表が置かれた最初は、幕末の一八五五（安政二）年、旧来から民間の立場で長崎の出島に駐在していたオランダ商館長ヤン＝ヘンドリク・ドンケル＝クルチウスの立場が、領事官に切り替わったときである。翌一八五六年になると、アメリカのタウンセンド・ハリス総領事が来日して下田に拠点を置いた。一八五八年にはロシアが箱館に領事館を置き、ヨシフ・ゴシケーヴィチが着任。そして一八五九年には、江戸にイギリスのラザフォード・オールコック総領事が入り、ハリスも下田から江戸に移った。さらにフランスのギュスターヴ・デュシェーヌ・ド＝ベルクールが到着して、その時点での実質的な首都たる江戸に、初めて三ヵ国からなる小さな「外交団」が形成されたのである。

そこからまだ二〇年を経ていないことを考えれば、いまや名実ともに首都となった東京での国家行事――それ自体はまだ「内国」博であったが――がこうしていわば重量級の外交団臨席のもとで行われた、その風景は、日本がいったん国際社会にデビューしたのち、いかに急速に諸国と関係を取り結び、発展させてきたかを、目に見える形で示したと言うことができる。同時に一八七〇（明治三）年以降、日本から諸外国への駐在外交官派遣も始められていたことは、先の章で見たとおりである。

一方、外交官たちとは別に、クララの日記からその存在が鮮やかに浮かび上がるのは、ここでもやは

図6−2　第1回内国勧業博覧会開場式での天皇・皇后
「内国勧業博覧会開場御式の図」橋本周延画。国立国会図書館デジタルコレクションより

り女性たちである。最初に、つねに天皇とともにあり、「両陛下」と表現されているところのもう一人、皇后に触れておかなくてはなるまい。天皇の姿が可視化されただけにとどまらず、国家元首がつねに夫妻で登場するという欧米式の慣習を明治政府が積極的に取り入れようとしたために[15]、皇后もまた、以前までのあり方から劇的な変化を余儀なくされた。

ただし、隆とした洋装で「若い日本人へのお手本」を示していた天皇の傍らで、その服装はどのようであったろうか。クララは次のように記録している。

……皇后様と侍女たちは絹かサテンの赤、白、紫、緑などの美しい衣装を召され、髪は長くうしろに垂らして、白い紙で結んであった。背の高い外国の使臣や日本人の役人の間では皇后様や侍女は子供のように小さく見えた。固い赤い袴は外国のスカートのようだった。

天皇のみならず、日本人男性の洋装化が明治初期から進行したのに対して、皇后と女性たちの変化は一足遅かったことが知られている。女性が和装を続けることがとくに望まれたというより、社会の近代化を促進することにおいて、男性が優先されたと捉えるべきだろう。皇后が公的な場に洋装で登場するようになるのは、一八八六年からである。これに引き続き翌一八八七年一月には「婦女服制の思召書」が出され、一般女性の洋装が積極的に奨励されるようになった[16]。これより一〇年を遡る一八七七年内国勧業博覧会での天皇・皇后の服装は、この時間的差異を手に取るように反映している。

そもそも、明治政府が天皇・皇后の夫妻としての表象を重視し、とりわけ外国向けには、そうした写真などを早々に作成していたにもかかわらず、国内では、皇后は天皇の下にあるものとの認識が根強かった。夫妻が同じ馬車に乗り、真に一対の存在として公に姿を現すのは、一八八九年の憲法発布記念式典の日を待たなければならなかったことを、若桑みどりが指摘している。そのうえで若桑が強調するのは、われわれがいま見ている第一回内国勧業博において、服装の差異を残したままとはいえ、両陛下が並んで立つ様子が錦絵に描かれて流布したということ、それこそが、皇后が「天皇の伴侶として民衆の前に視覚化され」た初の場面であったということである[17]。ただし、二人が相携えて人々の前を歩いたのではなく、天皇とそれを囲む役人たち、そして皇后と侍女たちが、時間差をつけて通っていったことは、クララの記述からも明らかである。

なお、クララの日記には、この前年の暮、母アンナが富田夫人の洋服の買い物に付き合うというくだりが見える（一八七六年一二月四日、九日）。ホイットニー一家の来日のきっかけとなった富田鐵之助は、アメリカからいったん帰国したのち上海に赴任が決まり、今度の任地へは夫人を伴うことにした。現地での夫の外交活動に随伴するため、夫人も洋装の準備が必要になったのである。これを一例と見るなら、明治政府高官の夫人たちに関しては、とくに夫が外交関係に携わる人々の間で、必要に応じて一般よりも、そして皇后よりも早く、洋装化が進んだと考えられる。

ただし、この上海赴任は夫人がその準備をすっかり整えたところで取りやめになってしまう。その折、夫人が「あの美しい洋服が日本の家では役に立たないので残念がっておられる」(一八七七年一月二三日)とクララが記す、その様子からは、逆に国内ではまだ、女性がそのような服装をする機会がなかったことを確認できる。こうした女性たちが東京を舞台とする社交界で、ドレス姿を披露して華々しく活躍する、いわゆる「鹿鳴館時代」が始まるのはまだ少し先のこと——同館の落成は一八八三年——である。

さて、初の内国勧業博覧会にあたっては、先にも述べたとおり、当時最先端の産業機械をはじめ、政府や有力製造業者からの出品がなされた。ともすればそうした、いわば専門的な展示品ばかりが並んだ様子を想像しがちだが、クララの日記はこの博覧会の別の側面を伝えてくれる。彼女の身近にいた二人の女性が出品し、または出品しようとしていたことが記録されているからである。

その一人はほかでもない富田夫人で、クララが初めて博覧会場を訪れた八月二三日の日記に、場内の「西館」には「立派な陶器や漆器、琺瑯引きの器や、象嵌細工の家具やきれいなものが無数に展示されて」おり、そこで「富田夫人の作った枕」を見た旨が書き留められている。

『明治十年内国勧業博覧会報告書』の「陶磁、蒔絵、繡絲」の巻を紐解くと、出品物が列記されたなかに、たしかに次の一項が見つかる。

富田ヌヒ出品

飾枕 絹製、彩花ノ刺繍

此品ハ刺繍精巧ニシテ、製作甚タ好シ。唯遺憾トスル所ハ、花紋ヲ歐様ニ擬シタル一點ノミ。如シ此花紋ヲ改メテ本邦ノ風ト作サハ、輸出ノ數、應ニ僅少に止マラサルヘシ(18)。

クララはこの枕が「あまり見栄えがしなかった」と言っているのだが、はたしてその理由はこの報告書の評と近いものであったかどうか。それはともあれ、こうして女性たちの手工芸品が展示されたことは、観客としてもまた、女性たちを博覧会場に連れ出し、まさにクララ自身がそうであったように一点一点熱心に見て回る、一つの大きなきっかけを用意したと考えられる。

ところで、公式報告書が富田夫人の施した「歐様」の柄行を批判し、海外輸出向けに「本邦ノ風」が望ましいとの見解を示していることはまことに興味深い。一八七三年ウィーン万博、七六年フィラデルフィア万博を経、さらにこの翌年には七八年パリ万博を控えて、目下、日本政府は輸出工芸品の創出に熱を注いでいた。欧米市場で魅力的に映る製品の図案を政府自ら作成し、職人に貸与して生産を促すといった努力までが行われていたのである(19)。そうした背景があってこその内国勧業博であり、その同じ視線が、富田夫人の手になる一個の枕にも注がれていると捉えることができる。この時期、欧米で実際に日本工芸品の人気は沸騰し、いわゆるジャポニスム——日本趣味——の時代がすでに始まりつつあった。

そして、もう一人の女性とは、クララの親友、勝逸子である。閉場式にもともに出かけていた。遡って勧業博の開幕を前にした時期、お逸が刺繍作品の製作に励んでいたことは、クララの七月二一日の日記に、つくりかけの作品を持ってホイットニー家に遊びにきた彼女が登場することからわかるのだが、さらに八月一六日になると、おそらくはその同じ作品が、博覧会での展示を目的としたものであったことが判明するのである。

クララの記録するところでは、それが「できあがって出品するばかりになった時、お父様の勝氏が、ある政治的な理由で、名前を出すのを拒否された」ために、お逸は出展を諦めなければならなかったのだという。言うまでもなく彼女はとても残念がって、この時期、連日クララのところにやってきてはその話をしていたらしい。

勝海舟が、娘の作品とともに「勝」の名前が表示されることを忌避した「政治的な理由」の中身をクララは書き残しておらず、勝自身の日記にも、直接この前後に特別な動きを見出すことはできない。が、勝が娘を悲しませてまでとったこの態度の背景に、彼が大久保利通の政府運営に批判的であって、少なくとも二年前から決裂状態にあり、とりわけそのとき西南戦争という形で、勝にとっては幕末以来の盟友である西郷が追い詰められていたという事実を読み込むことは[20]、行き過ぎた推測ではないだろう。

とはいえ、がっかりしていたお逸も、先に見たとおり見物客として元気に博覧会場へ出かけていき、天皇皇后両陛下を取り巻く大群衆のなかに、明治日本の一人の女性として加わったのだった。三ヵ月にわたる興奮の舞台は、新しい時代を人々の目に焼き付けて、成功裏に幕を閉じた。一方で反発を鮮明にした勝もまた、その意味において「内国勧業博を取り巻く人々」の一角をなしていたと言えるだろう。

内務卿大久保利通が、いわば不平士族の残党によって――クララの日記によれば「西郷の復讐のために」――暗殺されたのは、ここから半年後、一八七八年五月一四日のことである。明治一〇年ならぬ、幕末からの二〇年を駆け抜けてきた人々の時代が、たしかに、終わりつつある。

第七章　工部大学校訪問〈一八七八（明治一一）年五月二二日〉

明治日本の原動力

日本社会は急速に変貌しつつあったが、女性たちの衣服がそうであったように、急には変わらない側面も少なからずあった。庶民の家庭生活もまだまだ大きくは変わらない。しかしそうしたなかで、確実に、目に見えて新しくなっていったのが、東京の表通りの建物であり、鉄道や船などの乗物であった。ガス灯の導入もその一つだろう。逆に、そのように急激に変わっていったものこそが、明治という時代の象徴のように語られてきた。

まさにその語られてきた側面を担い、次々と実現させた、つまりは文明開化を形にしてみせたのが、日本に特徴的とも言える技術官僚たちの存在である。今日の官庁で言う「技官」につながっていく、電信なり交通なりについて自ら専門知識を持った人々だが、今日のそれが行政権限を持った「事務官」と区別されているのに対して、行政上の役割をも併せ持ち、技術革新を主導する立場にあった[1]。それらの専門家が集結し、一八七〇年から一八八五年まで存在したのが、工部省という役所である。

その工部省のもとに、設立の翌年から工学教育を所管する工学寮が設けられ、一八七三年に生徒の募集を開始、組織的な改変を経て七七年より工部大学校と称されるようになった。のちに帝国大学に引き継がれ、今日の東京大学工学部の前身となる。工部大学校時代の敷地は、現在の虎ノ門にあった。

工部大学校の初代校長を務めたのは、旧幕臣・大鳥圭介である。もともと医者の家に生まれ、青年期には緒方洪庵塾で学んだのち、西洋軍学の専門家として活躍するようになっていたのを、幕末に至って幕臣に取り立てられた人物である。戊辰戦争では旧幕府の陸軍を率いる立場にあったが、維新後は新政府に出仕、開拓使から陸軍省、さらに工部省に移り、(2) まさに広範な経験を積んだ「技術官僚」としてトップランナーの位置にあった。

一八七八年五月二二日のクララが、母と兄とともに見学に訪れるのが、その工部大学校である。ただしこれは、来日当初から一家と親しい関係にあった大島の紹介によるものではなかったらしい。


先生の席が低いところにあり、一番うしろの椅子は天井にくっつきそうになっている階段教室を通り抜けて、……科学教室や美術教室に行ったが、そこでは大勢の男子学生が建築の製図をしていた。博物館にも行ってみたが、いろいろの珍しい収集品がいくつかに分類してあった。地質学教室は興味を持とうと一生懸命努力したのだが一番つまらなかった。非常に貴重なものだといわれる面白くない石のかけらをとくと眺めたが、ちっとも面白くはならず、あまり眼を使ったので眼のほうが痛くなってしまった。

この興味深い学校の中を散策し、図書館も見学してから、ディクソン氏のうちに帰った。……

学校自体を「興味深い」と言っているわりに、その中身は残念ながらクララの関心を強く惹きはしなかったようである。それでもなんとかしてこのチャンスから学ぼうと自身を鼓舞している様子に、この少女の社会との接し方がよく表れている。

それはともかく、同校の教育の内容や、技術史ないし技術教育史における位置づけなどについてはすでに多くの研究がなされているなか、ある何気ない一日の校内の様子をこのように書き留めた記録は、なかなか他にないのではなかろうか。彼女の目の前で製図にいそしんでいた学生たちのなかには、まだ日本語で「建築」ではなく「造家」と呼ばれていた学科の第一期生で、のちに東京駅や日本銀行本店を設計することになる辰野金吾や、迎賓館の建築家として名を残す片山東熊がいたかもしれない。科学教室には、「アドレナリン」の抽出に成功し、実業家としても世に知られることになる高峰譲吉の若い姿もあっただろうか。「ちっとも面白く」ない地質学教室は、日本の地震学の父とされるジョン・ミルン教授の管轄だった。

工部大学校は、誰もがこうして内側を見学できたわけでこそないが、何よりもそれ自体が最新の洋館建築であり、首都東京の威容を示す新名所の一つだった。学校の建設は、当初想定された二段階の教育課程のうち、一六歳以下の生徒に二年間の予備教育を行う「小学校」が先に着手され、一八七三年に完成。引き続き教師館など他の関連施設の整備が始まり、大学校は一八七五年に起工、その二年後に竣工した。(3) 先に小学校ができあがると、人々には「時計臺の學校」と呼ばれたという。(4) クララが訪れたのは、そうして数年がかりで同校が全貌を現し、一八七八年四月一一日、天皇の臨幸を仰いで華々しく開校式

図7－1　東京・虎ノ門の名所となった「時計台の学校」
「虎の門夕景」小林清親画。国立国会図書館デジタルコレクションより

図7－2　完成した工部大学校の威容
東京大学大学院工学研究科建築学専攻所蔵

が行われてから[5]、間もなくのことであった。

遡って一八七一年、工部教育専門機関の設置を初めて具体的に建議したのは、幕末にイギリスへ密航留学した「長州ファイブ」の一人、山尾庸三であったとされる[6]。山尾は留学時に造船を学び、帰国して以来ずっと工学畑を歩んで、工部省には設立からかかわった、これも生粋の「技術官僚」である。のちに工部卿まで上り詰めた。

工部教育という角度から見た日本の文明開化の精神が、滾々とあふれだすかのようなその文面を、少し長いがそのまま掲載しておきたい。

自古、国家ノ文明盛大ヲ成サント欲スル者、皆ナ其上下ヲシテ知識ヲ備へ、厚生利用ノ途ニ出シムルヲ要セサルナシ。御邦内ニ於テモ已ニ御開営被　仰出候當工部省所轄ノ事業ハ、即チ其基礎ニシテ、遄ニ功験相顕、萬國ト併立冨強ヲ保チ候様致度、旦暮不堪渇仰候。然ル處、其事業ニ於ケル大小トナク技術上ニ相渉、　皇朝未曽有ノ要務候へハ、実學知識ノ徒ニ非ス候テハ、誰カ能施行可致得理、無之候。惜哉、御邦内ノ人物其一科ヲ了得候者未タ見當リ不申、依テ方今數多ノ外國人ヲ使役、御創業ノ手順取継罷在候次第、實ニ無餘儀事ニテ、終始彼等ノ余力ヲ假リ、功業漸ク相遂候様ニテハ、一時開化ノ形況有之候トモ、萬世冨強ノ基本ハ迚モ相立申間敷、戰兢ノ至ニ候。此機ニ臨ミ、人材教育ノ御方途不可欠場合ト被存候。就テハ当省中ニ於テ工部學校至急御取建相成、少年有志ノ者ハ盡日校中ニ出入、孜々勉学経、其歳月候へハ教師ノ指揮ニ依リ順次洋行ヲモ為致、成器ノ上夫々奉職事ニ為従可申。左候ハヽ、自然外國人使役其他多少ノ煩勞ヲ省キ、銕道始諸業功實海内ニ蔓布、萬世不朽ノ御基本相立、　皇威異域ニ輝キ、上下浴文明盛大ノ鴻澤候様、必然ニ相覺候。此儀御採用被為在候ハヽ、學校御取建ノ塲所ハ厓ノ御門内延岡藩邸、至極適當ノ地ニ有之候間、可相成ハ此塲所御渡相成、尋テ營繕ノ御下命モ有之度。左候上ハ、精々特勵ヲ遂ケ、遄ニ落成可仕候。尤生徒取立方ノ手筈、都テ校中ノ規律ハ追テ取調ノ上可申上候様可仕候。差向、前書學校御取建ノ儀、御英斷相成、至速御沙汰御座候様仕度候。依之此段奉伺候也。

辛未四月　　　　工部省

辨官御中(7)

ここには第一に、新しい知識の習得、しかも実社会で直接活用できる技術の知識こそが、これからの日本の発展を支えるという発想が明確に示されている。実際、この学校の実現によって、先に名を挙げた数人をはじめ、日本の風景を目に見える形で変化させていった技術者たちが育つのだが、そもそものような発想が登場したこと自体に、明治日本の宿していた「近代化」への力量が表われているとは言えないだろうか。

「御邦内ノ人物其一科ヲ了得候者未タ見當リ不申」――国内でそうした技術の一分野をしっかりと理解した者は見当たらない――という大前提については、幕末安政期以来の海軍伝習所・講武所や製鉄所の設置、それらが現に明治の海陸軍や民間の重工業の発展につながった事実、また山尾自身を含め、数少ないとはいえやはり幕末以来の留学組の存在を鑑みれば、提案の緊急性を強調せんがための誇張があることは言うまでもなく、さらには、革命政権ならではの前代の否定も読み取らざるをえない。むしろ一定の基礎があってこそ、「皆ナ其上下ヲシテ知識ヲ備ヘ」、知識を共有して活用することが「国家ノ文明盛大」の道である、という発想が生まれるのであり、そこに、この建議の主眼があると捉えるべきだろう。

翌一八七二年には周知の学制が制定され、その序文は、「日用常行言語書算ヲ初メ士官農商百工技藝及ヒ法律政治天文醫療等ニ至ル迄……學問ハ身ヲ立ルノ財本」であり、「必ス邑ニ不學ノ戸ナク家ニ不學ノ人ナカラシメン事ヲ期ス」ことを宣言する。岩倉使節団の出入りを含め、この時期さまざまに政府の主導者が入れ替わったことを超えて、人の育成、それも限られたエリートではなく、普く教育を施すことを国づくりの根幹に置くという点で、ここには一連の通底する精神があると言えよう。そのなかでも技術によって社会の変革を牽引する、工学人材の必要性が、一歩先行して発議されていたことになる。

御雇外国人たち

国づくりにおける工学重視の姿勢もさることながら、右に引いた文章中で目を引くのは、そうした人材を日本国内に育てることの重要性――目下多数の外国人の力を借りなければならない状況を脱したいという希望――が、とくに強調されていることである。外国人に頼らずにすむようになって初めて、

「萬世富強ノ基本」を打ち立てることができると言っている。

すでに幕末から、中央または地方政府において、欧米から新知識を導入するために外国人の雇い入れが始まっていたことは、本書の重要な背景でもある。では現実に、どれほどの数の、いわゆる「御雇外国人」が日本の国づくりを助けていたのか。梅渓昇の詳細な調査によれば、いまわれわれが見ている一八七八年には三二一人の外国人が、政府部内のさまざまな領域に招かれて勤務していた。

同じく梅渓は、こうした外国人らの「盛期」を一八七〇年から一八八五年の間とし、それについて「いわゆる工部省時代と重なる」との見方を示している。御雇外国人なる存在が、とりわけ技術面の革新によって社会の進歩を図ろうとする工部省の所掌分野において必要とされ、重用されたことは、理に適っていよう。なかでも数的に最高であったのは、岩倉使節団の帰国直後にもあたる一八七三年から七五年までで、その間は五〇〇人を超えていた。以降は、すでに少しずつ減少が始まっている(8)。

さて、クララは、工部大学校を訪れた当日、「ディクソン氏」宅を訪問していたという。母と、兄のウィリスと一緒に昼食に招かれ、引き続き学校の見学に案内され、また家に戻ってお茶のもてなしを受けた。この時期に工部大学校と関係の深かった「ディクソン氏」とは、一八七六年から同校の英語教師として招かれていたウィリアム・グレイ・ディクソン（William Gray Dixon）に違いあるまい。ディクソンとクララたちとは、このとき初めて会ったのではなく、教会などで顔を合わせることも多かったことが日記からわかる。ディクソンがホイットニー家を訪れることもあった。逆に招待されたのは、この日が最初だったようである。

またクララの記述によれば、彼は同僚の「マーシャル氏」とともに、この昼食の席を設けたらしい。こちらは工部大学校創設メンバーの一人である数学者、デービッド・マーシャル（David H. Marshall）であろう。つまり二人は、そのように互いに行き来して共同で来客をもてなすほど仲が良かったことが察せられるが、さらにクララたちが、そこから引き続き学校の見学に出かけていることからは、彼らは敷地内の教師館に住んでいたと考えられる。それらの事実は、後出のディクソンの著書からも跡付けることができる。

彼らこそは、まさに典型的な御雇外国人であり、しかもその最盛期に、ほかでもない工部人材の育成に貢献した人々である。そもそも工部大学校は、教頭の立場で実質的に同校の教育計画全般を任されていたとされる機械技師ヘンリー・ダイアーを筆頭に、[9] 伊藤博文が岩倉使節団の一員として巡遊中、イギリスで調達した教師陣の来日をもって稼働したのだった。[10] また、たとえば、鹿鳴館をはじめ明治の東京を象徴する洋館を次々と設計した建築家ジョサイア・コンドルは、これとは別に来日し、開校後間もなくから同校で教えたメンバーの一人である。

「工部大學校學科並諸規則」（明治一〇年三月）によれば、同校開校時の専門課程における教科は、土木学、機械学、電信学、造家学、実地化学及び冶金学、鉱山学の六領域からなり、これらがすべて英語で教授された。課程は、英語のほか、数学、化学、物理、製図といった基礎科目からなる普通科二年ののち、右のいずれかの専門科に二年、そして二年間の実習期間を加えた六年間で、卒業試験で一定の点数を得た者が工学士として世に送り出された。とくに初期のころは予備知識を求めることはせず、主に英語の試験で入学した生徒たちが、実習が始まるまでは全寮制の生活を送りながら、工学の専門家に叩き上げられていったのである。これを支える教授陣として、既出のダイアー、マーシャル、ディクソン、コンドル、ミルンを含め、一三名の外国人教師の氏名が列挙されている[11]。

教育内容について、一九三一（昭和六）年に編纂された『旧工部大学校史料[12]』は、「今日ニ於テ之ヲ見レバ程度ノ低キモノニテ……」と評する。実際そうでもあったかもしれないが、他方で、イギリスを除けば欧米でも高等教育としての工学は本格化を見ていなかった時代に、急速にそのカリキュラムが整えられ、実践に移されたことは、世界的にも特異な事例であったと見るべきだろう。

工部大学校がその形で存在したのは、一八八六（明治一九）年に（東京）帝国大学の一部に併合されるまでの短い期間であったが、それまでに輩出した二一一名の卒業生は、多くが工部省をはじめとする官庁に技術官僚として奉職し[13]、日本のいわば目に見える近代化を推進していくことになる。御雇外国人たちの力を借りて育てた日本の若い人材が、たしかに次の世代を担ったという意味で、先の建議に言う「富強ノ基本」を打ち立てるという目的は、着実に果たされつつあった。

むろん、御雇外国人が活躍したのは工部大学校だけではない。ジョサイア・コンドルのように同校の教師にはならなかったが、同校の建物を設計し、他にも数々の洋館を生み出したフランス人建築家チャールズ・A・シャステル＝ド＝ボアンヴィル、日本列島各地に最初の灯台を建設したイギリス人技師で、本書にも既出のリチャード・ヘンリー・ブラントン、また日本美術の再評価で知られるアメリカ人の哲学者アーネスト・F・フェノロサ、あるいは東京医学校に招かれたドイツ人医師エルヴィン・

フォン・ベルツなど、著名人だけでも枚挙に暇がない。[14]

そうした全体として、こののち一八八〇年代には政府雇い（官傭）の外国人は急速に減少し、さらに最盛期から二〇年を経た一八九〇年代半ばには、一〇〇人を切るようになっていく。[15]このことは、一八八〇年代において、たとえば工部大学校造家学科一期生の辰野金吾がイギリス留学を経て帰国すると、恩師コンドルの後を受けて工部大学校（引き続き帝国大学工科大学）の教授となり、同時に辰野金吾建築事務所を設立して最初の作品群を発表していくという動きと、[16]表裏からぴったり符合していると言うことができるだろう。

いま、この模様を別の角度から――「御雇外国人」とひとくくりに見るのではなく、彼ら一人一人の人生を考慮して――眺めるならば、工部大学校の最初の教師陣のように、岩倉使節団巡遊時のネットワークに接点を持った場合もあれば、それ以外にも日本政府が各領域で熱心に展開した人材探しの結果、白羽の矢を立てられたり、または先に来日した知友に誘われたり、さまざまな経緯で日本にやってきて、彼らの人生の一時期をかけ、日本の国づくりの一端に貢献したのである。短期間で去ったケースもあれば、一〇年、二〇年にわたって滞在した場合、また、たとえばコンドルのように、結果として半世紀近くを日本で暮らし、そのまま亡くなった例もあった。

彼らは政府高官レベルの給与で招かれたことが知られており、自らの専門性をもってそのように引き立てられることはむろん魅力ではあったろうが、これら欧米の各種専門家たちの側からすれば、誘われて渡航しようとする日本は、まだ、あまりにも未知の国であったはずである。この時期までに、他に日本にやってきていたのは、ひと握りの外交官や、アジアでの一攫千金を夢見て外国人居留地に入り込んでいた商人たち、および宣教師たちである。逆に「日本人」なるものが彼らの身近にやってきたことがあるとすれば、幕末の数件の使節団と、今般の岩倉使節団の歴訪という限られた機会、そしてこれもまたひと握りながら、富田鐵之助のような留学生たちであった。

御雇外国人として招聘された人々は、直接、または間接に、こうした限られたルートのどこかに結びつきを持っていたには違いない。しかし、自らがいったんは現在の暮らしをたたみ、海を渡って来日し、そこで未知の人々とその政府のために働きながら暮らすとなれば、大変な決心を要したこともまた、想像に難くない。厳密には御雇外国人ではなかったという点で立場は違えど、ホイットニー一家が通った道とも、むろん共通する。

それらの外国人たちは、来日したのちは商人などのいわば自己都合でやってきた人々とは一線を画した扱いを受け、東京その他の市中に住居を与えられて生活した。クララが訪ねたディクソンが工部大学校の敷地内に住んでいたように、勤務先の官舎で暮らすのが通常であったと考えられる。そして、この日の様子によく表れているように、同じ官舎内の住人はもちろん、少し離れた人たちとも互いに交流し、横浜など外国人居留地におけるのとはまた異なる環境下で、ゆるやかな外国人コミュニティーを築いていたことがわかる。

この日のクララの日記を読み進めると、学校見学から戻る途中で「ヴィーダー先生夫妻」にばったり出会い、結局、ディクソンらの教師館に同道して一緒に過ごしている。「ヴィーダー先生」とは、同時

図7－3　ウィリアム・グレイ・ディクソン
『旧工部大学校史料』、国立国会図書館デジタルコレクションより

期に東京大学に招かれていたアメリカ人の物理学者ピーター・ヴルーマン・ヴィーダー（Peter Vrooman Veeder）であろう。そして、そこで振る舞われたのは「お茶と本物のスコットランドのからすむぎ菓子」だった。「お茶」は、ここではもちろん紅茶を意味しよう。こうして彼らはひとしきり、祖国風の——といってもアメリカ人とイギリス人が入り混じって——ティータイムを楽しんだのである。

スコットランドのお菓子が用意されていたことには訳がある。ディクソンはグラスゴー大学、マーシャルはエディンバラ大学の出身[17]、つまり両者とも、イギリスはイギリスでもスコットランドゆかりの青年であった。日本にやってきて、互いを頼りにしていたのもうなずける。ちなみにこの年、マーシャルが満三〇歳、ディクソンが二四歳。御雇外国人たちのなかには、ヴィーダーが当時すでに五〇代であったように年長者もいたが、他方でかなり若々しい者も少なくなかった。

少し先走って述べるなら、この先、クララとディクソンの間には「噂」が立つようになる。その噂は噂に終わり、実ることはなかったのだが、クララの日記からは、仲の良い兄ウィリスが何かと二人を近づけようとした形跡がうかがわれ、おそらくは似合いの二人だったのであろう。

ディクソンは四年間の滞在を経て帰国したのち、ほどなく大部の日本見聞録を出版した。一八八二年刊、*The Land of the Morning: An Account of Japan and its People, Based on a Four Years' Residence in that Country*（Edinburgh: James Gemmell）の扉には、「現在と過去の東京・工部大学校の生徒たちへ、愛を込めてこの書を捧げる」と記されている。御雇外国人たちは、日本に新たな技術や知識、文化をもたらすとともに、日本についての情報を世界に伝えてもいった、結果としてきわめて「双方向的な」存在であったと言える[18]。

第八章　雅楽稽古所開会式〈一八七八（明治一一）年一二月九日〉

新生日本の実験場

御雇外国人たちの手を借りて新技術の急速な摂取が試みられる一方、同じ時代の要請に応えるために、日本社会においてもう一つ別の種類の努力が懸命に行われていた跡を、クララの日記が描き出している。工部大学校訪問から約半年を経た、同年冬の、ある午後の風景である。

この日、クララは「牛込の音楽協会」に招かれた。その「開会式」であるという。牛込御門内富士見町（現在の飯田橋）にあった「雅楽稽古所」は営繕修理を終え、一八七八年一二月一〇日に、式典と初の公開演奏会を催した。クララが日記に書き留めた同席者の顔ぶれと、先行研究が明らかにしている開業式典の招待者が概要において一致すること[1]、また、やはりクララが記した演奏の様子が、別の先行研究の検証による当日の演奏曲目と重なり合うことから[2]、クララが訪れたのがこの会であることは間違いないと考えてよいだろう。

なお、この当日の日記の日付が一二月九日となっているのは、一〇日の誤りであると解釈しておきたい[3]。ただし、本章見出しの日付は日記からそのまま採用し、一二月九日とした。クララは、実際には一二月一〇日であったと思われるこの日の日記を、大島圭介が自宅に来訪したという「昨日」の出来事から書き出しているため、おそらくはその「昨日」にあたる一二月九日という日付を冒頭に記し、引き続き一〇日の出来事を綴ったものと想像される。

ともあれ、この日クララはどのような場面に遭遇したのだろうか。――家の人力車に乗って会場に着くと、すでに夥しい数の乗物が止まっており、「建物のまわりには天皇の御紋を染めぬいた紫の幕が張り巡らされて」いた。「大広間には洋服を着た偉そうに見える紳士方が大勢」集まっており、クララは女性たちの控室に案内される。導いてくれたのは中村正直の夫人と令嬢であったという。控室にはもう一人外国人がおり、「松野氏という日本人の奥様」であることがわかった。

しばらくすると女性たちも、すでに「笙、琵琶、和琴、琴、ひちりき、笛、太鼓、鞨鼓、鉦鼓などの演奏」が始まっている大広間に招じ入れられた。「建物も、飾りつけも、楽器もすべて日本のものなので」、奏者が「みんな洋服姿で椅子に腰かけていた」のは「そぐわない感じだった」と彼女は言う。しかし、その後場面は変わり、「さっきは黒い服を着ていた演奏者が、今度はまるで芝居の舞台以外に見たこともないような絢爛豪華な衣装を着て」登場し、優雅な踊りとともに奏楽を披露した。プログラムはそのような日本の舞楽と、彼女によれば室外で待機していた「外国の楽隊」による洋楽の演奏とが、交互になるように組まれていた。

終了後に退出しようとすると引き留められ、「二五人ほど」の招待客がテーブルに着いての晩餐となった。「日本人はみな高位高官の方々ばかり」で、「外国人はサイル先生、松野夫人と私たちだけだった」。――

さて、彼女の記述を史料と対比させてみる必要があるが、ここは、音楽史の立場から近代の雅楽がたどった変遷に着目し、宮内庁書陵部所蔵の『雅楽録』を中心に詳細な検討を行った塚原康子の研究に頼ることにしたい(4)。まず、塚原によれば、新装成った雅楽稽古所の開業式当日、男性の式典出席者の服装はフロックコートとされていた。これがクララの記す、大広間の洋服を着た紳士方ということになろう。また式典に引き続いて催馬楽の演奏と朗詠が行われたが、いったん休止ののち「欧州楽」と「舞楽」が交互に演奏されたという。とすれば、おそらくクララたち女性招待客は式典終了を待って、催馬楽・朗詠の途中から会場に案内され、その後、休憩を挟み、衣装を替えて現れた奏者たちの演奏を楽しんだものであろう。その衣装は正確には、「神楽人長は旧服、歌人は直垂、管絃はフロックコート、舞楽の管方は襲装束、欧州楽はその制服」であった。クララの理解に反して、「欧州楽」を奏したのも日本人だったのである。

公開演奏会全体としての聴衆は一〇〇〇人以上に上る盛況であったとされるが、そのうち招かれて終演後の会食に参加したのは三三名で、クララの勘定は当たらずとも遠からずと言えよう。当日の招待客は、「徳大寺実則宮内卿以下の本省高官のほか、東京女子師範学校摂理・中村正直と松野クララ・近藤浜・豊田扶雄ら同校附属幼稚園保母、滝村小太郎、海軍楽長・長倉祐庸と海軍軍楽隊幹部など、さまざまな事業を通じて雅楽課とつながりをもった人々」であり、さらに、「町田久成、山高信離、……蜷川式胤」といった、明治初期文教行政における中心人物たちの名前が並ぶ(5)。

加えて「外国人二人」との記録があることを塚原が指摘しているが、これはクララの言う「外国人はサイル先生、松野夫人と私たちだけ」と合致しないように見える。おそらく日本側では、林学者・松野礀の夫人という立場で出席した前出の松野クララ――自身は幼児教育の専門家――は「外国人」に含めず、また少女であるわれらが主人公クララも数えず、「サイル先生」と、「私たち」のうちのもう一人であるクララの母アンナを記録の対象としたのではないか。「サイル先生」とは、宣教師として来日し、この時期には東京大学の御雇教師となっていたエドワード・サイル（Edward W. Syle）と考えて間違いあるまい。この日に限らず、クララの日記に折々に登場する。

それでは、「雅楽稽古所」とは何であったのか。端的には、一八七一年初頭に東京に設けられた、雅楽奏者たちの練習会場ないし仕事場である。その前提として、もともと京都にいた奏者たちのうち主立った者は、遷都に伴い、宮廷とともに東京に移転していた（ほぼ同時に京都にも出張所が置かれたが、一八七七年に廃止、東京に一本化された）。稽古所が置かれる前年には、太政官中に雅楽局が設置された。[6]

このとき、それまで長い間、宮家、堂上家によって雅楽が伝承され、諸権利が複雑に分化していた旧慣を廃し、雅楽に関する一切は新政府の所管業務として一本化されることになった。背景には、雅楽は宮中行事の重要な一部であり、したがって、天皇を中心とする国家儀礼の再編に欠くことのできない要素であるとの認識が存在したと考えられる。

すでに紹介した塚原康子による『明治の国家と雅楽――伝統の近代化／国楽の創成』は、主として幕末から明治期を射程に、雅楽のたどった経過を、一方で政府とその組織、およびそれに属する人々の動向から、他方で音楽としての変遷の面から詳細に解き明かした、スリリングとも言える研究書である。

塚原は自身の研究対象である雅楽について、「明治国家が制度化した唯一の在来音楽」であるとし、また、雅楽を含む音楽という分野が、美術と並び「明治国家の政策対象となった芸術領域」であると位置づけたうえで、この社会の転換期において雅楽がたどった道を「伝統音楽の近代化」という観点から評価しているのだが、ここで描き出された雅楽をめぐる様相はむしろそのレベルを超えて、明治新政府の国づくりそのものを、まざまざと映し出している。

ここで重要なのは第一に、（雅楽という）在来の文化要素が、まず当然のこととして、新時代に継承されたという事実である。そして第二に、その在来の文化を担ってきた専門家群が、排除されるどころか――たしかにある程度の人員削減は行われ、またその立場が国家制度のなかに吸収されるという再編を経たにせよ[7]――、外来の文化を吸収し、そのうえでさらに新しい文化を形成していくための他に代えがたいリソースと見なされ、現に活用されたということである。

右の第二の点は、クララは誤解していたものの、実は開業の日の演奏会で西洋音楽を奏していたのも、外国人ではなく同じ雅楽の奏者たちであったという事実に象徴されている。雅楽稽古所では連日午前八時から午後二時まで練習が行われ、彼らはそうした日々のなかで、まずは大嘗祭を頂点とする各種の宮中行事のほか、明治になって創出された神社祭事での奏楽に従事していたという。そこへ、稽古所開設の三年後、一八七四年から加わったのが、新たな西洋式の宮中行事に対応するための「欧州楽の伝習」という課題である。

日本人が西洋音楽を学ぶのは、この時点で初めてではなく、徳川時代の薩摩藩軍楽隊に遡るとされる。

この流れは維新後、兵部省を経て海軍省に引き継がれていた[8]。その指導にあたったイギリス人フェントンの名はよく知られている。そして、雅楽稽古所の奏者らも、海軍軍楽隊に通って洋楽を学ぶことになったのであった。

しかし、必然的に吹奏楽にとどまっていた海軍での西洋音楽に対して、雅楽家たちは、ヴァイオリン、チェロなどの弦楽器、さらにはピアノの習得にも着手していくことになる。塚原は、彼らこそ日本の西洋音楽界に「先駆的な足跡を残した」とし、ちょうどクララも立ち会った雅楽稽古所開業式のころのこの人々を、「雅楽と西洋音楽の双方に通じた国内で最もアクティヴで先進的な音楽集団」であったと評している。

明治初期の日本で実際に見ることができたこの文化摂取のあり方は、いわゆる厭旧尚新の風をもって理解されてきた「文明開化」の世相とは、だいぶ異なるのではないか。別の言い方をするなら、前章で取り上げた工部大学校が象徴するゼロからの専門家育成、日本にはその領域の専門性が存在しないことを前提とした努力のありようと、対置されるべきものだろう。

明治日本の国づくりには、これらの両側面が存在した。むしろ、本章の雅楽に見るような展開こそが、社会の末端に至る各部門を支えていたのではなかろうか。それにしては従来、「工部大学校的」側面ばかりが強調され、明治とは全面的にそのような時代であるかのように捉えられてきた傾向は否めない。

たしかに、ここで見ている音楽の世界においても、こののちほどなく、雅楽の所管とは別系統の文部省に、新制の初等学校で行う音楽教育を研究するための音楽取調掛が設けられる[9]。アメリカ方式を導入したその活動と影響力、また、これが東京音楽学校を経て今日の東京芸術大学につながった事実もよく知られている。その重要性を否定する必要はもちろんないが、結果として、雅楽家たちの存在は歴史の表面から覆い隠されてしまった。実際には、音楽取調掛が立ち上げられたとき、西洋音楽に関する希少な先行の専門家として、雅楽家たちは掛の初期の活動を大いに助けもしたのだという[10]。

一八七八年の冬の一日、日本の行くべき道を文化や教育の面から考えようとする人々が続々と集まり、クララが興味津々で五感を張り巡らせていた雅楽稽古所の空間は、まさに新生日本の実験場であったということになりそうである。

日本文化を説明する

ところでこの日、クララが雅楽稽古所の開業式に立ち会うことができたのは、「滝村氏」が前もって「岩田氏の招待状」をもたらしてくれたからである。また、いかにも重鎮ばかりが揃っているらしい会場に着き、「入って行くのが気がひけるよう」に感じた彼女を歓迎して迎え入れてくれたのは、ほかでもないその岩田氏――クララの理解によれば「会長の岩田氏」――であった。実のところ、クララはこの約一ヵ月前の一一月一一日にも、通常の練習中であった雅楽稽古所へ、やはり滝村の案内で訪れており、岩田にはそのときに初めて紹介されている。

さて、はじめに「滝村氏」とは、先に見た開業式当日の招待客の顔触れにも含まれていた、滝村小太郎をさす。本書では第四章に、徳川家達の世話役として登場したことがある。滝村とクララたちとは親しい間柄になり、家達の渡英後は、むしろ滝村自身の一家とホイットニー家との家族ぐるみの付き合いに発展していたことが、クララの日記から知れる。その滝村が雅楽稽古所との縁を持っていたのは、単に上流社会の交際によるのではなく、やはり滝村自身が、当時の「音楽界」に深くかかわっていたためであった。この時点では、かかわり始めていたと言うほうが正確だろう。

滝村小太郎は、明治の日本音楽史を手がける人々の間では、前出の音楽取調掛が西洋音楽導入の過程で頼りにした、最初の西洋音楽書の多くを翻訳した人物として知られている。具体的には、この二年後の一八八〇年に完成したと考えられている未公刊書『西洋音楽小解』（原著は *Chamber's Encyclopaedia: A Dictionary of Universal Knowledge for the People* 他）、一八八二年完成の『西洋音楽調和要法』（*Grammar of Musical Harmony*）、一八八三年刊に公刊された『約氏音樂問答』（*Catechism of Music*）、同年完成とされる『愛未児孫（エメルソン）唱歌法』（*Emerson's Vocal Method*）が、滝村の仕事とされる。これらの翻訳作業を通じて、今日のわれわれにとっては当たり前の「リズム」「テンポ」といった概念はもとより、「シャープ」「フラット」などの基礎的な音楽用語から高度に専門的な楽語までが、手探りで解明されたのである(11)。

ただし、滝村の功績はけっして華々しく顕彰されてきたわけではない。本人が最後まで徳川家家扶としての立場を貫き、正式に音楽取調掛に出仕しなかったことに加え、同掛における人事の変転などが理由となって、まったく忘れ去られていたのだという。音楽界のわずかな記録中に言及されていた「滝村小太郎」なる人物が誰であるのか、ほとんど手がかりのないところから、家系図を含むその履歴を掘り起こしたのは、一九九〇年代における藤原義久・森節子・長谷川明子の共同研究である。日本の文化史上広く知られるべき成果として紹介しておきたい(12)。

他方、「岩田氏」とは岩田通徳のことで、式部寮雅楽課勤務の官僚であり、とりわけ一八七七年からは雅楽稽古所に常勤し、中心的役割を果たしていた(13)。岩田もまた旧幕臣であり、幕末には、京都で坂本龍馬の暗殺を実行したとされる見廻組、また、幕府が整備しつつあった西洋式軍隊の一局をなす遊撃隊で、それぞれトップに立ったこともあるという経歴の持ち主である(14)。維新後、廃藩置県を経て新政府に出仕する以前には、徳川家の移封に従い、静岡藩小参事などを務めていたことを考え合わせると(15)、滝村とはそのころから面識があったのではないか。

両者がそれぞれ音楽に深く携わることになったきっかけ、そこに個人的な関心が存在したのかどうかについては明らかにすることができない。岩田の場合、新たな職を得た政府部局の業務として、まずは否応なくこの分野にかかわる必要が発生したことは間違いなさそうである。しかし、その職において彼がきわめて積極的に事業を推進し、また自らの知識をも増やしていった様子からは、単に官僚として有能であったというよりも、少なくともその立場に立ったのち、彼自身が音楽に夢中になったと想像することができる。それはまったく未知の世界への開眼であったかもしれぬし、武家としての基本的な教養や、幕末の西洋式軍隊での経験が何らかの土台になった可能性もある。

岩田の名が音楽の世界でとくに知られているのは、一八七八年刊『音律入門』の「編輯者」としてである。「音名」「調名七音」……といった基本的な音楽の要素について説明した小さな和綴じ本で、[16]「出版当時の音楽有識者のいわば常識を述べたもの」と評されているが、[17]その意味において日本初の西洋音楽理論書とも位置づけられる。このあとに、先に挙げた滝村訳による西洋直輸入の音楽書の紹介が始まっていくのである。

ところが、音楽書の翻訳という作業は、そのように洋書を日本語に訳し、日本人が西洋音楽について学ぶという方向へばかり行われたのではなかった。実に、『音律入門』の刊行と同じ一八七八年、逆に日本音楽（雅楽）の解説を企図した初めての書物の英訳が進められていたのである。同年にパリで開催された万国博覧会への参加にあたり、音楽分野での展示の一環として、楽器・楽譜・舞楽図に加え、包括的な解説書の準備が企図された。

この解説書は、式部寮の記録では「概略弁書」とされていること、計画を受けて雅楽稽古所で編纂した段階では「雅楽之概略」と呼んでいたこと、これは今日、東京国立博物館に『日本雅楽概弁』として所蔵されている三冊組の書物の一冊目にあたることを、前出の塚原が突き止めている。解説書を含む出品準備のとりまとめにあたったのは、ほかならぬ岩田であり、加えて岩田は、万国博覧会の場で日本の音楽を伝える最善の方法として、楽師を現地に派遣すること、さらには外国人の質問に答えられるよう、一部の楽師に語学を学ばせることを提案したが、政府部内で認められなかったという。[18]

さて、クララの日記からは、この解説書の英訳を引き受けたのがほかでもない滝村であり、クララ自身がそれを手伝ったことを知ることができるのである。はじめにそのことが言及されるのは、少し遡ってこの年の夏、七月二九日の日記で、滝村は朝まだホイットニー家の人たちが寝ているうちから訪れると、「パリの博覧会に送るため」の「古典音楽について（の）長い論文」を、クララに直してほしいと頼み込んだという。彼女は一日じゅうかかってその仕事をし、それを通じて「日本の音楽についていろんなことを学んだ」と記している。

クララはその論文自体を滝村が書いたと思っていたようだが、右で見たとおり、パリ博に送るために雅楽課——実質的には岩田——が作成したものを、滝村が英語に訳した草稿であったと考えられる。英語版の原稿ないし冊子になったものは、残念ながら現時点で見つけ出すことができないので[19]、それとこれとはまったく別の著作であった可能性も皆無ではないが、さまざまな「状況証拠」からは、同一のものと判断してよさそうである。

実は、当初は「雅楽之概略」に翻訳をつける予定はなかった。元の日本語版を含むパリ博音楽部門の出品物が、雅楽課における火急案件として整えられ、横浜発の船に積み込まれたのは、一八七八年六月二六日のこと。いよいよその日が近づいてから訳書の追送を決めたというから[20]、滝村が頼まれて急遽翻訳に取りかかり、一ヵ月後、ひととおり終えたところでクララのところへ駆け込んだとすれば、時間の流れとしては自然である。再び塚原の調査によれば、翻訳稿の浄書は八月一五日に完成したことが、宮内庁書陵部の史料に見える（ただしそこに訳者名は記載されていない）という。七月二九日のクララとの作業のあと、最後の仕上げをして提出し、政府部内で然るべき手続きを経て、作業完了となったのではないだろうか。

さらに九月二七日になると、ホイットニー家でディナーに招いた客人のうち、滝村が逸早く到着し、『『日本古典音楽』という小冊子の最初に出た一冊を、私に読むようにと持って来てくださった」、「これを訂正したものが種々の楽器といっしょにフランスの博覧会に送られている」と、クララは記録している。ここで言う『日本古典音楽』は、日記の原文では“Japanese Classical Music”だが、これが文字どおり、クララが手伝った英訳版のことなのか、元の日本語原稿の製本を完了したものを指すのかは、判然としない。当面の推測として、クララ自身が関与した英文であればその旨の言及があるのが自然であろうから、後者と解するのが妥当と思われる。

いずれにせよ、この仕事は先に触れた滝村の一連の音楽関係訳書――洋書の和訳――に先立つものである。他方で、彼がさらにこれ以前から、同種の仕事を手掛けていたとは考えにくい。もっとも、滝村が音楽を好み、さまざまな琴や笛を自宅に持っていただけでなく、自分でも演奏を楽しんでいたことは、ここまでのクララの日記から読み取れる（たとえば一八七八年三月一一日、九月二七日）。とはいえ、多少なりとも音楽の教養があるということにかけては、クララ周辺の他の日本人も、必ずしも引けを取るものではない。そうしたなかで滝村が専門的な音楽書の翻訳に携わるようになったのは、雅楽課に勤務するようになっていた旧知の岩田から、ほかでもない、このパリ万博向けの急ぎの仕事を依頼されたのがきっかけだったのではないだろうか。

その後、先に触れたように開業式のひと月前、クララが初めて雅楽稽古所を訪れた折、岩田は彼女に、滝村の翻訳を助けてくれたことについて礼を述べている。なお、こうして岩田が滝村を引き込むには、岩田が滝村の音楽好きや教養の高さを知っており、個人的にも信頼していただけでなく、何より滝村にそれだけの英語力があったという前提が必要だろう。この点に関しては、これまでに判明している滝村の経歴上、外遊などの特徴的な背景を見出すことはできず、彼が幕末期における将軍家の祐筆、引き続き徳川家家扶として、とりわけ若き新当主家達に寄り添ううえで、必要な能力を磨いてきた結果と推測するしかない。国内限りの教育の成果とすれば、それ自体が注目に値する。

こうして明治の音楽界は、言うなれば国産の文化と人材を土台として、新たな時代に適応し、新たな要素を採り入れながら発展していくための挑戦を始めていた。とりわけその努力の重要な部分が、万国博覧会を契機として、対外的にその国産の文化を説明するという仕事に割かれたことは興味深い。「日本について説明する」という必要が、この時代の日本に、初めて発生しつつあった。万国博覧会という、当時最大にして稀有の国際行事に参加し、日本紹介のための出展を企画して実行するということ自体が、典型的にその意味を持った営為にほかならない。逆に見れば、維新後の日本が国際社会に地歩を築くうえで、欧米先進諸国が争って開催を始めていた万国博覧会は、「自己紹介」の格好の舞台だった。[21]明治政府はここで見ている一八七八年のパリ万博以前、すでに一八七三年のウィーン博、一八七六年のフィラデルフィア博にも、挙国態勢で臨んできた。[22]

そうしたなかで、日本館を経営し、日本のさまざまな側面を伝える品物を選んで出展するにとどまらず、ある文化領域の歴史と現状を解説する資料を用意して現地に送り、会場で配布ないし頒布するという発想が生まれた。それ自体は日本だけが行っていたわけではないので、実際に万博に参加するなかで他国から学んだ可能性が高い。

日本の実践例として最もよく知られているのは、これより一二年のち、一九〇〇年にやはりパリで開かれた万国博の機会に、日本の美術とその来し方を説明するために準備された、*Histoire de l'art du Japon*（La Commission imperiale du Japon à l'Exposition universelle de Paris, 1900 Paris: Maurice de Brunoff, 1900）であろう。この場合はとくに、フランス語版が先に準備され、のちにその日本語版として『稿本日本帝国美術略史』（帝國博物館編、農商務省、一九〇一年）が生まれるという、際立った経過をたどった。

日本で初めて総合的な美術史をまとめ上げたこの書は、西洋美術との出会いと相克のなかで日本美術の位置を確立しようとする、当時の葛藤が込められたものとして、美術史の世界では多くの研究に取り上げられてきた。一方、これがあまりにも脚光を浴びたことは(23)、類似の努力が美術以外の分野でも、むしろより早くからなされていたことを看過する要因になったのではないか。ここで見た音楽にとどまらず、度重なる万博参加のなかでさまざまな分野の解説が書かれ、配布されたと推測することは、きわめて妥当である(24)。なお、雅楽の解説と同じ一八七八年のパリ博にあたっては、さらに包括的な日本紹介書として、政府部内に設けられていた博覧会事務局の編纂により、*Le Japon à l'Exposition Universelle de 1878*（一八七八年万国博における日本／Paris: Commission impériale du Japon, 1878）が用意されたことも紹介しておきたい(25)。

さて、これらの解説がなされるためには、当然ながらその前段として、そこに盛り込まれるべき内容――日本社会全般また各文化領域の歴史と現状――を整理し、把握するという作業が伴う。その意味で、このプロセスは何よりも、日本史を構築し、それを自覚することを意味した。われわれが今日、常識的に、あるいは教科書的に、共有している日本の文化史は、この時期に国際社会への参入を背景として整備された記述を、相当程度引き継いでいる可能性がある。

逆に、この時期にはまだ、日本の来し方を描くのに、さまざまな選択肢がありえたと言ってもよい。その輪郭を整える仕事こそは、明治の国づくりの一端どころか、最も重要な位置を占めていたと見なければならないだろう。博覧会事務局その他の政府部局の名前で公表されていったそれらの歴史は、しかしむろん、「政府」が筆をとって書いたのではない。思いもよらない縁を含めて、そのことに関係するようになった一人一人の情熱——ときにはひと夏の突貫工事——に、多くを負っていたということになりそうである。

第九章　勝屋敷でのクリスマス　〈一八七八(明治一一)年一二月三〇日〉

引っ越しのてん末

クララたちの日常生活は、ちょうど雅楽稽古所の開業式を訪れた前後から大きな変貌を見せていた。来日当初からの恩人であり、すでに家族ぐるみで親しく出入りしていた勝海舟の屋敷内に別棟が建設され、ホイットニー一家はそこへ移り住んだのである。荷物の移動や掃除が一週間ほどかけて進められた様子であり、その間、ホイットニー家の人々は夜は分散して知人宅に泊めてもらうなどしているため、転居の日を特定することは難しい。完全に新居に移ったのは、一八七八年一二月九日からであったと推測される。落ち着かない生活のなかで、クララが雅楽稽古所行きの日付を一日間違えたのもうなずける。

ちなみに引っ越しの間、クララ自身は、御雇建築家ド＝ボワンヴィル――先に見た工部大学校の設計者としても名高い――の家に厄介になった。ド＝ボワンヴィルは元気な少年のような人で、冗談ばかり言って家じゅう笑いが絶えなかったらしい。クララはド＝ボワンヴィル夫人や小さい娘さんとすっかり仲良くなり、その生活をずいぶん楽しんだようである。

さて、本章ではまず、この移転の事情を振り返っておかねばなるまい。端的に言えば、父ウィリアムが商法講習所を解雇されたのが原因である。

森有礼の私的事業の形をとって始めざるをえなかった講習所は、第四章で触れたように一八七六年五月には東京府の所管に移されていたが、これに伴って所長に就任した矢野二郎と、ホイットニー一家は——またはクララは——折り合いが悪かったらしい。クララの日記に現れる矢野は、着任当初だけは「ご自分も奥様もアメリカに行かれたことがある」「立派な人」、「とても温厚で親切」と評され（一八七六年六月二八日）、おそらくその年いっぱいはとくに問題もなく過ぎたようだが、翌年になると、クララは父に対する矢野のちょっとした言動に腹を立てたり、客人としてやってきた矢野にどことなく反感を抱いている様子だったりと、否定的な言及が多くなる。

一八七八年に入るとその感情は決定的になり、クララは日記のなかで通常誰にもMr.やMrs.などの敬称を用いているのだが、矢野からはそれがとれて呼び捨てになってしまう。ちなみにこの時期にもう一人、クララに嫌われ、日記中で呼び捨てにされるようになった人物は、彼女にあからさまな好感を寄せて不躾な態度をとった、若き日の矢田部良吉——新進かつ最先端の植物学者としてアメリカから帰国早々だった——だが、むろん矢野と矢田部の事情はまったく異なる。

矢野への抽象的な反感ははじめ、クララの勘からくるものだったのかもしれないが、やがてホイットニー一家が入っている住宅、つまり講習所の教師館の畳替えを矢野が拒否したという一件を契機に、明確な敵意に変わり、同年四月二二日の日記には、「矢野は悪意のある人物で、私たちは何も彼に不当な仕打ちをしていないのに、いつも私たちに害を加えようとする」と書き付けている。この日に具体的に何があったのかはわからないが、母アンナからも講習所助教の高木を介して苦情を伝えたというから、少なくともこの段階では、クララだけの感情的な問題ではなくなっていたのだろう。

この矢野という人物は御家人の出身で、幕臣として微禄ではあったが早くから英語を学んで頭角を現し、幕末の遣欧使節団（一八六四〈文久三／元治元〉年鎖港使節）に訳官として随行した経験もある外国畑の実務家である。維新後は英語を生かして外交の道に入り、森有礼の引き立てを受けて、森が離米したのちの一八七三（明治六）年から七五年にかけては駐米代理公使まで務めた。

帰国後に就いたのがこの商法講習所所長職である。東京会議所の渋沢栄一会頭から楠本正隆東京府知事への推薦によるものだが、背後では、矢野にとって幕府時代からの旧知で義弟でもあり、渋沢の下で副会頭を務めていた益田孝（ほどなく三井物産初代社長に就任）の紹介があったという。それからは、数々の経営危機を乗り越えて商法講習所を守り、高等商業学校と称されるようになっていた一八九三年まで所長ないし校長の立場にあって、同校が今日の一橋大学に発展する礎を築いた人物として知られている。ただし、長期政権の後半には学生の反発が強まり、最終的には免職という形で職場を去ることになった(1)。

その矢野のもとで動き出した商法講習所から、一八七八年六月一日をもってウィリアムが解雇されることが決定的となったのは、その三日前の五月二九日のことで、クララはその日を「わが家の人々にもたらされた悲しみと、悩みのゆえに永久に忘れられない日」とし、解雇については「我々の敵である矢野の仕業」と表現している。そして数日間にわたり、悲劇的と言ってもよい母アンナの嘆きが記される。

ただし父ウィリアム自身の動向は、クララの日記の他のすべての部分と同様、何も書き留められてい

ない。(2)

ウィリアムの契約が打ち切られた理由は、はたしてクララの言うような矢野の敵対心のみから起こったことであるかどうかを含めて、詳細はわからない。『一橋大学百二十年史』は、「真相は明らかでない」と前置きしつつ、この時期の政府が経費削減のため、高給で招き入れていた御雇外国人らを大量に解雇した事実を挙げ、東京府とウィリアムの関係も同じ経過をたどった可能性を示唆している。(3)先にも触れたとおり、この時期に御雇外国人数が急速な下降を示した背景には、各分野の社会建設を担える日本人が出てきていたという前向きな要因も存在したが、その一方で西南戦争後の財政再建が急務となり、七九年三月には「経費節減ノ聖諭」が発せられるほどひっ迫した事態になっていたことも、(4)見逃すべきではないだろう。

矢野がウィリアムの能力をどう評価したのか、またホイットニー家の人々に対してことさらにつらく当たったのかどうかは別として、経営者として蓋し辣腕であった矢野が、こうした実情を踏まえた客観的な判断を余儀なくされたことは十分に考えられる。だとすれば、畳の件を含め、最終的な解雇に至るまでの細かな節約努力もすべて同根であって、それがクララたち家族には嫌がらせのように受け止められたのかもしれない。いずれにしても、矢野のほうは当面、ウィリアムの後に専門性の低い――したがって給与の安い――別の外国人を雇い入れ、講習所の初期日本人卒業生を助教として、事態を乗り切っていくことになった。(5)

他方、言うまでもなく、ホイットニー一家はただちに窮地に追い込まれた。何よりも、目下の住居が商法講習所の施設である以上、早々にそこを出なければならない。周囲の人々が奔走するなか、具体的な提案でまず一家を救ったのは、中国（清）での勤務を終えて帰朝していた森有礼で、本格的な転居先が見つかるまでの間、ホイットニー家は森が永田町に持っていた家屋に、クララが「森夫人にピアノを教える」ことを家賃として入ることになったのだった（一八七八年六月一一日）。森自身も、以前に住んでいた木挽町の邸を離れ、永田町に新築した家に移っていたが[6]、このとき提供したのは、それとは別に、または敷地内に所有していた小ぶりの建物と考えられる。

今日では総理官邸や国会議事堂のある、当時はまだ旧大名屋敷が立ち並んでいた、「完全に封建時代に舞い戻ったような錯覚」（一八七八年七月七日）を起こさせるこの地域での暮らしを、クララは楽しんだ様子である。むろん、クララのピアノだけで一家が暮らしていたわけはなく、ウィリアムは、すでに一家と親しくなっていた既出の津田仙の厚意で、津田が経営する学農社農学校の分校という形をとって銀座に開設された夜間簿記学校で教え始めた[7]。また、二三歳になっていた兄ウィリスは家計を助けるため、金沢の師範学校に職を得、八月、家を離れていった。もともと家で良家の子女たちに英語を教えていた母アンナにも、森の配慮で新しい生徒が紹介されてきた。

とはいえ、これはもともと仮住まいの前提であり、大人たちは次の家探しを続けていた。そして、一家を取り巻く人々の背後で、もっとも実質的な援助に立ち上がったのは、再び勝海舟であった。

勝はまず東京府に対して、当初商法講習所を開業させるために寄付した資金の一部をウィリアム・ホイットニー個人に回すよう、申し入れたという。これをクララは、「勝氏が二年前に商法学校に寄付さ

図9−1　勝海舟肖像写真
福井市立郷土歴史博物館所蔵

れた六百ドル」（一八七八年六月一四日）と書いている。第二章で見たとおり、勝がホイットニー一家の来日時に拠出したのは一〇〇〇円だが、そのうち当初の必要に消費されないまま東京府に上納され、「貯金」されていた金額が、一八七八年六月六日の時点で「六百弐拾六円七拾八銭六厘」であったというから、[8]これを取り返して緊急の必要に充てさせたということであろう。

さらに八月ごろからは、勝が一家のために適当な家を購入し、無償ないしごく低額の家賃で貸すという話が出るようになるが、ついには勝家の屋敷内に別棟を建設して住まわせることで決着を見た。クララは一〇月一日の日記に、「何とかして感謝の気持ちを表わしたい」という言葉とともに、新居が「今日から建て始められる」と書き入れている。勝海舟の日記には、その当日には関連の記載はないが、八月から九月にかけてさまざまな関係者が出入りして相談が行われている様子が続いた末、九月二九日、富田鐵之助の来訪記録とともに「ホイト子ー氏居宅の事、引請け治定」とあって、[9]ここで話がまとまったことがわかる。

約二ヵ月後、彼女たちはついに、日本との本格的な縁をもたらすことになる赤坂氷川町のその家に、引っ越してきたのである。

一二月三〇日のクリスマス

この年のクリスマスのお祝いを、クララたちが一二月三〇日まで延期したのは、ウィリスが金沢から戻ってくるのに時間がかかったからである。家族が頼りにしていた若者は、先に述べたとおりこの夏から金沢に赴いていた。石川県中学師範学校の教師として、英語のほか、物理、化学を教えたという[10]。クララによると、金沢から福井までは積雪のため人力車が使えず、徒歩で踏破、そこから京都、大阪を経て、船で横浜に到着した。これは短期の休暇にすぎず、すぐにまた発っていかなければならないのだが、息子を迎えて、とりわけ母アンナの喜びはひとしおであったらしい。

なお、ウィリスは翌年夏には金沢から東京に戻り、念願の東京大学医学部に入学して、同校教授で御雇外国人としても著名なエルヴィン・フォン・ベルツ医師の薫陶を受けることになる。すでに金沢行きの前から、横浜在住の宣教師で医師でもあったジェームス・カーティス・ヘボンに付いて医学の勉強を始めており、父の困難に際して金沢の職が得られたのも、ヘボンの推薦であったという[11]。時計の針を少し先に回しておくなら、序章でも触れたように、ウィリスは一八八六年、赤坂病院を創設。いわゆるクリスチャン・ドクターとしての献身的な働きによって人々の尊敬を集め、日本の医学とキリスト教、双方の歴史にその名を刻まれている[12]。

さて、こうして変則的なクリスマスをホイットニー家が迎えたのは、もちろん、まだ入居して間もない新しい家でのことであった。この日、クララが記録する来訪者は、まず何よりも勝家の人々――「勝家の女性方と、小鹿さんまで含めてお子さん方全員」――である。

「女性方」とは、海舟夫人たみ、勝家の長女で、未亡人となり実家に戻っていた〈内田〉夢、結婚後も家族ともども屋敷内に同居していたと考えられる次女の〈疋田〉孝子、加えて、勝の四男・七郎の養母という位置づけでやはり敷地内に住まっていた「岡田夫人」ないし「岡田のオバサン」までを指すのであろう。一方、「お子さん方全員」には少なくとも、右に書かれているとおり長男の小鹿――富田鐵之助と同道で幕末からアメリカに留学、約一年前に帰国していた――をはじめ、クララの親友である三女の逸子、三男・梅太郎、四男・七郎に加え、孝子の長女・輝子、長男・玄亀、次男・保爾が含まれると考えられる。そのほか勝家からは何人もの使用人までが集まっていた。

勝の家族とホイットニー家が来日当初から交流を持っていたことはすでに述べてきたとおりで、勝の支援に始まった大人どうしの交際もさることながら、ウィリスは子どもたちの家庭教師に招かれ、クラは逸子と他に代えがたい友情を築いてほとんど毎日のように行き来していた。逸子との縁が深まるにつれて、母たみや上の娘たちがホイットニー家を訪れることもあり、もちろん逆の訪問もあった。また海舟自身も、このときまでに一回ならずホイットニー家に食事に招かれている。

したがって、両家はすでにごく近しい家族ぐるみの関係にあったには違いないが、今回の転居が、ホイットニー一家にとってはもちろんのこと、勝家にとっても大きな意味を持ったことは想像に難くない。たとえばクララの一二月一〇日の日記に、「勝家の方々は、とても親切にしてくださって毎日必ず何回も訪ねてくださる」と書かれているような、日常を色濃く共有する生活が始まっていた。むろんこの時点では、勝家ではホイットニー家の新生活に不便がないかどうかを気遣って、敷地内に建ったばかりのその家を頻繁に覗いていたのだろうが、それにしても、明治一一年という時点で、他にこのような環境を経験した日本人の家庭、また滞日外国人の家庭があったとは考えにくい。本来クリスマスを祝うはずだった一二月二五日には、クララは勝家の餅つきに参加している。

そして三〇日のパーティーの折には、勝家の面々は当然のように、いちばん早くからホイットニー家の客間にやってきていて、そこへ他の客人が徐々に到着しはじめた。クララはこの日の日記のなかで、勝家の人々をあるときは「お客様」と呼んでいるが、他の箇所では、「お客様のほかに……」という表現で言及するなど、その関係がぐっと近づき、境界が曖昧になってきているのがわかる。ちなみに海舟自身は三〇日の集まりには参加しなかったようだが、これに先立つ一二月一九日、ホイットニー家で数人の客を招いた別の夕食――東京大学で機械学を教えるため新しく来日したばかり

図9－2　勝家の女性たち（1885年）
BOX 4, Clara A. Whitney Papers, Manuscript Division, Library of Congress, Washington, D.C. 左よりクララの親友であった三女目賀田逸子（1880年に目賀田種太郎と結婚）、長女内田夢、勝海舟夫人たみ、次女疋田孝子。

の御雇外国人、ジェームズ・アルフレッド・ユーイング（James Alfred Ewing）持参の蓄音機を試して遊ぶ会合だった[13]――には、家族とともに顔を見せている。

ホイットニー・勝両家が待ち受ける客間に現れて集ったのは、ホイットニー家のクリスマスには一年目からの常連である杉田玄端の一家、そして富田夫人（富田鐵之助はこの日は名前が挙がっていない）。ほかには、在英中の徳川家達の弟である「田安公」――徳川達孝。また、大鳥圭介、津田仙、滝村小太郎の、それぞれ家族。いずれもおなじみの人たちである。神学者三浦徹の家族や、日本の洋紙製造業を興した一人として知られる村田一郎の親族（林家）などは、本書では初出だが、やはりクララたちと常日頃から交際がある。

クララによると、このほかに、招待したがそれぞれの事情で出席できなかったのは、前出の旧桑名藩主・松平定敬（病気のため）と、大山巌の夫人・沢子（自宅の大掃除のため）であったという。大山夫人との縁は、ウィリスの金沢行きが生んだもので、ウィリスは金沢の師範学校で天皇の巡幸を迎える栄誉に浴し、その際、陸軍少輔として随行していた大山巌の面識を得た。これをきっかけに、森有礼を介してホイットニー家に連絡があり、この約ひと月前から、夫人の沢子がクララと母アンナのところへ英語を習いにくるようになったのである（一八七八年一〇月二一日、一一月三〇日）[14]。沢子は母娘に好かれ、非常に親密な関係を築くことになる。

この日の顔触れが全体として、一部を除き、各家の主人ではなく夫人や子どもたち中心であったのは、暮も押し詰まっての実施ゆえだろうか。先に触れた、勝海舟も出席しての約一〇日前の晩餐には紳士方が揃っていたので、クリスマスのほうは、より子ども向けの集まりとして計画されたのかもしれない。

そもそもこの日のパーティーは夕食を伴わず、午後のお茶の時間に催されたようである。人々が集まると、まずお茶とお菓子でもてなし、それから、最大のご馳走……はじめは閉めておいた「小さいほうの客間」の戸を開放して、そのなかに飾ってあるクリスマスツリーを披露した。そしてプレゼント交換。さらに、ウィリスが京都から買ってきた幻灯を皆で見て、お開き。そのあとは、勝家と滝村家の——つまり、もはや家族同然の——子どもたちだけが残って、ゲームに興じ、年長の小鹿が先に帰ると、女の子たちが中心になってのおしゃべりを楽しんだという。

そうしたなかで、勝家の三男・梅太郎（このとき満一四歳）は、くつ下ならぬ足袋をつるしてみせ、そこにお菓子やおもちゃを詰めてもらってはしゃいでいる。梅太郎は勝家のいたずらっ子としてホイットニー家にもすでにおなじみだが、この少年がクララにとって特別な存在となるのは、もう少し先のことである。

「黙許」の実践

ところで、ホイットニー家がこの年のクリスマスのお祝いを比較的簡略にしたのには、引っ越し後間もないことや、ウィリスを待っての慌ただしさなど、さまざまな理由があろうが、いずれにしても当日の集まりの様子は、ホイットニー一家の存在が周りの人々にとっても、当初のめずらしさの勝ったものから、相当に落ち着いたものになってきていることを感じさせる。ホイットニー一家にとっても、「日本でのクリスマス」がある種の緊張感を伴うものから、家族の年中行事としてリラックスして臨めるものに変化してきたように見える。訪れた面々はいずれもほぼ「固定客」と言ってよく、クリスマス・パーティーを契機に新たな人脈を開拓するような要素はない代わりに、社会的影響力を持った一定範囲の日本人との間に、すでに安定したコミュニティーが築かれていることが読み取れる。

もとより、こうしてクリスマスを勝屋敷内の新居で迎えるまでに、彼らの移り先を探すため、何人もの知人たちが協力を惜しまなかった。その様子はクララの日記にも折々に記されているが、そこに登場する名前は、当然と言うべきか、このクリスマスに集った人々（ないしその夫たち）と重なる。彼らがこの一家を囲み、あたかも風雨のなかで灯を守るようにして、互いの連携をも深めながら、事態に対処してきたのである。

クララの理解によると、九月の段階では勝の出資で住宅を購入するという話が具体化しかかったことがあり、これを二つの策で支えることになっていたらしい（一八七八年九月二五日）。一つは、ホイットニー家がアメリカに持っている二〇〇〇ドルの預金の証書を富田鐵之助が預かり、元金には手をつけず、運用利息を家賃として勝が受け取るというものである。のちの展開と照らし合わせるに、これについては住宅の購入でなく屋敷内に新築という話が決まった際にも、そのとおり実行されたようであり、断片的ながら勝日記の記載とも符合する。(15)

ただし、利息とは言ってもアメリカの預金証書を直接運用できないことを考えれば、これはあくまで担保であって、当面の現金の調達が必要であったはずである。松浦玲は、勝はその証書を抵当に徳川家から二〇〇〇円を借り、それを元手として運用する予定であったとしている。[16] 徳川家の関与については十分な根拠が示されていないものの、勝の日記中、「ホイト子ー氏（より）預り置く」資金の「繰り替え」に二〇〇〇円を持って滝村が登場することからは、妥当な推測ではないか。

そしてクララの記すもう一つの策とは、最終的に、つまりホイットニー家がいつか退去する段になって、住宅の売却に伴い勝が損をする場合には、富田と大鳥圭介とでその損失分を分担するという約束がなされていたというのである。これに関しては他の史料で照合することができないが、家族へ説明されたことをクララが書き留めたのであろう。

客観的に考えれば、ウィリアムがそもそもの来日の理由であった職を失った以上、日本国内で次の落ち着き先を見つけるよりは、アメリカに帰国するという発想を一家が持たなかったのは不思議である。その背景として、父の解雇が決まった五月二九日の日記にクララが記しているいくつかの問題――「故国へ帰っても、父は実業とは完全に縁が切れている」「年齢の関係で新しい職場を見つけることはできない」「帰国する旅費さえない」「家も五年契約で貸してある」――は、むろんクララ一人の分析ではなく、家族での会話を反映したものに違いないのであって、一家に重くのしかかり、彼女が言うように、まさに「いかんともし難い状態」であったのだろう。しかし、彼女の両親はこのとき、それらの問題の解決を最優先し、かつ滞在をできるだけ簡便に切り上げるための方策を練ったようには見えない。

一方の勝の側も、一家の困難を知って同じく支援するのであれば、彼らの家を提供するのではなく、帰国の費用を助けるという選択肢もあったはずである。しかし、勝のみならず、富田をはじめ勝の周りでともに対策を練ったと考えられる人々が、その方向に物事を進めようとした跡は見出せない。

このような展開に至った理由はどこにも書かれておらず、想像に身をゆだねるしかないが、こうした結論を余儀なくする具体的な要因も見当たらない以上、双方の心の問題に帰するほかはないように思われる。

ホイットニー家については、クララが右と同じ五月二九日の日記で吐露している「私はアメリカに今すぐ帰りたくはない」「親しいお友達と別れたくないのだ」というごく素直な言葉が、家族の気持ちと実際にとった行動を代弁しているととってよいのではないか。勝のほうもまた、急遽住宅を購入するどころか自宅の敷地内に新居を建てるというまでの援助のあり方は、一家の来日当初における寄付のように、商法教育の必要性だとか、日本に招いた外国人に不義理をすることへの忌避とかといった観点で説明できる行動を、明らかに超えている。

こうして、双方にとって稀有の、いわば異文化交流に彩られた生活が始まるのだが、同時に気づいておくべきは、この年のホイットニー家のクリスマスには、これまでに見た過去の集まりと違って、目立った新来の顔ぶれがないだけでなく、クララたち自身のほかには一人の滞日外国人もいないということである。むろん、転居期間中のクララをド・ボワンヴィル家で預かったことをはじめとして、ホイットニー家の人々はこの時期も他の外国人たちと通常の交際を続けており、その方面の関係が絶たれたというわけではない。しかしながら、これほど日本人ばかりに囲まれてクリスマスを祝ったという事実は、クララたちがそのことに無意識のようであるだけに、一家の日本での生活が、ほかでもないウィリアムの失職という困難を経て、当時の滞日外国人としてはさらに特異な展開を見せ始めたことを十分に語っていよう。

また、こののちは日本人との人脈の拡大も、勝家のいわば「領内」に入ったことで、勝自身が何ら制約を加えたわけではないにしても、自ずと抑制される側面が出てこようことは、容易に想像される。もとよりホイットニー家と日本との関係は、富田との縁に始まり、勝を中心とする旧幕系の人々を軸とするものではあったが、その傾向はこの時点で事実上固定されたと捉えるべきだろう。

ところで、その勝について、彼自身がキリスト教に傾倒していたのではないかという議論がある。従来、勝の存在がクローズアップされる幕末前後の政治史において、この信仰の問題が注目されることはほとんどなかった。勝個人の評伝やそれに準ずる作品でも、勝の江戸無血開城までの活躍を中心に扱う場合が多く、後半生の比重が小さいためか、または論者たちの関心に沿わなかったためか、好んで扱われるテーマとはなってこなかった。それでも「勝海舟とキリスト教」については、わずかとも言えない先行研究の蓄積がある。

その議論の重要な背景とされてきたのが、このときに始まるホイットニー一家との同居という事実である。先にも触れたとおり、同家ではアンナを中心に、ほぼ毎日曜日には祈祷会ないし聖書勉強会が持たれていた。その様子は、クララの日記にも点々と登場する。楽しい茶話会の様相で、クララがオルガンや歌を披露することもあり、クリスマス・パーティーを縮小した日常版と言ってもよい。その都度招待状を出して人を誘うわけではないが、さまざまな経緯でこの家族と近づきになった人々は、関心に応じて、ごく自然な形でこの会に参加するようになっていた。むろんアンナやクララのほうには、キリスト教を広め、信徒を増やしたい——それが日本人にとってよいことである——という積極的な気持ちがあった。

ホイットニー家が勝家の屋敷内に引っ越してきてからも、この会はずっと黙認されたのである。自然な帰結として勝家の人々は、それ以前にも増して頻繁に加わっただけでなく、その直接の帰結かどうかはともかく、家内から洗礼を受ける者も出た。のちにクララと結ばれることになる三男・梅太郎も、その一人である。海舟自身は会に参加したわけではないが、クララたち家族の、細やかな愛情にあふれ、かつ節制された暮らしぶりを身近に見るにつけ、その行動を律している宗教に親近感ないし好意を寄せるに至ったことは間違いないようである。

いま、ここから五年先までのクララの日記をめくると、このような記述が見える。「(勝家の) ヤシキでは……門には『ヤソキョウ』という表札をかけていたので、勝氏は自分のヤシキに教会をもっている、という評判が長いことたっている」(一八八三年五月三一日)。しかも毎週の祈祷会は、のちに見るとおりホイットニー一家が一時的に日本を離れていた——その出発時においては永久的な離日と考えられていた——三年の間も、勝邸内で続けられていたという。

勝海舟とキリスト教の関係を論じようとした著作には、「勝自身はクリスチャンであったのか」という問いになんとか答えを与えようとするものが少なくないが、ここに述べた経緯を中心に、既出の「静岡のクラーク」との後年に至る関係や、本書にも頻出する津田仙や中村正直他、初期のキリスト者が勝ととりわけ親しい関係にあったこと、さらには、幕末の長崎海軍伝習所における行動などを根拠として、「勝クリスチャン説」は根強い。逆に、それを否定する見解も当然にある。筆者には、これらの多くはそれぞれの論者が自身の信条に立って、勝の人生にどう共感したいかという思いを表明した以上のものではないように見える。本人が明確に信仰の有無を宣言した記録が存在しない以上、そうした内面の問題について主観以上の判断ができるのかどうか、また問い自体が有効であるのか、疑問である。[17]

しかしながら、勝が早くから、キリスト教に対して、少なくともまずは他の宗教と同列に心を開こうとしたことまでは、事実と言ってよい。先にも触れた「耶蘇教黙許意見」もさることながら、「黙許」を社会的に実践してみせた、静岡時代のクラークとの関係を第一歩とすれば、このとき、ホイットニー一家と事実上の同居に踏み切ったことは、その結果として自身の家族、また自分自身が影響を受ける可能性をも含めて受け入れた、大きな第二歩であったととることができるのではないか。

さて、一方、クリスマス会のあった一二月三〇日から二日ののち、一八七九年の元日には、男性は紋付き袴の正装、女性も華やかな衣装に身を包んだ勝家のお正月の挨拶に、クララたちも加わっていた。屋敷内で相互に訪問し、また他の年始客らを迎えて茶菓でもてなし、とくに親しい人がやってくれば庭で羽根つきに興じる。

クララはこの朝の晴れ渡った空を見上げて、「日本の空でもなく、ヨーロッパの空でもなく、アメリカの空でもなく、普遍的な空」と胸に歌い、日記帳にその気持ちを書き留めた。――開かれた交流がもたらすものは、けっして一方的ではありえない。そのことが、東京・赤坂の一角で始まった勝家とホイットニー家の暮らしに、映し出されている。

第一〇章　同人社女学校の開校〈一八七九（明治一二）年五月一日〉

クララと母アンナの日常

クララが暮らしのなかで経験した出来事を、明治日本の世相を考える観点から点々と取り上げてきたが、彼女の毎日がどのようなものであるのか、ここでもう少し連続的に拾ってみよう。ごく普通の二週間――たとえば、勝家での暮らしもそろそろ落ち着いてきた一八七九年四月の前半を取り出し、日記に記録された内容をかいつまんで紹介すると、次のような具合である。

一日　火曜日　妹のアディは築地居留地のお友達のところへ遊びに。クララは自宅にいて、月に一度の掛け取りへの対応に忙しい。車夫、料理人、八百屋、肉屋、洋服屋、洗濯屋などに次々と支払いを済ませる。

二日　水曜日　午後からの来客のため、午前中は掃除と飾りつけ。迎えるのは、エドワード・サイル（東京大学教授）夫人と令嬢（サイル夫人と、ワシントン大統領の直系子孫であった前夫との娘で、誰からも「ミス・ワシントン」と呼称されている）、マッカーティ宣教師の夫人、ミス・ジョンソンというアメリカ人女性。いずれも互いに招き合う親しい人々であるとクララは記している。昼食後は母を囲む婦人たちを室内に残して、クララは年の近いミス・ワシントンを誘って庭に出、お逸をはじめ勝家の子どもたちとゲーム（虫拳）に興じる。夜は使用人とのトラブルについて勝海舟夫人に相談にいき、そのついでにまたお逸とおしゃべり。

三日　木曜日　建築家ド＝ボワンヴィル夫妻とピクニックに出かける予定だったが、雨で中止に。母とアディは家に残ったがクララは買い物のため外出。本や砂糖を購入。

四日　金曜日　近所のお茶屋から魚を買い、家で日本式の昼食を楽しむ。午後はド＝ボワンヴィル夫人、松平定敬（既出の旧桑名藩主）がそれぞれ来訪、ホイットニー家でひとときを過ごしていく。

五日　土曜日　好天のもとで庭いじりをしていたお逸とおしゃべり。勝夫人や長男小鹿、勝家の使用人たちとも会話が弾む。午後から母と買い物に出る。アディはお友達のところへ。

六日　日曜日　教会の日曜学校へ（ここでは明記されていないが、翌週の日曜日同様、芝教会と考えられる。学校ではクララは教える側で、日本人の生徒を受け持っている）。軽い夕食ののち、母とともに津田仙宅の聖書勉強会に出席（この週はホイットニー家の祈祷会に代えて津田家で集うことになっていた）。勝家の三男・梅太郎を伴っていく。使用人の田中も同行。

七日　月曜日　勝一家（女性陣および梅太郎）とお花見。二日前、横浜在住のヘボン、シモンズ両宣教師――もとよりホイットニー一家とは親しい――の夫人に手紙を出して誘ったところ、二人は当日朝、駆けつけてきて合流。ド＝ボワンヴィル夫人も同行。人力車を連ね、永代橋を渡って向島の勝家の別荘へ。使用人に持たせてきた桜餅、寿司、羊羹、サンドイッチ、ケーキなどを皆で楽しむ。

八日　火曜日　ド＝ボワンヴィル夫人、令嬢とともにローンテニスをしに出かける。引き続き夕方から、アジア協会（The Asiatic Society of Japan／外交官、宣教師、商人を含め、主に英語圏の滞日外国人によって一八七二年に設立された団体。歴史上初の日本研究学会と位置づけられるもので、今日も存続）の講演会へ。当日の講師はバジル・ホール・チェンバレン（Basil Hall Chamberlain／この時期は海軍兵学校の英語教師であった。のち、東京大学で言語学を教え、著名な日本研究者となる）。帰宅後、花見の御礼を言いに母と勝夫人を訪ね、ひとしきりおしゃべり。

九日　水曜日　世界周遊旅行中のウィリアム・ベインブリッジ（William E. Bainbridge）宣教師の夫人がホイットニー家を訪問。夕食をともにする。同行者は、女性宣教師メアリー・キダー（Mary E. Kidder／横浜在住で、のちにフェリス女学院となる学校の創設者）と、やはり宣教師のヒュー・ウォデル（Hugh Waddell）。

一〇日　木曜日　夕方から七人の雅楽奏者をホイットニー家に招いての演奏会。朝から準備で忙しい。その間に母が階段から落ちて大騒ぎに。勝家の人々の協力を得て、クララが中心になって準備を終える。既出の滝村、サイル、ユーイング、杉田一家、勝家の人々が参加して音楽と夕食を楽しむ。

一一日　金曜日　母は体が痛み、一日じゅう寝ている。ド＝ボワンヴィル夫人と令嬢が見舞いに訪れる。そのほか、既出の工部大学校教授ヘンリー・ダイアーの夫人、津田仙がそれぞれ来訪。

一二日は記載無し。

一三日　日曜日　母はまだ出かけられず、クララはド＝ボワンヴィル夫人と芝教会へ。復活祭の聖餐式に参加。午後は母の看病のため、日曜学校を短時間で切り上げ、帰宅。夜は自宅での祈祷会。母も起きてきて会の中心になる。津田が自身の（学農社の）生徒たちをつれて参加。松平定敬も顔を出す。勝家からは三人が出席。

一四日は記載無し。

一五日　火曜日　横浜に入ったアメリカ船（オーシャニック号）で、故郷の親戚や友人たちからの手紙、新聞などがもたらされる。

以上は、クララが書き残した日記のなかのまことに限られた期間を切り取ったにすぎず、登場する人物群も、日記全体のなかの本当に小さな一部にすぎない。それでもここには、クララが過ごした日々のありようが、如実に表れている。

ホイットニー家にお客の多いことは、一家の近所の住人が感心して勝海舟夫人にその話をしたというくだりが日記のなかにもあることから（一八七九年四月二日）、これが滞日外国人の平均的な生活というわけではない。勝家もまた、旧幕臣を中心に絶え間なく人が訪れる家であったことは知られており、クララもそのことを書いているが（同日）、その屋敷内に建てられたホイットニーの家は、日本人、外国人双方、またひとくちに外国人と言っても、いわゆる御雇外国人からキリスト教関係者までを広くカバーする形で、東京市内でも特徴的な人的交流の要となっていたと考えることができる。

声高に呼びかけてのことではなく、彼女らは、静かに、自然体で、人々を迎え入れていた。だからこそ、ここを窓口にすることで、次々とフィルムのコマを回すように、同時代の人々の素顔を眺めることができるのである。

なお、相変わらずクララの日記には父ウィリアムがほとんど現れない。しかし、彼は先に触れたとおり、津田仙の厚意によって設けられた簿記教室で教え、残りの時間は、あまり存在感のない父親として家にいたはずである。兄ウィリスは金沢に行っていて不在。母アンナと妹アディについては、それぞれ右のような頻度で日記に登場する。

さて、クララ自身はこの半月の様子からも明らかなとおり、母とともにホイットニー家の社交と家政を支える存在である。とりわけ右の四月一日、二日の例に見るように、家庭の仕事のなかでも対外的な用事は、つねに母に代わって、日本語の達者なクララがこなしていた。お客様のお相手も一人前である。むろん、一四歳で来日した四年前と比べれば、急速な成長を遂げた結果としてこの姿があるのだが、生活サイクル自体は大きくは変わっていない。実はクララは自分で、日本にきてからは学校にも行かず、同年代の子どもたちと日々交わることもない、自身の置かれた環境を心配してもいるのだが（一八七五年九月二四日、一二月二日、七六年四月一八日）、逆にこうして、世界中に比類のない、異文化のなかでの経験を重ねながら、一人のおとなの女性へと成長しつつあった。

そうしたなかで、クララにとって狭義の学校教育の代わりになっていたのは、最も直接的には、母とともに文学作品や、歴史、哲学の本などを読むことである。ここに引いた二週間の記録には出てこないが、とくに来日して最初の二年程度は、そのような場面が日記によく登場した（たとえば、一八七五年八月二四日、七六年六月一三日、七七年一月二五日）。また、ここで見ている時期の少し前からは、アメリカとの船便のやりとりで、作文などの通信教育を受けていることが確認できる（たとえば一八七八年九月二一日、七九年一月二四日）。

加えて、社交の一環ながら、右に紹介した範囲では八日に記されているような滞日知識人の講演会も、彼女の学習機会として数えるべきだろう。そしてもちろん、教会で聞く説教、さらに、母を中心に家庭内で催される毎週の聖書研究会こそが、クララにとって何より重要な学校であった。

生活形態によってこのような臨機応変の教育を施すことは、今日でも全国一律の義務教育が法的に強制されていないアメリカの家族にとって、とりわけ公教育の制度化が完成していなかった当時においては、問題と考えるものではなかったのであろう。[1] 一方の日本においても誰も疑問を持たなかったことは、クララと同い年の逸子の生活が、これと相当程度似通っていることからもわかる。クララの日記に現れる逸子は、右のように家族とともにいる場面のほか、クララが外国人の知人宅へ出かけるときに同行することも少なくなく、それらの外国人に勝海舟の名がよく知られていたことから、その令嬢としてどこでも歓迎されたらしい。また、この時期はとくにお花の稽古に打ち込んでおり、忙しげな姿がクララの手で書き残されている。

ここで注目したいのは、母アンナ、またアンナのみならずクララが、往々にして日本人を教える側に立っているという事実である。右の二週間のなかには、クララが日曜学校で生徒を受け持つという場面があるが、これはあくまで、教会活動の一環として与えられた役割である。それとは別に、彼女たちは来日当初から、知人の日本人家庭の子女や、さらにそこから紹介された子どもたちを家に迎えて、英語はもちろん、その延長として外国の歴史などを教えるという仕事をしていた。本書第二章の終わりに引いた一八七五年九月五日の様子が、まずはその典型である。

日本人の知り合いや関係者の令嬢たちが、ホイットニー家の母娘と時を過ごして帰っていくという場面は、日記全体を通じてきわめて頻繁に記録されており、クララたちにとっても生活の大きな部分を占めていたことは間違いないのだが、それらは単にお茶を飲みながらの歓談に訪れているのではなく、何らかの教えを受けるためにきちんと取り決めをして、いわば家庭教師の家を逆に訪問する体でやってきているのである。そしてアンナやクララの側は、それによって相応の報酬を得ていたと考えられる。残念ながら具体的な額は日記に記されていない。

たとえば、既出の松平八百子はまさにそうした目的のため、紹介されてホイットニー家に出入りするようになったのであるし、ほかでもない逸子もともとその一人だった。実際、クララは日記のなかでかなり頻繁に、彼女たちを呼ぶのに「生徒」という言葉を使っている。むろん、教師然として付き合うということではなく、そこから友人としての関係が始まり、訪問目的も、一緒にお菓子をつくったり、「授業」を終えてともに外出したりと、みるみる広がってきたのだが。

右で見た範囲に、クララたちによるこうした「授業」の場面がないのは、逸子や八百子のような従来

図10−1　娘時代の石井（渡辺）筆子
写真提供：滝乃川学園石井亮一・筆子記念館

からの主立った「生徒」が、この時期それぞれの事情で、ホイットニー家での勉強を休止していたからであると考えられる。八百子はちょうどこの四月五日に結婚したところであったし、逸子はクララにとってもはや「家族」となってしまったのだから。

このほか、アンナやクララが紹介を受けて教えたことのある人々のなかでも、長い交際に発展する主要な人物として、渡辺（のち小鹿島、さらに石井）筆子を挙げておきたい。東京女学校で学んだのち、一八七七年に短期間、ホイットニー家で英語を習い（同年四月一〇日、七月二六日）、いったん帰郷（長崎・大村）したが、機会を得て渡欧。帰国後、華族女学校でフランス語を教え[2]、クララともいっそうの親交を重ねた。夫との死別を経て二度目の結婚で石井姓を名乗り、夫婦で知的障害児教育施設、滝乃川学園を創設したことで知られる人物である[3]。また、前章に登場した大山沢子（大山巌夫人）も、アンナ、クララの典型的な生徒の一人ということになる。

少女たちの教育

こうした少女たち、あるいは、少女というよりは多少年嵩の若い女性たちは、この時期、いまだ江戸時代からの慣習のもとで、家庭内で習字や和歌、生け花などの技芸や礼儀作法を中心とする教養教育を施されるのが一般的であったと考えられる。もっともそれは上流階級のことで、庶民の場合には、ごく限られた割合の女児が寺子屋に通い、最低限の読み書きなどを習うというのが現実であった。女子に対する学校教育の振興が課題に上るのは、いま見ている時点からわずか七年を遡った一八七二年に、学制が発布され、身分を問わず、かつ女子を含めて「邑に不学の戸なく家に不学の人なからしめん事」が謳われてからである。

とはいえ女子の就学率はにわかには伸びず、一八七六〜七七年の段階で二〇パーセント強であったとされる。これが男子同様一〇〇パーセント近い割合に達するには、さらに三〇年を経た明治末年を待たなければならなかった[4]。文字どおり一世代がかかっている。つまり、女の子たちの学校教育への参入が一般化するのは、いま本書に登場している若い女性たちの、子どもの世代になってからという解釈ができるだろう。ただし、これは中等教育までの範囲を見た場合の変遷であり、女子の大学入学については、例外的な少数の事例ですら、大正期に初めて記録されることを付記しておかなければならない[5]。

急激な成果こそ見られなかったが、日本の最初期の女子教育に道筋をつけたのは、一方では官立女学校の流れであった。学制の一八七二年五月、文部省はまず南校（旧・大学南校、のちの東京開成学校、東京大学）に併設する形で東京女学校を開設した（半年後に新校舎へ移設）。修業年限は予科二年、本科六年で、予科では「國書」を、本科のうち「下等」三年間は「國書・雜工・手藝」を、「上等」の三年間では「國書・手藝・英學」を教授したという。

これに続き同年中に、京都に新英学校（ほどなく女学校と改称し、裁縫や礼法を教える女紅場を併設。のちの京都府立第一高女、さらに京都府立鴨沂高校）、また東京にもう一校、開拓使女学校が設置され、生徒の受け入れを開始した。ただし後者は、北海道に赴く開拓使仮学校（のちの札幌農学校、さらに北海道大学。この時点では東京で仮開校）卒業生の妻とすることを目的に一定の教育を施そうとしたものである。一八七六年には仮学校とともに札幌に移ったが、一年後に女学校のみ廃止、生徒らは帰京した。

そして一八七五年には、東京に女性教員の養成を主眼とした女子師範学校（のちのお茶の水女子大学）が置かれる。五年間の課程で、科目は「讀物・地理・歷史・數學・習字・書取・手藝・體操・唱歌・物理學・修身學・作文・書學・養生書・化學大意・經濟學・教育論・記簿」が用意されていた。これ以前からすでに、各府県の教員養成所にわずかながら女子が入学するケースが見られたというが、ここで初めて、従来から声高に必要性が説かれていた女性教師養成のための本格的な機関が稼働したのである。(6)その初代校長に就いたのは中村正直であり、これを通じて、後述するようにホイットニー家とも関係が生じることになる。

なお、最初に触れた東京女学校は、西南戦争による経費節減の折、事実上この女子師範学校に吸収されることになった。女子師範は数年のうちに他県にも一定の広がりを見せたが、一般の子女にはそもそも入学のための学力が欠けていたこと、他方で士族以上の階級においては、女性が職業を持つことへの抵抗感が依然として強かったことなどから、女性教師の養成がにわかに軌道に乗ったわけではない(7)。

さて、もう一方に、キリスト教系の私立の女学校があった。その初例が、本章前半のクララの日記にも登場する女性宣教師メアリー・キダーによって、一八七〇年に横浜で始められた学校であり、今日のフェリス女学院に発展している。ホイットニー家とも縁の深いヘボン夫妻が、自身の私塾から四人の女児をキダーに託したのがそのきっかけであったという(8)。また同年中に東京でも、築地で別の女性宣教師ジュリア・カロザース（Julia Sarah Carothers）が女子の教育を始めており、やがて地所の名称をとってA六番女学校と呼ばれるようになった。その後、いくつかの変遷を経て現在の女子学院となる(9)。

これらは、もともと宣教師らによる自然発生的な家塾の形態をとり、のちに組織化され学校の形を整えていったものだが、必ずしも布教を直接の目的とせず、安い月謝で、主に英語を教えていた。この系譜に連なる主要な例に、いずれも女性宣教師が開いた学校群――ドーラ・スクーンメーカー（Dora E. Schoonmaker）の女子小学校（東京・麻布。のちの青山女学院、さらに青山学院）、エレン・エディ（Ellen Eddy）の「エディの学校」（当初は大阪・川口。のちの京都・平安女学院）、イライザ・タルカット（Eliza Talcott）とジュリア・ダッドレー（Julia Elizabeth Duddley）の「神戸ホーム」（のちの神戸女学院）など――がある(10)。

並行して、もともと教育機関として構想され、かつ、キリスト教教育の要素を比較的明確に持った学校もつくられるようになった。その最初の事例とされるのが、一八七一年に米国婦人一致外国伝道協会

(The Woman's Union Missionary Society of America for Heathen Lands) によって横浜で始められた全寮制学校、アメリカ婦人教授所（現・横浜共立学園）である。

また、教師に外国人宣教師を迎えながらも、日本人の篤志家が設立し、経営にあたる学校も現れた。先にクリスマス事始めに関連して名前の挙がった、銀座の原女学校、あるいは神田の跡見学校、これも女子学院につながる麹町の桜井女学校、また、京都の同志社女学校、大阪の梅花女学校などがある。以降、この系譜に属する例は枚挙に暇がない[11]。

いずれの発展形態をたどったにせよ、日本社会の伝統的な女性観から距離を置くことのできたこれらの私学校は、明治初年の日本における女子教育の欠如を埋めるうえで、大きな役割を果たした。仮に教授内容が語学中心であったとしても、それを通じて生徒たちが異文化に触れ、女性のあり方についても新しい考えを吸収したであろうことは想像に難くない。

しかし、クララやアンナのもとにやってきた、先に触れたような女性たちは、この種の学校に通いながら補習などのために訪れたというわけではない。稀に、他校の生徒が何らかの事情で移ってくる例もあり（たとえば一八七七年一月一八日、七八年一〇月二八日など）、または石井筆子のように、すでに女学校で相当な学業を修めていたケースもあったが、アンナ、そしてクララの主たる生徒は、明らかに他の教育機関には籍を置いたことがなく、本来は家庭内で過ごしているはずだったところ、親やその知人、または元家臣などの勧めで、ホイットニー家に通うようになったのである。最初は、外国人宅どころか日本人の家を含め、初めて他家を訪問する様相でやってきたのが、次第に打ち解け、振る舞いが変化していく様子は、とくに松平八百子の場合などによく表われている。

新たに開設されつつあった公立・私立の学校は、身分を問わずに生徒を受け入れる点で画期的ではあったが、そのような教育の「近代化」によって比較的早期に恩恵を受けたのは、いわば「下」への広がりの対象となった中流以下の層であると考えられる。もとより教育において最優先された上流階級の男子とも違って、深窓の令嬢たちこそが取り残されていたのではないか。華族女学校（今日の学習院女子中等科・女子高等科）の開設は一八八五年を待たねばならず、それ以前から学習院（一八七七年開校）が女子の入学を許し、また既出の私立跡見学校（一八七五年開校）には比較的多くの上流階級の子女が通っていたとされるものの[12]、この階層において組織的な教育が急速に一般化したとは到底言えない。

そうした若い女性たちが新時代の教養を得るために、親も安心して送り出すことのできる環境として、ホイットニー家が選ばれていたことになる。むろん、そのような目的でこの家を訪れた少女はけっして大人数に上るわけではない。家庭の発想がそれを許し、かつ何らかの縁故があった、ひと握りの少女たちである。教育の内容も体系的に構築されていたわけではなく、聖書を含む英文の書物をともに読み、英語で会話をし、また手紙を書き、ときには一緒にクッキーを焼き、西洋刺繍の練習をし……といった時間を過ごすなかから、語学力と教養を身につけていったのである。

これを、先に挙げた、徐々に組織化が進んだ私塾の類いと並べることはできまいが、アンナたちの実践が、単に家庭に客人を迎えるのとは異なる、一つの教育の形として機能していたことも、またたしかである。とりわけそのひと握りの少女たちが、これらの経験を通して実際に変化していった様子を見るにつけ、この家で行われていた日々の「授業」は、おもての記録には現れない明治教育史の一側面として、無視できないものであったと考えられる。

なお、明治維新後初期の女子教育に関するエピソードとしては、津田梅子、山川捨松など五人の幼い少女が岩倉使節団に同行して渡米し、現地に残って留学生活を送ったというエピソードが有名である。ホイットニー家とはすでに昵懇の津田仙が梅子の父親であり、また山川捨松が、前章でホイットニー家に現れたばかりの大山沢子が夭逝したのち、大山巌の二人目の妻になるという、家族ぐるみの交際をきっかけとして、クララとこれら同世代の女性たちとは、やがてそれぞれの教育的、社会的使命を胸に結びつくようになる。とはいえ、それはもう少し先のことである。

明治の男女同権

そして、クララの母アンナには、こうした日々を送るなか、新しい学校制度のもとで教えるという話も持ち込まれていた。とりわけ中村正直が校長を務める女子師範学校からは、最初に一八七七年春の段階で招かれ（四月一〇日）、クララの理解によれば、外国人は採用できないという結論が出て、いったん立ち消えとなったが（四月一七日）、翌年には再び同様の話が浮上している（一八七八年九月四日）。これも最終的に実現しなかったが、アンナが好人材として日本側の関係者にマークされていたことは間違いないだろう。

最初のときは、ホイットニー家周辺の日本人らが校長の中村正直に強く推薦したという背景があったらしい。二度目はとくに文部大輔田中不二磨からの依頼として、アメリカ公使ビンガムの夫人を通じて伝達されている（一八七八年九月一三日）。なお、田中がビンガム公使と昵懇の関係にあったことは、クララの別の日の日記からわかる（一八七九年六月九日）。

クララは女子師範学校を一貫して「皇后様の学校」と記しているのだが、周囲の人々がそのように言っていたからであろう。むろん皇后が学校のオーナーであったわけではないが、開校にあたっては「女学ハ幼稚教育ノ基礎ニシテ忽略ニスヘカラサルモノナリ。聞ク頃者、女子師範学校設立ノ挙アリト。我甚タ是ヲ悦ヒ、内庫金五千圓ヲ下賜セン」との令旨を出し、実際にそのとおりの資金的援助を行った。そして、本当に「皇后様の学校」であるかのような印象を与えるほど、頻繁に行啓があったとされる。(13)クララは、そのような学校に母が招かれようとしたことを非常に誇りに感じていたようである。

この間、既出の私立・桜井女学校からも招きがあったが（一八七八年八月二三日）、最終的に話を受けることになったのが、一八七九年五月一日に中村正直が開校した、同人社女学校である。

中村はこの時点でまだ女子師範の校長も務めていたが、その就任以前、一八七三年から、小石川の自邸内に私塾・同人社を設け、英学および漢学を教えていた。前年に静岡学問所の教授を辞し、明治政府の出仕要請に応じて東京に移った中村が、その一方で学者として已むに已まれず、新たな拠点で早々に着手した事業であった。明六社と同時に誕生した塾でもある。

同年中には文部省に私立外国語学校として認可され、短時日のうちに、いずれも幕末の蘭学塾に起源のある福沢諭吉の慶應義塾、近藤真琴の攻玉社と並び、「三大義塾」と称されるようになった。また、東京開成学校（のちの東京大学）に入学しようとする若者の予備校の役割を果たしていたとの指摘もある[14]。

中村はもとより女子の教育に関心が高く、前出のアメリカ婦人教授所が横浜で開業したときには、その趣旨に感銘を受けて自ら生徒募集の広報を買って出たのみならず、自身の妻と娘を入学させることで実質的な支援をしたという[15]。また、自身の同人社にも女子を受け入れることとしていたが、いっそう本格的に女子に門戸を開くため、麹町平河町に置いていた同人社の分校を引き上げ、そのあとに女学校を創設したのである。

当時、すでに見てきたように女子の教育機関自体は次々と発足していたが、一八七二年以降に東京府が受理した開学願書等をもとに編纂したとされる『東京の女子教育』（東京都編・発行、一九六一年）は、同人社女学校の他に類例を見ない特徴として、上級生向けのテキストにジョン・スチュアート・ミルの『男女同権論』（*The Subjection of Women*, 1869）ならびに『代議政体論』（*Considerations on representative Government*, 1861）を準備していたことを挙げ、家政教育としての女子教育ではなく、女子の政治的啓蒙を志したことが「当時としては画期的」であったと評している[16]。中村は七年前、同人社本体を興し、明六社に参加したのと時期を一にして、ミルの『自由之理』（*On Liberty*, 1859）を和訳・紹介し、脚光を浴びた。今度は女子教育の場での思想実践ということになろうか。

しかし、残念ながら同校は軌道に乗らず、ミルの講読まで届かないうちに、一年強で幕を閉じることになった。同人社自体も他の二義塾と異なり長続きしなかったためであろう、史料も研究上の言及も、右の東京都刊のほかは、非常に限られている。そうしたなかで、同人社女学校の開校式の様子を伝えるクララの日記は、貴重な証言であると言えるだろう。彼女は同校に就職する母に付いて式に出席し、お昼の宴席にも加わったのである。

来賓は、「皇后様の学校」の女性教師や卒業生——この人々について詳細はわからないが、中村自身が同時に校長を務めている以上、師範学校の関係者が招かれるのは当然でもあり、また開校後の教師に予定されている人もいたのではないか——を別とすれば、勝海舟、津田仙とそれぞれの家族、また津田の農学校の生徒といった、クララたちにとっておなじみの顔触れである。そうした親しい人脈に推されてアンナ・ホイットニーがここにいることは間違いないが、逆に見れば、アンナやクララの日本での生活はそもそもの初めから、当時の日本社会において、このような教育上の企てを牽引し、または自ら支えようとする指導層に直接つながっていたことになる。

さて、ここではクララが記録している中村の挨拶から、その主眼となる部分を引用しておこう。ただし、中村は早口なのでクララには全部はわからず、理解できたところだけを書き留めたらしいのだが。

図10-2　中村正直
国立国会図書館ウェブサイト「近代日本人の肖像」より

……婦人というものはご存知のように家庭を築き、子供の養育にあたります。子供の時に悪い者は長じても悪い人間になり、正しい訓練を受ければ良い人間となり、国のお役にたちます。良い子を作るには良い母が必要であり、そのために教養ある貞淑な婦人を作ることこそこの学校の目的であります。日本の未来はあなた方の肩にかかっております。ナポレオン、ワシントン、フランクリン、ウェズリーのような外国の偉人の母を考え、将来の世代を正しく育てあげてほしいと思います。

ここに書かれていることと「男女同権」が矛盾するとは、発言している当の中村をはじめとして、この場に居合わせた誰も思わなかったようである。自由な社会的存在としての同権ではなく、「婦人というものは……家庭を築き、子供の養育にあた」るという役割を大前提としながら、その意義を外で働く男性のそれと同じく、「国のお役にた」つものと考える――これが当時、自他ともに最先端の開明思想の持ち主と認める人々の、まさに最先端の発想であったことを、このクララの記録は実に平明に語っている。

普段、少女らしい潔癖さで結婚――とりわけ日本の伝統的な「嫁入り」の考え方――を忌避しているかに見えるクララだが（たとえば一八七六年八月二三日、七八年九月二一日）、中村以外の列席者による同趣旨のスピーチも含め、この日に聞いたことに関しては、そのような反応を示していない。一日の経験のなかで唯一彼女がひっかかりを感じているのは、宴会の際、「女の人たち」は別席であったのに、外国人である母と自分だけが、勝、津田、中村と同じ席に案内されたという事実である。ここでいう「女の人たち」には、勝家の女性たちも含まれていたと考えられる。

クララはこのとき、「当惑（原文では、much to our embarassement）」という言葉を使っているのだが、それ以上の説明をしていないので、日本人の親しい女性たちから離れて特別扱いされたことをきまり悪く感じたのか、男女別の席次について批判的な気持ちを持ったのか、または重鎮ばかりの席に座らされて単に気づまりであったのか、判断することは難しい。いずれにせよ、少なくともここでクララの周りにいた立派な男性陣が、「日本の未来はあなた方の肩にかかって」いるとして高らかに女性の育成を謳い上げた開校式と、この宴席の様相に落差があるとは、まったく考えもしていないらしいことは明らかである。おそらくは、別席へ案内された女性たち自身も気づいていなかったのではないか。

それでも、明治の社会、とりわけ女性たちにとって、こうして一つの可能性が開かれたことの意味は、計り知れないほど大きかったに違いない。クララは、「この新しい事業に神の祝福の多からんことを」と、満足と感動のあふれる筆致で、この日の日記を締めくくっている。

第一一章　グラント前アメリカ大統領歓迎の夜会
〈一八七九（明治一二）年七月八日〉

祖国の英雄

この年の夏、日本の為政者から庶民までを湧き立たせる出来事があった。アメリカ前大統領ユリシーズ・S・グラントの来日である。南北戦争で勇名をはせた将軍として、戦後の一八六九年から七七年まで二期にわたって大統領を務めたグラントは、退任後すぐ、夫人と息子を伴って世界周遊の旅に出た。あくまで私人としての旅行であったとはいえ、直近の大統領による各国歴訪が相応の重みを持ったことは言うまでもない。実際、アメリカ国務省はグラントの出発後間もなく、各国に駐在する自国の外交代表および領事宛に、公信（一八七七年五月二三日付）で各地での便宜供与を要請している。

グラントは一八七七年五月一七日にアメリカ西海岸のフィラデルフィアを発ち、大西洋を渡ってイギリスに向かった。イギリスからベルギー、スイス、フランスを廻ったのちエジプトへ、再びヨーロッパに戻ってギリシャ、イタリア、北上してオランダ、ドイツ、デンマーク、ノルウェー、スウェーデン、ロシア、オーストリアを周遊し、再び南欧のスペイン、ポルトガルを訪れてから、アジアへ進路をとった。インドのボンベイ（ムンバイ）に到着したのが一八七九年二月一三日。さらに東に向かい、シャム（タイ）やコーチシナ（ベトナム）を経て清国（中国）へ。そして最後の目的地、日本をめざした。グラント一行を乗せて天津を発したアメリカ軍艦リッチモンドが長崎に入ったのは、一八七九年六月二一日のことである。

当初の出発時点では、まだすべての目的地や具体的な旅程は定まっていなかったというが[1]、日本の外交筋では、グラント来訪の可能性を受けた接遇の検討が、この年の年頭から始められていた。外務卿寺島宗則から太政大臣三条実美に宛てられた伺には、グラントが「有名ノ大統領」であるにとどまらず、何よりも「先年岩倉大使同國へ派出ノ節『グランド《ママ》』氏在職中ニテ大使を懇待」してくれたという経緯を踏まえ、それに応えるだけの迎接をすべきであるとの見解が示されている。日本政府は彼を賓客として遇することを決めた[2]。

長崎では、内海忠勝県令が接待に活躍したことは言うまでもないが、接伴掛を務める元宇和島藩主・伊達宗城に加え、アメリカからわざわざ呼び戻されていた駐米日本公使・吉田清成が、一行の到着を迎えるため東京から現地に派遣された。グラント一行は約一週間の長崎滞在ののち、再び乗船。関西地方に立ち寄る予定は折からのコレラ流行のため中止を余儀なくされたものの、静岡では上陸して歓待を受けた。

七月三日、横浜に入港。ここでは岩倉具視自身を筆頭に、伊藤博文、森有礼の他、政府高官が打ち揃って出迎え、特別列車でグラントらを新橋駅へと導いた。宿舎に定められた延遼館までは、宮内省が用意した御料馬車で、乃木希典中佐率いる連隊に守られて進む。道々には日の丸と米国旗が掲げられ、街じゅうが鮮やかに彩られていたという[3]。なお、延遼館とは、旧幕府が御浜御殿（浜離宮）の敷地内に、海軍伝習の校舎として洋風に建設してあったものを改修・装飾し、明治初年に仮の迎賓館として使われていた施設である[4]。

以降のグラント一行の日程は、同年九月三日にアメリカに向けて離日するまで、明治天皇との会見をはじめ、公のレセプションから、関係者の私邸への招待までを含めた饗応に次ぐ饗応、また日光や箱根への小旅行、そのほか工夫を凝らしたさまざまな行事で埋め尽くされることになった[5]。

これより前、明治政府は一八六九年に、英ヴィクトリア女王の第二王子アルフレッドを迎えたことがある。またグラントとほぼ時期を一にして、イタリアからジェノヴァ公、ドイツから皇孫ハインリヒが来日していた。グラントの接遇は書類上、民間人に対する特別扱いという位置づけで、これら賓客のケースに倣うという形をとっていたが、実際にはそれを上回る破格の水準で彼をもてなしたのであった[6]。クララが日記に「日本人はグラントを王族より丁重に扱っているそうだ」（一八七九年七月八日）と記しているのも、彼女の周囲の人々がそのように話していたことの反映だろう。

さて、グラントが東京に到着した翌日、七月四日は折しもアメリカの独立記念日であったから、このすばらしいタイミングを捉えて、夕方から在留アメリカ人主催の歓迎会が催された。なお、同日の昼間は、グラントは皇居に参内して天皇に拝謁し、またそれ以外の時間は、引きも切らず延遼館を訪れる日本の各界名士や、各国の駐日外交官などとあいさつを交わしたという[7]。

上野精養軒で開かれたこのパーティーで、クララは「愛する祖国の前大統領」に挨拶するという栄誉を、初めて経験する。在留同胞を代表してグラントを参会者一同へ紹介したのはむろんビンガム公使だが、パーティーの会場でクララをエスコートし、直接グラントに引き合わせてくれたのは、この日、来賓として出席していた森有礼だった。クララはグラントから「初めまして、ミス・ホイットニー」と声をかけられると、「感動の極に達し、祖国への誇りと、アメリカ人であるという歓びをかみしめた」という。さらには、「祖国の恥辱となるような振る舞いをすることが決してありませんように」と自らへの戒めを当日の日記に書き留めている。

このグラントの滞在中、クララはさらに二度、前大統領に拝顔の機会を得た。四日後の七月八日に、今度は日本の財界人らが催した歓迎パーティーの場、そして八月二八日、森有礼邸での晩餐の席である。そのほかにも、遠目からの間接的な接触ではあるが、七月一六日に新富座でグラントのために開かれた観劇会に、やはり森夫妻と同道で参列した。また八月二五日、上野公園に臨幸を仰ぎ、併せてグラントを招いて大規模な演武が挙行された際には、津田仙の世話で招待客の一端に加わっている。

七月一四日には、母アンナに連れられて延遼館を訪問。グラント夫妻は「誰にでも会うわけではない」とされていたので、彼女らも「多くの人と同じようにただ名刺を置いてくるつもりで」出かけたのだったが、通されて夫人と面会することができたという。八月二九日には、クララとお逸とでやはりグラント夫人を訪ねたが、このときは夫人は参内の支度中で会えなかった。そのかわり、息子で陸軍軍人のフレデリック・グラントと、のちにグラントの世界周遊記の著者となるジャーナリストで、旅に同行していたジョン・ラッセル・ヤングと、言葉を交わしている。

グラントのびっしり詰まったスケジュールからすれば小さすぎる一部とも言えようが、一八歳の少女

図11-1・2　グラント大統領と夫人
Source : Brady-Handy photograph collection, Library of Congress, Prints and Photographs Division.

の社交日程としては相当なものではあるまいか。この間、クララの前大統領イメージは、「やさしい青い眼と正直そうに日焼けした顔」と「親しみのもてる物腰」の持ち主から、「あんなにひどくお酒を飲むことはやめてほしい」という批判の対象へ、そして、「ずんぐりした体形でいささかがっかりしたが、笑うと愛嬌があり、物のわかった親切な方」という夫人評は、「外見もマナーももう少し洗練されていたらと思わずにいられない」という辛口のコメントへと、変化していくのだが。

グラントの来日について、同時代の日本のジャーナリズムは華やかに取り上げ、グラントの伝記に類する一般向けの著作も出版されたが[8]、後世の研究は意外なほど少ない。来日の顛末を正面から扱ったものとしては管見の限り、リチャード・チャンの論文が見出せるのみだが[9]、そのほか近年に至って、先にも触れた滞日中の演武鑑賞の場面、また儀式の一環として行った植樹などの特定の要素に着目した研究が登場し[10]、それぞれの切り口から、明治初期の日本が文化の方向性を定めていくうえで、グラント来日の持った少なからぬ影響が明らかになりつつある。そうしたなか、クララの日記は、グラント迎接に関するまとまった資料を収めた『渋沢栄一伝記資料』や、『岩倉公実記』『世外井上公傳』など、政治・外交上の観点からの記録とはまったく異なる角度でグラントを見た貴重な証言として、今後の研究に必要なものとなるであろう[11]。

工部大学校の夜会

クララが、先に挙げたグラントとのいくつかの接点のなかでも、とりわけ生き生きとした記録を残しているのが、日本財界の主催になる七月八日のレセプションである。グラント滞在中に行われた数々の行事のなかで頂点に置かれるのは、一般には八月二五日の天覧演武であろうし、むろんその日のことをクララも書き残しているのだが、ここでは七月八日の彼女とともに、会場となった工部大学校に出かけてみることにしたい。

少々先回りして、二日後の『東京日日新聞』が報じるところによれば、この日招待されたのは「皇族・大臣・参議・勅任官を始とし諸省の局長より権大書記官まで、陸海軍ハ大佐、司法官ハ五等判事まで、何れも五等官以上を限り、地方官に属する官員にハ東京鎮台ハ大隊長、警視官ハ各分署長まで、東京府ハ知事・書記官・各区郡長、東京裁判所ハ判事までとす、扨また東京府会・商法会議所の議員ハ共に一同に案内せられ、区会ハ議長までとす、此外各国の公使・領事・書記官、東京・横浜なる中外の新聞記者・紳士・学士・豪商・僧・医等をすべて、其数千五百人とぞ聞えし」という。「大変立派な会」であったとのクララの評を待つまでもあるまい。

招待を受けたホイットニー家の人々は「一番良い服を着て出かけた」。クララは生まれて初めて裳裾のあるドレスを身に着け、若き淑女として参会したのである。

そのクララの手になる当日の記録では、登場人物はぐっと具体的になる。華やかに着飾って工部大学校ホールに詰めかけていた「大勢の方々」――「大多数は日本人」であったとクララは証言している――のうち、彼女が名前を挙げた人々を登場順に紹介しよう。

はじめに勝逸子は、勝海舟が自身と夫人の代わりに行かせたもので、もちろんクララたちと自邸から同道したと思われる。とても凝った和服を着て、髪にあまりたくさんの飾りをつけているので、クララの妹アディが「花火みたい」と言ったというのは、小さなアディを置いて家を出る前のことであろう。

工部大学校に到着し、グラントの頭文字であるU・S・Gの文字を提灯の明かりで大きく浮かび上がらせた正門をくぐり、玄関からクロークに案内されると、ビンガム公使の令嬢エマが待っていてくれた。この日のホイットニー家はビンガム公使の手配で、つまり右の新聞記事中、「各国の公使」枠で招待状を手にしたらしい。続いてホールに入るところで、クララの日記は工部大学校の設計者ド＝ボワンヴィルに言及しているが、その場で当人に会ったという意味かどうかは必ずしもはっきりしない。

全員の注目を受けて入場したグラント夫妻と子息フレデリックは別として、そのすぐ周りを固めていた顔ぶれのなかからクララが書き留めるのは、ビンガム公使夫人と、太政大臣三条実美夫人である。グラント夫人の横に座ったのがこの二人であるとすれば、ビンガム公使と三条大臣はグラント自身に付いていたのであろう。

そして、男性の招待客たちを順次グラントに紹介する役目は吉田清成駐米日本公使。クララたちを含む女性陣の紹介役としは、フレージャー、シェパードという名前が記されており、翌一八八〇年一月発行のジャパン・ディレクトリー（在日外国人名鑑）と照らし合わせてみると、前者は米公使館付のF. R. Frazier牧師、後者は外務省の法律顧問であったE. T. Sheppardと考えられる。(12) 先に見たのと同じ新聞では一五〇〇人、クララは関係者の誰かに聞いたものか、二〇〇〇人であったという招待客を、すべて主賓に引き合わせたというのだから、かなりの時間がかかったことであろう。もちろん、挨拶が済んだ人は順次、歓談の輪に戻っていくのだが、クララは「ビンガム公使のグループ」に属する者として、令嬢とともに最後までそこに残って様子を見ていたらしい。

食事は精養軒から最上のメニューが取り寄せられており、清国公使館一行の猛烈な食べぶりがクララの目に留まっている。中盤で海軍軍楽隊の演奏があった。「フェントン氏の指揮で」とクララは言うが、フェントンはこの二年前に解雇されたことが知られており、(13) これはすでに滞日が長くなってきていたクララの思い込みによる勘違いだろうか。

「華やかさそのものだった」というホールで談笑する人々のなかにクララが見出したのは、洋装の吉田駐米公使夫人、もとより親しい間柄の森有礼外務大輔夫人、井上馨工部卿[14]夫人とその令嬢、そして、伊達宗城同様グラントの接伴掛を務めていた元佐賀藩主・鍋島直大の夫人[15]。なかでも井上夫人は、美しいクレープデシンのイブニングドレスに数々のアクセサリーをつけた豪華な装いであったという。

一方、先にも登場した三条太政大臣夫人、また大隈重信大蔵卿夫人などは、絹の緋袴に上衣を何層にも重ねた宮中の正装で姿を見せていた。髪は白い「リボン」で高く結び、腰の下まで下げていたという。またクララは、髪を短く切って大きな鋲を打った靴を履いた婦人たちを見つけ、それが未亡人の装いであることを「日本人の友達」――おそらく逸子――から教わっている。そのほか、服装は不明ながら、田中不二麿文部卿夫妻、西郷従道陸軍卿夫妻、大山巌陸軍大輔夫妻、川路寛堂夫妻といった既知の人々を見出し、その名を日記のなかに列挙している。

散会は真夜中を過ぎたが、クララは心底楽しんだらしく、母が帰りを促しても俄かにその気になれず、グラント一行が会場を離れ、ビンガム公使も帰宅の準備にかかり、日本人客がすっかりいなくなるまで見守っていたようである。横浜組の外国人たちは、汽車が出るのを待って、なおダンスに興じていた。

さて、この晩のレセプションについて、クララは単に「グラント将軍のために日本人が夜会を催した」と書いているが、日本側においてより正確には、「東京府民主催」の夜会と位置づけられていた。その主催者の立場にあったのは、前年に東京商法会議所（のちの東京商工会議所）会頭となり、グラント来日に際して「東京接待委員長」を務めた渋沢栄一である[16]。

渋沢はそもそもウィリアム・ホイットニーが来日した当初、難産の末に商法講習所が開校されたときにも、ウィリアムの形式上の雇用者という立場で事業を支えた人物だが、他の関係者と比較すると不思議なことに、クララがその存在を認識するに至らなかったのか、この日に限らず日記に登場することはない。ちなみに『東京日日新聞』によれば、馬車で工部大学校に到着したグラントを出迎え、ホールの主賓席まで導いたのは、ほかでもない渋沢であった[17]。当日の役割から言ってもそれが自然であろうが、先に紹介したとおり、クララがその場に見出したのはビンガムとその部下、そして三条、吉田両夫妻のみで、渋沢を知らずにいることはおもしろい。

ちなみにパーティーには渋沢の家族も出席していたが、当時一七歳であったという次女の歌子は後年、このような宴に関係者の夫人や令嬢も参加しなければならないということが、「実業家の人々の家庭に……一つのセンセーションを巻き起こした」と証言している。「夜会のことであるから婦人の服装は成べく派手にといふ注意を受けた」が、そもそも習慣にないこととて、「其頃の越後屋でも大丸でも、直ぐに整うという訳には行」かず、母はありあわせの紋付、自分にはなんとか越後屋で裾模様の和服を新調してもらうことになったが、昭和に入って振り返れば、「四十歳以上の婦人が着る位色も模様もじみなものでありました」という[18]。右にクララが名前を挙げていた政府高官の夫人たちは少なからず、夫に付いて海外に滞在した経験もあるのに対して、その層とはまた異なる女性たちがこの日、社交デビューを果たしたことになる。

もとよりグラント来着にあたっては政府内に接伴掛が置かれ、手厚いもてなしが準備されたが、それに並行して、こうして民間による歓迎が企図されたのは、東京府会と東京商法会議所が合同して動いた結果である。直接の準備は、グラント長崎着の報を受けて一八七九年六月二八日、府庁の議事堂で行われた集会から始まった。ただし、その元を探るならば、遡って同年一月、渋沢らが図り、同じく府会と会議所が共催して、三井銀行において官民合同の大夜会を開き、「社交史上一新紀元を開」く一歩をすでに踏み出していたことが功を奏したのだという[19]。

その渋沢自身は周知のとおり、幕末に徳川慶喜の弟昭武のパリ万国博覧会行きに随行し、欧州を歴遊した経験がある。会議所副会頭の益田孝(三井物産社長)もまた若き幕臣として外交畑で育ち、一八六四(文久三/元治元)年の遣欧使節団に加わっていた[20]。一方の府会側で議長に就いていたのは、彼らの旧幕時代からの旧知で、すでにジャーナリストとして名を挙げていた福地源一郎である。福地は長崎仕込みの語学巧者であるうえ、幕末の遣欧使節団に二度(一八六二[文久元/二]年、六五[慶応元]年)名を連ね、維新後も早々に伊藤博文の随行で渡米、さらに岩倉使節団にも加わり[21]、すでに計四回の洋行を経験したという当時稀な欧米通であった。

これらの人々が中心になって、ここで見ている夜会をはじめ、いくつかの重要な行事を主催してグラントをもてなしたのである。最初の新橋駅到着時、横浜まで出迎えて列車で随行してきた政府高官らとともにグラントが降り立つと、そこでは「人民総代」として福地が歓迎の辞を朗読した。この演出には、のちの渋沢の言によれば、徳川昭武がフランスからドーバーを渡ってイギリスに入った際、そのような方式で歓迎を受けたこと、またおそらく福地も別の折に同様の場面を経験していたという背景があったのだという[22]。

変わりゆく日本

渋沢の娘、既出の（穂積）歌子は、のちにこのときを振り返り、「渋沢の父上と益田孝氏・福地源一郎氏の方々とが率先で、日本の民間に於ける最初の国際的歓迎の団体を組織せられ、其会の名を接待委員会と称して……諸般のことに尽力奔走せられた」と述べている。このことについて「東京接待委員」自身の名をもって新聞紙上（『東京日日新聞』明治一二年七月七日）に掲載された公告文には、その冒頭に、「今般米国前大統領グラント君我ガ府ニ来臨セラル、ニ付、大政府ニ於テ厚ク礼侍シ給フハ勿論ノ事ナレトモ、各国交際ノ情誼ニ於テ我ガ府民ノ之ヲ傍観ス可キニ非ズ」との意思が表明されている[23]。

他方、渋沢の伝記である『青淵先生六十年史』からは、「当時一般世人ハ未タ外賓歓迎ノ意ヲ解セス、事驕飾ニ過クルト為シ、不穏ノ檄文ヲ散布シテ先生等ヲ罵詈恐赫シタル者アリ」と、この挙が俄かに広く理解されるものではなかった時代の難しさが浮かび上がる。さらには民間から歓迎の動きをリードしようとしたことについて、渋沢や福地が「府民ノ総代」という「名称ヲ濫用」しているとの批判が巷の演説会等を通じて展開されたという[24]。

しかし「府民ノ総代」らは初志を貫徹し、渋沢自身は後年（一九二八［昭和三］年三月六日談話）、この折のことを次のように語っている。

蓋し私等がグラント将軍の大歓迎会を催うしたに就て、之を西洋式にしたのも、日本の国情が西洋諸国に劣らないと云ふことを示さうとしたからで、外国人をして、日本の国力を覚らしめようとした訳であり、且つ米国は与論の国であるから、将軍を我が国民が挙って迎へて彼に応じたのである。……私自らは国民外交の端緒が此処に開けたものであると思って居る。

渋沢によれば、ひと筋縄ではいかなかったこの挙を「大いに後援してくれた」のは、このすぐあとに外務卿に就任し、条約改正に奔走することになる井上馨であった。井上とは渋沢が短期間ながら大蔵省に出仕していた際、同僚として「真の兄弟同様に」付き合い、渋沢の広範な交友のなかでも「特に親しい間柄」にあったという。その後の生涯にわたって、政府を離れた渋沢の財界人としての歩みを井上が支え、他方で井上が進める「外交のことなどに就ても、単に私的に話し合うばかりでなく、公の問題として話す場合も度々あった」という二人が[25]、国際社会における日本の地歩を固めるため、公私それぞれの立場から尽力するという構図の最初の一筆が、このとき描かれたと見ることができる。

外務卿となった井上が、条約改正を標榜して急激な欧化政策を推進していくことは周知のとおりである。その路線の象徴とされる鹿鳴館の建設が始まるのはこの翌年。三年をかけ、一八八三（明治一六）年に落成を見る。井上がこのような施設の必要を強く主唱するに至った背景にはほかでもない、グラントを中心に、この時期に日本が迎えた賓客に対応するなかで、その迎接にふさわしい宿舎の手配に苦労した経験があったという[26]。

グラントが宿泊した延遼館について、少なくともクララによれば、グラント夫人は「御殿」のようだと言ってすっかり満足していたといい、またクララ自身も、夫人を訪問した際、館の豪華な造りと装飾が印象に残ったらしいことが日記からわかる（一八七九年七月一四日）。もともとその目的で建てられたものでもなく、傷みも進んでいたという建物を急遽そこまでに仕立てるには、費用においても手間においても相当な苦労があったことは想像に難くない[27]。この段階では井上自身が工部卿であって、まさにこの造作を直接に采配しなければならない立場にあったことが、彼のその後の方向性にも影響したのではないか。

明治一二年目におけるグラントの迎接は、渋沢の言う「国民外交」と、井上が手がけた施設関連を含む政府の努力とが文字どおり両輪で展開した、その意味での挙国行事であった。表向きのさまざまな催しのみならず、ヤング著の滞在記に拾われているだけでも、三条実美、森有礼、寺島宗則、伊達宗城がそれぞれ私邸でグラントのために饗宴を持ったことがわかる。ヤングは、三条邸と寺島邸の晩餐が完璧なパリ風の設えであったこと、森邸での宴はグラントにとって日本の学界の名士らと交流する機会になったこと――ここには先述のとおりホイットニー家の人々も招かれていた――、伊達は郊外の別邸で和洋折衷のもてなしをしたことを記録している。

他に、グラント自身は出席できなかった吉田清成公使邸での集まりは、豪勢な饗応とは異なり、ヤングを含む随行の人々と日本の高官たち――西郷従道陸軍卿、伊藤博文内務卿、川村純義海軍卿、加えて宮内省から建野郷三、石橋政方といった名前が書き留められている――が、日本食を囲んで気楽に懇談するという、まことに思い出に残る一夕であったらしい[28]。

そのほかにも、引きも切らず招待があったと考えられるが、岩倉具視邸では七月八日（工部大学校夜会の日の昼）、とくにグラントの関心に応えて能楽師を呼び、実演を披露させたこと、[29]さらに八月五日の日中には渋沢栄一邸において、撃剣、柔道、鎖鎌等の武術家を招き、グラントにその演技を見せたことを特筆しておきたい。[30]これらはそれぞれ、変わりゆく日本社会において固有の文化――今日で言う無形文化――の保存という観点が生まれる機縁となったことを、近年の研究が指摘している。[31]

グラント来日という一大イベントをめぐり、賓客接遇の経験が少ないなかでの苦心や、後世に比べれば不慣れゆえに不十分であった点が関係者の回顧のなかに散見されるのは当然でもあろうが、逆に今日から振り返って驚かされるのは、不慣れにもかかわらず堂々と、しかも洗練された様子で振る舞う日本側登場人物たちの姿である。むろん無理な背伸びもあったろうが、良きにつけ悪しきにつけ、人々が新たな習慣を急速に身に着け、実践していこうとする様子には、逞しいという言葉がふさわしい。同時に、心を込めたもてなしは文化の違いを超えることを、当時の人々はこの機会を通じて十分に体得したのではないか。

それは、賓客に直接見えた一線の人々の間のみにとどまるものではなかった。渋沢らへの当初の批判にもかかわらず、実際多くの「府民」がグラント来日に関心を持ち、その通行する道々に詰めかけた。この挙が最も広く一般と接点を持った八月二五日の上野における天覧演武の際には、街じゅうの家々が国旗を掲げ――むろんそれ自体はグラントというより行幸を迎えるためであったとしても――、上野に近いエリアではとくに日の丸と星条旗を交差して飾りつけ、街に日米友好の華やかなムードがあふれたという。この様子を会場に向かう馬車のなかから見た先の穂積歌子は、父への批判を「真から口惜しく思ふて居た反動から……これ此通り府民は一同日の丸をかゝげて歓喜の意を表して居るではないかと云ふてやりたい気もし、又車から降りてよくマア私共の父上等の挙に賛成の意を示して下さりましたと門並一軒〳〵に礼を申したい様な気が致したのでした」と述懐している(32)。

九月三日、グラント一行は、日本で受けた「親切や思いやりや友情などが止めどもなく思い出され、まるで友だちを置き去りにしてゆくような気がした」、「どんなに心をこめて感謝の意を伝えようとしても、言葉では意を十分に尽くすことができない」との感情に満たされて、横浜港から出航していった。ヤングは、「日本政府ならびに日本国民がグラント将軍に払った最高の敬意こそ、日本訪問中の圧巻(33)」であったという表現で、その努力を受け止めている。政府と国民による、いわば「両輪外交」は、予想を超える効果を発揮したと言えるだろう。翻って、グラントの来日は、日本の政府と国民とが思い切った変化を演じる代えがたい契機ともなったのであり、本章で取り上げきれなかった多くの側面を含め、従来考えられてきた以上に、明治の文化史にとって重要な位置を占めるものと見なければならない。

最後に、クララの知られざる功績を一つ書き加えておこう。グラント一行が東京に到着する直前の七月一日、「ミカドの音楽家」である柴田氏なる人物が、ホイットニー家を訪ねてくる（一八七九年七月二日）。柴田はすでに、既出の滝村小太郎や岩田通徳とともに同家に出入りしており（同年一月二五日）、雅楽稽古所所属の専門家と考えられる。彼は、グラントの歓迎行事で演奏する適切な曲目を挙げる立場にあるものの、スコットランドやフランスの曲しか知らないので、困って助けを求めにきたのである。クララが、当時のアメリカ国歌である「ヘイル・コロンビア」や、それに準ずる「星条旗よ永遠なれ」などを教えると、「柴田氏はこの上もなく喜んで帰っていかれた」という。

これら政府直属の楽人たちが関係したのは、クララの出席した在留米人の歓迎会や、「東京府民」の主催になる工部大学校の夜会ではあるまい。はたしてヤングの滞在記には、七月四日にグラントが初の明治天皇拝謁に臨むため皇居に到着した際、玄関前で待ち構えていた「楽隊はアメリカ国歌を演奏した」とある。そして三日後に天皇がグラントのために催した観兵式でも、グラントが入場すると「楽隊がアメリカ国歌（ヘイル＝コロンビア）を演奏し」たことが記されている。これらがクララの貢献であったことは、どうやら間違いないのではあるまいか。

第一二章　ロンドン、クリスタル・パレスの一日
〈一八八〇（明治一三）年四月二四日〉

離日

日本列島各所がグラント前アメリカ大統領の来訪に湧き、クララが異国でその興奮を味わった日々から、一年後の春から夏にかけての時期を、ホイットニー一家――クララの父ウィリアムを除く三人――は、英国ロンドンで過ごすことになる。その地で一八八〇年七月五日の日記をつけたクララは、五年前の同じ日にニューヨークを出発したことを振り返り、「神の命に従って前進するアブラムのように」「未知の地に運命を賭けた」自分たちが、いま、「自らに約束したとおり『自分たちの藁束を抱えて』家路をたどっている」と書いている。したがって今日は非常に大切な記念日だが、胸の内には祝福されることのない痛みもあるのだと――。この「痛み」が、滞日期間中のさまざまな心残りを言っているのか、日本を離れたこと自体を指すのか、あるいは、より具体的なつらい記憶を振り返っているのかは、日記からは読み取れない。

「藁束」のくだりは、日記の原文では "bringing our sheaves with us" であり、訳出したとおりクララ自身の手でも引用符が用いられている。賛美歌（一二六番）にも類似の辞句が登場するが、一家がアメリカを発つ数年前に発表され、流布したらしい女流詩人エリザベス・エイカーズ・アレン（Elizabeth Akers

Allen）の詩編に、このとおりの句をタイトルとしたものがあり、[1] クララはこれを知って胸に留めていたのではないか。

さて、彼女たちがロンドンに到着したのは、その約三ヵ月前の一八八〇年四月九日。本章で焦点を当てようとする同月二四日の出来事に進む前に、さらに遡ってこの年の一月二六日に日本を離れる前後から、ここまでのことをざっと見ておくほうがよいだろう。

一家が四年半の滞日生活にいったん終止符を打つことになった背景には、先にも触れたように医学を志し、金沢から戻ったのち東京大学医学部に入学していた長男ウィリスに、学業の仕上げの時期にはアメリカの大学で学ばせたいという判断があったとの見方がなされてきた。[2] しかしながら、父ウィリアムが日本で多忙であれば、すでに成人に達していた息子だけを帰すという考えもありえたことだろう。ウィリスのことは、もはやほとんど私的なものとして延引していた一家の日本滞在を切り上げる、一つのきっかけとして働いたと見るのが順当ではないか。

具体的な決定は両親が下したのに違いなく、クララの日記にその詳しい事情は書かれていない。もとより、はじめから永住を計画して来日したものではないから、つねに帰国の可能性はあったはずだが、ウィリアムの仕事が頓挫しても日本にとどまるという状況が続いてきたなかで、将来の展望は非常に不明確になっていたものと思われる。不明確なだけでなく、まだグラント大統領が滞日中であった前年の夏、クララは日記に「一家にとって先は真っ暗の状態」（一八七九年七月一八日）と書き込んでおり、華やかな行事や楽し気な交際にあふれた日々の裏側には、つねに生活上の不安があったことが察せられる。

秋に入ると、知人との付き合いのなかに、彼女らの離日が具体化してきているのを前提とした様子が見られるようになり、いよいよ一一月六日の日記には、ホイットニー家を訪れた既出の工部大学校教師ディクソンに対して、母アンナが、翌年三月に出発の予定であることを告げる場面が見出される（その計画は、現実には二ヵ月ほど早まったことになる）。同じ会話のなかでアンナが、ウィリスのために六月までにはアメリカに帰国する必要があるという事情を説明しているのだが、少しあとの別の日、クララが「帰ったとてよくなることは少ししかないのに」「私たちはアメリカに帰らねばならない」（一一月二二日）と記すのは、兄を恨む意味であるまい。その筆致から推測するに、一家の離日は、長男の将来を見据え、希望を膨らませて故国に帰るという筋書きとは異なる――おそらくは、このまま日本にとどまるより経済的にまだしも道があるという――ぎりぎりの決断によったのであろう(3)。

とは言いながら、父ウィリアムが一二月一二日に先発し、太平洋航路で直接アメリカに向かったのち、アンナと子どもたちはヨーロッパ廻りのルートで、パリとロンドンを見物しながら帰国するのである。そのことも、先のディクソンとの会話の段階ではすでに決まっていたようであり、それを話すアンナの口調にも、楽しみな、また少々得意そうな様子のあったことが、クララの筆を通して伝わってくる。帰国そのものの経費もさることながら、そうして西廻りの巡遊を楽しむための費用がどのように工面されたのかははっきりしない。あるいは、一家の家計において、いまなら辛くもその捻出が可能であるというタイミングが選ばれたのかもしれない。

加えて、折しも駐英公使に任じられた森有礼が、夫人を伴ってこの前月に出発していったこと（一八七九年一一月一九日)、またそれ以前の同年二月、もとより森と縁が深く、このときも森の下で書記官を務めることになる富田鐵之助のロンドン赴任が決まり、すでに現地入りしていたことというとも(二月一七日)、彼女たちの足をヨーロッパに向かわせる大きな要因になったと想像してよいのではないか。富田は早期の帰朝を希望していたが、公使任命が決まった森のたっての頼みで留任することになったのだという(4)。森はクララたちに、ロンドンを回るならどうぞ寄ってくださいと言い残し、また富田からも一家に手紙が届いていた(一一月六日)。

金銭面に関してわずかなヒントを与えてくれるのは勝海舟の日記で、一二月に入り、ウィリアムから出発の決心が固いことを聞いた勝は、ただちに前出の徳川家家扶、滝村小太郎を呼び、ホイットニー一家を屋敷内に住まわせるに際して勝が預かった二〇〇〇円(ドル)の証書——これをさらに徳川家に預けることで、造作の資金を借り受けたと推測される——について、何らかの相談をした形跡がある。これが一二月三日から四日にかけてのこと。すると八日には再び滝村が勝家を訪れ、勝日記には彼が「二千円の内、五百円持参」し、勝が預り置いたことが記録されているから、これが前回の相談の中身であったのだろう。

「五百円」がホイットニー家に返すための金であったことは間違いないだろうが、実際に手渡す場面は日記には記されていない。一二月一一日に、ウィリアムが勝に最後の挨拶に行ったというから、その折に渡した可能性はある。または、一月に入ってアンナやクララが出立した日には、その旨の記載に添えて「立払い済み」と書かれており(5)、「立」の意味合いは判然としないものの、「払い済み」は右の資金を指すと推測してもよいのではないか。

いずれにしても、預かっていたのはあくまでアメリカの銀行の証書であって、日本では現金化できないことを前提に名目上の担保としていたと見るのが自然であるから、五〇〇円は一家の急な必要を見越して勝が徳川家に融通させたと考えられる。ウィリアムから具体的な依頼があった可能性も否定はできない。他方で本来の二〇〇〇ドルの証書がどうなったのかは、残念ながら現時点では不明である。結果としてクララたち——ウィリアムを除いて——は三年後、再び日本に戻り、同じ家に迎えられて暮らすことになるのだが、当初はその実現の見込みはまったく曖昧だったはずである。

勝はこれとは別に、一八八〇年一月のアンナと子どもたちの出発にあたって、餞別として一〇〇円を渡し、さらに、「机類百円に〔て〕求め遣わ」した旨を日記に書き残している。「机類」とは、長旅の手土産には不向きに感じられるが、日本風の文机でも贈ったものか。餞別の一〇〇円のほうは、クララの日記に現れる。彼女と妹のアディに「ヨーロッパでおもちゃを買いなさい」と言ってくださったと、多額のお小遣いに飛び上がって喜ぶ様子だが、むろん、そのような形をとって家族の旅費を援助したのに違いない。実際、勝日記に記録された餞別の相手方は「ホイト子ー家内」、つまりアンナである。

出発に至るクララの日々は、家財を大々的に処分してしまったあとの最後の半月こそ、連日勝家や他の知人宅に呼ばれて泊まりにいくなど、非日常的な様相を呈するが、それまでは、家にやってくる生徒たちに英語や裁縫を教え、また日本人、外国人を含め多くの知人と訪ね合い、またともに出かけたり会合に出席したりし、日曜日には教会に行き、日曜学校で活動し、晩に自宅でクリスチャンの集会を持ち……という、すでにすっかり定着していた生活が続いている。一八七九年一二月二五日には、ロンドン留学中の徳川家達の弟である田安公を中心に老若男女を迎え、日本にきて五回目になるクリスマスを祝った。

しかしそうしたなかで、おすしのつくり方を覚えて帰るようにと富田夫人が手ほどきをしてくれたり（一八八〇年一月七日）、旧知の日本人らが日本式の宴会を開いて招待してくれたりと（たとえば一月七日には杉田家、富田家による招待――富田自身はロンドンにいて東京には不在であるから、出席したのは夫人――、一四日には大鳥圭介、津田仙、村田一郎らによる宴席）、別れの前に特有の行事も増え、またさまざまな場面で、人々との心に響く別離を経験することになる。とりわけ逸子に対しては、帰国の理由を「詳しく説明した」という記述が、まず二月八日の日記に見える。逸子の悲しそうな様子。そしてクララは自分の気持ちを、「ヨナタンとダビデのように固く結ばれたお逸とどうして離れられよう」と書く。

その後もむろん、逸子とは、家族や他の人々と一緒の場合を含め、多くのときをともに過ごしているが、クララたちがついに横浜に向けて東京を出発した一月二四日、勝家で朝食を終えたクララは、「涙にむせてほとんど物も言えないので彼女（逸子）を抱くようにして、『さようなら、最愛の友よ、神の祝福がありますように』とだけ言」い、すると逸子は「目にいっぱい涙をうかべて私（クララ）にキスをし『ああクララさん、これが最後なのかしら』というと、こたつに顔をうずめてしまった」。クララは「悲しさのあまりお逸をそのままにして飛び出してしまった」という。

横浜ではシモンズ家の厄介になり、ここでも多くの人々に送られて、一家（先発したウィリアムを除く）は、一八八〇年一月二六日夜、フランス船で日本を離れた。

◇

ここからの日記は、一八八二年一一月二五日にクララが再び東京で日記帳を開くまで、序章でも述べたとおり、日本語で翻訳出版された中公新書版（一九九六年）、さらにはその前身となった講談社版（一九七六年）では割愛されている。日本を離れていた時期の日記を日本語版から省くという決断は、適切な分量でまずは出版を実現することの重要性を考えれば十分に理解できるが[6]、原文（アメリカ議会図書館所蔵）にあたってみると、この時期にも日本に関係する記述が見出されるのみならず、仮に直接日本に触れていなくとも、触れていないという事実を含め、一人の人物の経験を連続的に追う意義はきわめて大きいことが実感された。本章以降の記述は、従来空隙となっていた部分を初めて連続的に読み込むことから、直接、間接に得られた理解に基づいている。

「日本」に守られて

いったん船に乗ってしまうと、むろん日本のことをまったく思い出さないというわけではないが、周りに広がる新しい景色や環境に心を奪われ、その観察に夢中になるのは、クララらしいと言うべきだろう。かつてニューヨークから大陸横断鉄道に乗り込み、いまだアメリカ国内とはいえ、初めて広い世界に触れたときの感受性の爆発を思い起こさせる。日記は必ずしも毎日書かれるわけではないが、書けばかなり長文の印象記になることが多い。その日々をすべてつぶさに紹介することは叶わないが、ロンドンに到着するまでの足取りを駆け足で追跡しておこう。

日本列島を離れた船は、まず二月二日に香港着、サイゴンを経てシンガポールへ（二月一〇日着）。一四日の日記はセイロンで書かれている。二月二四日にアデンに寄港したのち、二五日、紅海に入る。「ついにあの有名な紅海に……」とクララは非常に感激している。

その感慨が続くなか、二日後（日記では二八日となっているが、曜日や前後関係から判断するに二七日の誤りと考えられる）の日記には、すでに一ヵ月以上にわたって海の上で暮らし、その間、「日本からも、またアメリカからも」ひとこととの便りを受け取ることもない――少なくともナポリに着くまではずっとこの状態が続くであろう――自分たちは、まるでこの世界に属する者ではないような心地だと書き入れた。いかにも、彼女にとっての「この世界」、一九歳までの自分とつながる人々がいる地平は、日本とアメリカのいずれかに限られていたに違いない。同時に、このときの彼女の胸にはそれらが同等に、二つの故郷として抱かれているのがわかる。

そのような寂寥感を味わう一方、すでにほとんどの船客とは知り合いになり、インドから乗り込んできたイギリス人客たちも加わって、船上での交際は楽しく、旅の日々は愉快でしかたないという。二月二八日にはスエズに入り、翌日、陸路でカイロ着。三月七日まで同地のグランド・ホテルに投宿。この間、二日にはピラミッド見物に出かけている。八日、早朝にカイロを発ってアレクサンドリアへ。ここから地中海に漕ぎ出し、一三日の晩、ナポリに到着した。

美術鑑賞などを楽しみながら一週間にわたってナポリに滞在していた間、念願の故郷からの便りを受け取った形跡はない。しかし、三月二一日に汽車でローマに出ると、翌日に一家を招いて晩餐を催してくれたのは、日本の中村博愛駐イタリア代理公使であった。このような夕べは、旅に出て以来初めてである。中村は在外生活が長く、(7) 日本滞在中のホイットニー家と直接かかわりがあったわけではないから、誰かが彼女らの旅程を知らせ、歓待を要請したことは間違いない。具体的な経緯はわからないが、中村が元薩摩藩士であり、森有礼らとともに幕末、同藩からイギリスに密航した留学生の一員であったことは、この時期ロンドンにいる森との関係のみを考えても濃厚なヒントになりそうである。

中村の官邸は日本の骨董品で飾られており、それを見たクララの脳裏にはとたんに、日本での生活がいきいきと蘇ってきた。さらには彼の声と訛りを聞いて、「日出ずる国で別れてきた良き友人たち」を思い出したというのだが、ここで言う「訛り」とはおそらく、中村が英語で話した場合の日本語訛りを言っているのであろう。

ローマには三月三〇日まで滞在し、すっかりカフェ通いの習慣がついてしまったというクララたちは、三〇日にはフィレンツェに移動。四月四日にはスイス、ジュネーブに入っている。そして六日朝、憧れのパリ着。

ここでついに、日本、アメリカ、さらにはイギリスから、「一ダースもの」手紙が届いて彼女らを待っていたのだった。それらをすべて預かっていたのは現地の日本公使館で、イタリアでないならばここが手紙の気付け先となることは、クララたちも承知していたのだろう、到着早々、家族が疲れて寝ている間に、ウィリスが公使館を訪ねて受け取ってきたという。手紙を出した人たちの名が日記に記録されていないのは残念だが、その多くは、これまで本書に登場したことのある面々と想像してよいのではないか。

いずれにせよ、この長い旅の途上で、現時点で公職にあるわけでもないアメリカ人家族を待ち構え、歓待してくれたのが、まずはローマの日本高官であったこと、さらに、彼女らが受け取るべき信書——日本以外の国々から発せられたものを含めて——の宛先が、パリの日本公使館とされていたことは、まことに印象的である。客観的に考えれば奇妙ですらある。一家が日本で大切にされていたというだけでは、本来は説明がつかないことであろう。国づくりの初期段階にある日本側の態度も実におおらかだが、現実に彼女たちにとって、いまこうして地球半周の旅に出てみたとき、自らを認知してくれる国は、実はアメリカ以前に日本だったのである。ここには、クララたちが故国を離れ、四年半のかなり特殊と言ってよい日本生活の結果、背負うことになった「国際人」としての興味深い位置が現れている。

さて、昼寝ならぬ朝寝から起き出したクララは、時を惜しんで観光に駆け回ったらしい。待ち焦がれたはずの手紙の中身が日記にまったく記されていないのも、そのためであろうと推測される。パリの街並みに魅せられたクララは、「おぉ！　私は本当にパリが好き。でも、あぁ！　煙の充満したロンドンよりこちらのほうがよほど私の好みに合うのに……」とまだ見ぬロンドンをこき下ろしている。しかし、翌日の夕方にはもう出発しなければならない。ナント、ディエップと、フランス国内を西へ大回りしてカレー（ドーバー海峡の仏側の港）に向かったようであり、四月九日、ロンドンに到着した。それでもなお、日記には "la belle France!" ――美しきフランスよ――とそこだけフランス語で（下線はクララ自身による）、うわ言のように書きつけている。

とはいえ、「質素で居心地がよい」イギリスには、また別の愛着をすぐに感じるようになったらしい。むろん、日本時代を含めて久々に母国語の環境に身を置いたことも、どれほどか気持ちの安らぐものであったろうし、物理的にあと一歩の距離までアメリカに近づいたということも、郵便物の日付などから実感したようである。

しかし何より、クララに最大の安堵と喜びを与えたのは、ロンドンで一家が降り立ったヴィクトリア駅の群衆のなかから、「懐かしい顔が一つ――私たちがよく知っている富田さんの顔と姿」が現れたことであった。迎えにきてくれた彼を、家族のなかでクララが真っ先に見つけて呼びかけたのだという。彼女が Mr. Tomita! と叫んだのか、富田さん！と言ったのか、残念ながら日記からは判断できないが、再会の笑顔が目に浮かぶようではないか。

富田はタクシーをつかまえて、一家が東京の知人から勧められてきたという下宿まで送り届けてくれた。クララはその所在地を Queen's Square と綴っているが、Queen Square（クイーン・スウエア／ロンドン中心部、大英博物館などもあるブルームズベリー地区に現存）と考えて間違いなさそうである。ただし、このあとほどなく、日々の日記に記される住所は、ロンドン北郊の上等とは言えない住宅地であったカムデン地区の、ロチェスター・スクエア（Rochester Square）に移っている。

結果として、クララたちのロンドン生活は、ここから少なくとも半年ほど続いた。日記は八月五日にロンドンで書かれたのを最後に一年半にわたって途切れ、次の書き入れがあるのは翌々年が明けた一八八二年の元日、すでにフィラデルフィアでのことであるので、彼女らがこの間のいつアメリカに帰国したのかを正確に知ることは困難である。日記のなかに散見される情報を総合すると、八〇年の年末近くであったと推測される。

ウィリスの高等教育のため、同年の六月までには帰国するという当初の心づもりは大幅に延期されており、父ウィリアムが一足先にアメリカに戻っていたにもかかわらず、アンナと子どもたちがロンドンに長逗留をした理由は不明である。ウィリスは先のパリでも病院見学に時間を使っており――病院を直接訪問することは、一九世紀の医学修行において一般的な方法であった(8)――、ロンドンでもそうした活動に勤しんだであろうことは想像がつくが、兄の行動についてクララの日記に十分な記述はなく、そのために滞在が延びたのかどうかは判然としない。少なくとも、一家が日本からここまでの各寄港地ではホテルに宿泊したのに対し、ロンドンでは最初から、いわゆる食事付きの下宿を選んでいるところを見ると、もともとある程度の長期滞在を想定していたのであろう。

そのロンドンで、最初の重要行事は、到着翌日の晩、森有礼駐英日本公使公邸に招かれての晩餐であった。再び富田が迎えにきて、公邸のあるロンドン西郊ケンジントン・パーク・ガーデンズに向かう。森夫人はたいそう喜び、他のイギリス人客の「嫉妬」にかまわずクララと日本語で話し続けたという。

森がロンドンに伴って現地の教育を受けさせていた甥の有祐にも再会した。アンナとクララが東京に到着してすぐからの生徒だった少年である。その晩はすっかり遅くなり、クララは翌日の日記に、「過ぎ去った日々や近況、そして東京の人たちのこと」を話すのが実に楽しかったと記している。

懐かしい顔ぶれ

こうして、当然のように、ロンドンで日本を代表する人々の後ろ盾を得て、ウィリアムを除くホイットニー一家のロンドン生活が始まった。クララはロンドン・タワー（一八八〇年四月一五日）や大英博物館（四月二一日）、あるいは蝋人形で有名なマダム・タッソー館（四月二二日）を見学したり、母とオックスフォード・ストリートでのショッピングを楽しんだりと（四月二〇日）、その様子は今日の観光客とも変わるところがない。また、日本公使館もさっそく再訪し、森夫人と連れ立ってケンジントン博物館（現ヴィクトリア・アンド・アルバート博物館）に出かけるなどしている（四月二〇日）。

そのようななかでも四月二四日土曜日は、クララにとっても、その日記を読み進むわれわれにとっても、記憶すべき一日であったと言えそうである。朝、突然富田から、本日の午後「クリスタル・パレス」につれていくので公使館にくるようにとの電報が、宿舎に届いた。続いて徳川家達――二年前からイギリスに留学していた――からも、クリスタル・パレスにいらっしゃるならお会いしましょうという手紙が舞い込んだのである。驚いたクララはすぐにそれぞれへ返事を書き、昼食を済ませると急ぎ公使

図12-1　1851年ロンドン万国博覧会でのクリスタル・パレス
出典：*Tallis's History and Description of the Crystal Palace*

館に向かった。日記には明記されていないが、その後の様子からは、少なくとも母アンナが一緒であったと思われる。

公使館の入口ではすでに富田が待ち構えていて、クララは森夫妻とともに公用の四輪馬車に乗せられ、ヴィクトリア駅へ。一時間ほど列車に乗ったところで降り立つと、そこで一行を迎えたのは家達その人であった。離日したときの一三歳から一五歳になった家達は、背丈が伸びただけでなく、がっしりして貫禄がついた様子であったとクララは表現している。

クリスタル・パレスとは、ここから遡ること約三〇年、一八五一年に世界で初めてロンドンで開催された、万国博覧会の会場となった建物のことである。クリスタル・パレスは当時最先端の技術を駆使し、鉄骨とガラスでつくりあげられた巨大な建造物（長さ五六三メートル、幅一二四メートル、高さ一九・五〜四一メートル）[9]で、庭師で温室設計を手がけていたジョセフ・パクストンの提案が採用された。これが実現するまでの経緯を含め、その存在は歴史上に名高い[10]。人類史上に登場したばかりの万博は、今日のように広い敷地に各国がパビリオンを建てるのではなく、巨大な会場を設け、文字どおり一つ屋根のもとに全世界からの出品物を展観する形で構想されたのだった。[11] 万博自体はロンドン中心部に近いハイド・パークで行われたが、閉会後、この記念碑的な建物はロンドン南郊のシデナムに移築され、複数の文化施設を収めて、市民の格好の行楽地となっていたのである（一九三六年に焼失）。

到着したクララたちは、はじめに館内のコンサート・ホールを覗いたらしいが、その後、カフェでおしゃべりに興じ、さらに敷地内を見物して歩いた。家達も大変快活に、よく話したという。

このあとさらに二年にわたってイギリスで生活することになる家達は、イギリス上流階級の子弟を預かる名門イートン校で学んだことで知られるが、留学時代の前半は主にエディンバラで個人教授を受けていたとされている。しかし、少なくとも一八七九年五月四日にエディンバラから出された手紙（川村清雄宛）[12] からは、彼はロンドンとエディンバラとの間を行き来しながら生活していたことが推測され、そのロンドン側の拠点が、ほかでもないシデナムであったことが読み取れるのである。シデナムは富裕層の住む落ち着いた地域で、かつ都心部との接続がよく、[13] 誰の考えであったのか、勉学に集中する必要のある年若い家達を、ロンドンの街なかではなくこのような場所に滞在させたという判断はうなずける。

ちなみに、家達が日本の縁者に宛てた手紙は、離日後一年を経たころからは英語で綴られ、文章としてこなれているだけでなく、筆跡も、公文書館等に残る当時のイギリス人たちの書簡と見紛う堂々たるものである。[14] 英語で書くのは勉強のためもあろうが、今日、一般的には日本語で説明を受けながら英語を習うのと比較して、むしろ教育方法の確立していなかった当時、直接現地の環境のなかに放り込まれた若者の上達はきわめて早かったであろうし、日本語で手紙をしたためる場合のさまざまな決まりごとに囚われず心情を記せるのは、とりわけ家達のような境遇の少年にとって便利だったのではなかろうか。

このようなわけで、クララから見ると目的地の列車駅に先回りして待っていたかのような家達は、地元の住人として最寄駅に遠来の客を迎えに出たのであり、森や富田にとってこの日の遠征は、いずれ必要な家達のご機嫌伺いの一回であったとも考えられる。着任後まだ日の浅い森はともかく、少なくとも富田のシデナム行きは、初めてではなかった可能性も高い。そこに、家達にとっても懐かしいに違いないクララを伴い、併せてクリスタル・パレスの見学を計画したのではないか。ロンドン近郊の人気の観光地で、連れ立って見物に回りながら、またカフェのテーブルを囲んで、日本人とアメリカ人の男女が尽きることなく談笑するさまを思い浮かべれば、まことに心楽しい。

イートンが全寮制で有名な学校であることを考えれば、家達がこのような自由な暮らし方をしているのは、いまだ本格的に入学する前の時期であったからに違いない。クララの後日の記述によれば、彼はこれに引き続く時期、ワイト島での休暇を楽しんだようである（一八八〇年四月二七日）[15]。他方で森はこの先四年にわたり、在英のまま不平等条約改正交渉に奔走することになるわけだが――日本政府によるこの時期の交渉が日の目を見なかったことは周知のとおりである――、クララたちがロンドンに到着したころはちょうど、イギリス側の政権交代にあたって折衝が中断され、比較的のんびりしていたらしい[16]。そんなかでのシデナムでの一日は、突然の遠足に誘い出されたクララはもとより、森や森夫人、富田、そして家達……誰にとっても、記憶に残る楽しい一日だったことだろう。

図12-２　1862年第２回ロンドン万博会場を視察中の幕府遣欧使節団
出典：*Illustrated London News*, 24 May 1862.

遡って、一八六二年のロンドン万国博覧会――クリスタル・パレスを生んだ一八五一年万博に続く第二回――には、初めて日本の物品がまとまった形で展示されただけでなく、徳川幕府が送り出した文久遣欧使節団の面々が会場を訪れ、その珍しさが展示に匹敵する注目を集めて、現地の新聞に絵入りで紹介されたのだった(17)。一般の日本人の海外渡航は、まだ固く禁じられていた。それから、一八年。ロンドンに、旧幕府の当主と、同地で日本の権益を担う新政府高官夫妻とその部下、そして、彼らの双方と深い絆で結ばれるようになったアメリカ人の家族がいて、ロンドン郊外の鉄道駅で落ち合い、笑い合って休日をともにしている。この風景こそはまた紛れもなく、「明治日本」の一コマであったと言えるのではないだろうか。

おそらく夕刻にシデナムで家達と別れた一行

は、揃って公使館に戻ったものと思われる。クララによれば、森はそこでの夕食の席で、自分がいわゆる薩摩藩密航留学生の一人として、一八六六年に初めてロンドンの土を踏んだときの話をし始めたという。あのときの自分は「何たる野蛮人だったことか！」とくつろいだ様子で語ったことが、日記に書き残されている。また、富田から、お逸が目賀田種太郎（旧幕臣の子弟のうちでも飛び抜けて優秀であったとされる。この前年にアメリカ留学から戻ったばかりで、文部省勤務。先述の音楽取調掛に深く関与したことでも知られる）[18]、に嫁ぐことを聞かされたのもこのときであった。海舟日記によれば実際の婚礼はこの年の六月一九日、結納が三月一五日であったから[19]、四月二四日の段階でロンドンの富田が承知していたのは、それらに先立つ内々の段階の情報だったと考えられる。お逸自身からもまだ知らせは届いていない。クララは「よく考えてからにしてほしい」と、親友としての気持ちを記している。

こののちのロンドンでのホイットニー一家の生活は、もちろん森や富田との付き合いにのみ終始したわけではない。現地で教会にも通い、新しい知人も増え、また観光も大いに楽しんだ。

一つ特記しておくなら、彼女らは「マイルドメイ（Mildmay）」と称される活動に共鳴し、積極的にかかわったようである。マイルドメイは今日、イギリスの登録慈善団体となり、国際的な医療活動を展開、とくにエイズ患者を対象とした専門ホスピスの運営が、故ダイアナ妃の強力な支援を受けたことで知られる。一八六〇年代、ロンドン郊外のマイルドメイ公園にあった教会を拠点に、貧困層への施療を中心とした、キリスト教精神に基づく多様な事業が実践されたのが発端であり、それらの活動全体をマイルドメイと呼ぶようになったのだという[20]。クララたちがロンドンにやってきたころはその最初の隆盛期にあたり、彼女の日記から読み取れる限りでは、初夏の時期に集中して数多くの講演会が催され、ときには富田も同道して足しげく通ったらしい（たとえば一八八〇年六月二四日、二六日、二七日）。

先にも触れたとおり、こののちクララの兄ウィリスは日本で病院を創設することになる。経営難に陥っても低所得者からは医療費を受け取らず、クリスチャン・ドクターとしての生涯を貫いた。その姿勢は、もとより敬虔なキリスト教徒であった母アンナが、医学の道を歩み始めた息子に強く期待したものであったとされているが[21]、アンナの胸の内でそのような考えが具体的な像を結んだ背景に、このロンドンでのマイルドメイの経験があったと考えることもできそうである。

第一三章　捨松さんと梅さん〈一八八三（明治一六）年一二月七日〉

新たな縁に支えられて

いつか日本に戻るという希望を、ホイットニー一家は漠然としたレベルで持ち続けていたと思われるが、ロンドンを発って久々に故国での暮らしが始まったころには、その可能性はほとんど現実のものではなくなっていたようである。クララはその時期、日記を書いていないが、後から振り返っている限りでは、彼女にとってとても幸せな日々であったと言っている。記憶にあるアメリカの生活はごく幼いときのものに過ぎないから――かつてアメリカを離れたとき一四歳だったクララは、一八八一年八月の誕生日で二一歳になった――、学ぶことが山のようにあり、そのために多忙であったという。学ぶというのは基本的な生活習慣を含めてのことであろうが、フランス語の特訓を受けたり、また絵を習ったりもしていたらしい（一八八二年二月六日、一五日、三月一日など）。フランス語への執心は、旅で知ったパリの美しさに後押しされてのものだろうか。

一家がもし再び日本に赴くとすれば、今度は父が商法学校で教えることが目的ではない。「日本での仕事と親愛なる友人たちのところへ「戻る」という言い方を、クララはしている。ここで言う「仕事」とは、クリスチャンとしての志に基づいて、自宅でつましい聖書研究会を開き、教会を手伝い、何より日々の交際のなかからキリストの教えを広めることを指すと捉えられる。その思いを、ある出会いが実現に導いてくれた。一家のアメリカでの落ち着き先は、もともと住んでいたニューアークではなく、ウィリスが入学したペンシルヴァニア大学のあるフィラデルフィアであったが、そこでアンナがモリス夫人なる人物の知己を得、行き来が重なるなか、彼女らの夢に感銘を受けた夫人が日本への旅費の提供を申し出てくれたのである。

クララが久々に日記帳を広げた一八八二年元日には、すでに日本行きの話は決定しており、文面は喜びにあふれている。忙しい準備の日々を経て、少し前から体調のすぐれなかった父ウィリアムを含め、家族が再び、まずはイギリスに向けて大西洋を渡る船に乗ったのは、同年四月一二日のことであった。

この三ヵ月半のクララの日記に頻繁に登場するモリス夫人とは、フィラデルフィアに拠点を置く資産家ウィスター・モリス（Wistar Morris）の妻、メアリ（Mary）のことである。夫妻は敬虔なフレンド派キリスト教徒（クエーカー）で、もとより慈善活動に熱心であったが、とくに夫人は、一八七〇年代に経験した中近東旅行をきっかけに海外での伝道に関心を持ち、それが非キリスト教女性の地位の向上という観点と結びついて、一八八二年、地元で婦人外国伝道協会を立ち上げるに至る。(1)彼女がホイットニー家の女性たちと出会い、個人的な援助を行ったのは、その組織化の直前の時期であったことになる。なお、ホイットニー一家はキリスト教徒としてもともと長老派（プレスビテリアン）に属する家柄であったが、(2)これ以降、急速にフレンド派との関係を深めたと考えられる。

メアリ・モリスの日本との縁はこののち次第に深まり、とりわけ津田梅子が日本の女子教育の先駆者に育ち、活躍するのを可能にした生涯の恩人として、これに関連する研究領域においてはつとに著名である。[3]ここで見ているホイットニー家とのいきさつは、それよりも前のこと。

一八七一年の岩倉使節団渡米の折に伴われた、梅子を含む五人の幼い女子留学生の留学期間は、一〇年と定められていた。五人のうち二人は病気のため早期に帰国、残る三人のうち永井繁子（のち、東京音楽学校、東京女子高等師範学校教授）は年限どおり一八八一年中に離米し、[4]一年延長を願い出た津田梅子と山川捨松は、ちょうどこのころ、帰国前の最後の時期をアメリカで過ごしていた。[5]一八八二年元日現在で、梅子、満一七歳、捨松、二一歳である。

梅子が、ホイットニー家が親交を結んでいた津田仙の娘であることを考えれば、アメリカに戻った一家と彼女が早い段階で接触した可能性を考えるのはごく自然だが、残念ながら実際のところはわからない。クララの日記に梅子が現れるのは、クララたちが日本に発つ約一ヵ月前、一八八二年三月九日が最初である。このころはクララ一人で頻繁に出入りするようになっていたモリス家に、来週は“Miss Umé Tsuda”がやってきて一緒に泊まることになっているという。梅子は渡米以来ずっとワシントンで暮らしているから、もちろんそこからやってくるとの意であろう。

これが梅子がモリス家を訪れた最初であることは、亀田帛子が津田塾大学津田梅子資料室所蔵のモリス家「日本人客名簿」を調査したうえで述べているが、[6]クララともこれが初対面であったとの説には、必ずしも賛同できない。その可能性も皆無ではないが、亀田も参照したというクララ日記一八八二年三月九日の書きぶりは、逆に、梅子はクララとはすでに会ったことがあり、クララの離米を前にフィラデルフィアに遊びにくることにしたと解釈することもできるからである。この部分の記述は残念ながら不十分だが、以前からのホイットニー家と津田家の関係や、これに先立つ時期のクララの日記が長く空白であることなどを考慮した場合、この捉え方が妥当であるようにも思われる。

いずれにしても、結果としてメアリ・モリスの活動を日本に結びつけ、とりわけ日本の教育史に欠くことのできない津田梅子との関係を最初に仲介したのが、フィラデルフィア時代のホイットニー一家であったことはほぼ間違いない。このあと、メアリの婦人外国伝道協会が正式に日本伝道を開始するにあたっては、一八八四年にアメリカに留学し、モリス家に出入りするようになる内村鑑三の影響が大きかったことが知られてきたが、(7) その前に、こうしてまずはホイットニーの人々の人生が、モリス家との出会いによって、あらためて日本と結びつけられることになったのである。

そして、日本に戻ったホイットニー一家、なかでもクララの兄ウィリスが、内村鑑三という「理知的で注目すべき日本の青年」と親交を結ぶようになったことがクララの日記に現れ（一八八四年四月一日）、さらに渋沢輝二郎の研究によれば、ウィリスこそが内村の留学をさかんに後押しした張本人であることが、内村の書簡類から明確にわかるという。(8) そうであるなら、渡米した内村がモリス家を訪れた背景にも、ウィリスやクララがいたと推測することができそうである。

さて、彼女たちにとって再びの、そして新しい日本での生活が、目前に近づいている。その幕を開ける前に、やはりここでも早回しで、アメリカ出発後の足取りをたどっておきたい。ただしそれは、距離としての地球半周にとどまらず、人生の階段を踏みしめながら進む、長い長い旅路となったようである。

明と暗の旅路

一行の旅程は、再びヨーロッパ経由である。今回はとくに、アメリカ帰国中にペンシルヴァニア大で医学を修めたウィリスが、この道で権威ある英エディンバラ大の学位申請を希望していたという事情も、背景に存在したことが推測できる（一八八二年九月二三日）[9]。一八八二年四月二四日、再びここに来られるとは、という感激とともに、一家でロンドンに到着したクララは、さっそく街を見て回り、以前と何も変わっていないことを確認してうれしそうな様子である（一八八二年四月二九日）。そしていったんは、ほぼ前回の再現と言ってよい生活が始まる。

東京で条約改正予備交渉が行われていた時期にあたり、現地でそれに対応する森有礼はさすがに多忙であったのか、クララの活動範囲には登場せず、また富田鐵之助は前年春に帰朝していたが[10]、森夫人とは親密な交際が再開される（五月一〇日、一六日など）。徳川家達ともさっそくお茶の時間をともにし（五月二二日）[11]、また六月下旬になると連日マイルドメイの勉強会に参加。現地の人々との交際にも忙しい。

ただし、このたびのロンドン滞在が結果として九月二三日まで延引したのは、一家が望んだことではなかった。一つには、この年七月、かねて情勢が不穏であったエジプトでイギリス軍がアレクサンドリアを砲撃し、壊滅的な状態に陥ったという国際情勢が背景にあった。クララは七月一五日の日記に、二年前に立ち寄ったあの美しい街が破壊されてしまったのかという衝撃を書き記している。さらに、スエズ運河を通って地中海側とインド洋側を結ぶ汽船は軍艦の護衛を受けて通行する状況であり、それも不可能になるかもしれないというニュースを受けて、自分の身にも世界の出来事がじかに影響するのだという認識を深めている。

一方、一家にとってより重大で直接的な事情は、父ウィリアムの具合が悪化して入院を余儀なくされていたということである。病気の詳細は明らかではないが、クララは「脳の病気」と書いている（七月二日）。ウィリアムは、クララの二二回目の誕生日にあたる一八八二年八月三〇日に世を去った。その三日前に父を病院に見舞ったクララは、衰弱し、すでに誰のこともわからない様子にショックを受け、これまでの人生で最大の悲しみであると書いている。九月一日にわずかの人数で父を埋葬しなければならなかったことも、厳しい経験であったに違いない。

しかしながら、クララはこれ以前に一度、七月二日に病院に顔を出した以外、ロンドンで「ほぼ前回の再現と言ってよい生活」を続けていたのも事実で、また七月下旬からの一ヵ月は、ウィリアムを除く一家はエディンバラに出かけ、すばらしいバカンスを過ごしている。その半ばで父の容態悪化の連絡を受けたときは、ウィリスだけが急遽ロンドンに戻った（八月九日）。このコントラストにはやや違和感を抱かざるをえないが、そもそもクララの日記にほとんどウィリアムが出てこないという事実にも表われている、彼の家族のなかでの立場に要因があるのか、入院患者に対する当時の一般的な姿勢なのか、または病気の性質と関係するのか、いくつかの推測は可能だが、関係する記述自体が日記のなかに見出せないため、判断は差し控えなければならない。

エディンバラにクララたちを招いたのは、東京で親しくホイットニー家に出入りしていたディクソンである。ディクソンは工部大学校での任期を終えて、クララたちと相前後して離日し、郷里に戻っていた。先にも触れたように、ディクソンとクララは、実際に交際したことはないにもかかわらず、東京在住の外国人たちのあいだで婚約の噂が立ったこともあり、傍から見て格好のカップルであったと思われるが、クララの日記を追跡するなかから想像できる限りで、少なくともディクソンのほうは、きわめて控えめな形ながらつねに、噂が本当になるきっかけを探っていたように見受けられる。クララもまたディクソンに対して通常以上の好意を持っていたのは間違いないと思われるのだが、たとえばかつて大久保三郎に憧れていた様子に比べると、むしろ真摯な気持ちであったゆえだろうか、自分のなかにその感情を見出すたび、あたかも道に外れたことのように打ち消し、日記のなかですら遠回しな表現に終始してきた。

二人にとっては最後のチャンスであったこの夏も、結局はそのまま過ぎ去り、ウィリアムを送ったホイットニー一家は、長くなりすぎたロンドンでの生活をたたみ、パリを経て、一〇月一日、マルセイユからフランス船シンド号に乗船。横浜に向かったのである。

一週間後には、先に抗争があったスエズ運河を通過した。とくに問題なく進行できたようだが、大変な状況であったことがよくわかったと、クララは日記に記している（一〇月七日）。紅海を抜け、インド洋上で眺めた美しい夕日はひときわ印象的だった（一〇月一八日）。セイロン島のコロンボに着くと、ヨーロッパから旅路をともにしてきた人々は多くが下船してしまい、船はすっかり寂しくなる（一〇月二六日）。さらに東をめざす人は限られており、自分がその一人であることをあらためて自覚し、かみしめるかのようである。

以前の日本滞在中、アンナとクララに英語を習うためにホイットニー家に出入りするようになり、二人に好かれて親交を築いた大山巌夫人、沢子が、去る八月に亡くなったという報を受け取ったのも、コロンボでのことであった（一〇月二六日）。寂しくなる、とクララは記す。再びの日本へ、遠路を一歩一歩近づいている――しかし、そこで会う人たちは必ずしも以前と同じままではないことを、大山沢子の永眠は彼女に実感させただろう。自分たちの立場も、以前とは変化している。クララは沢子を悼むと同時に、沢子がすでにキリストの福音を知っていたことは自分の喜びである、彼女は亡くなる前に信仰を受け入れたと思う、と書いている。

しかし、だんだん減っていく乗客のうち、実はマルセイユ出発からこの船の最終目的地である香港まで、ずっと行程をともにした数少ない人々のなかに、日本人男性ばかりの興味深い一団がいた。中心人物は、「わが徳川さん」つまり家達と同じ姓を持ち、その「従兄」と名乗ったという快活な青年である。フランス語が達者であったが英語はできないので、クララとは日本語で話し、他のフランス人客が会話に加わるときには彼が通訳を、一方英語の通訳はクララが引き受けたという（一〇月七日）。

まことに残念なことにこれ以上の詳細が記されておらず、あくまで推測だが、一八七九年からフランスに留学していた徳川篤敬――幕政時代最後の水戸藩主徳川慶篤の実子であり、慶篤の弟で最後の将軍となった慶喜の甥、ひいては徳川宗家を継ぐために慶喜の継子に迎えられた家達の「従兄」ということになる――の可能性が高いのではないだろうか。筆者が探索し得た限りで、篤敬についてはフランスから帰国後、一八八三年には徳川昭武（慶篤、慶喜の弟）から家督を譲られて水戸徳川家の当主となったことが知られているが、[12] 帰国時期はこれまで明らかにされてこなかったようである。

この人物に付き従う人々のなかでも、クララは二人を特筆している。一人は富田鐵之助の友人であり、いま一人はウィリスが東京大学医学部に通っていたときの同級生だったという。一〇月九日の日記には、船中のサロンで彼らと「日本のお茶会」を催したという記述がある。原文はJapanese tea-partyで、これがいわゆる茶の湯の会であったのか、一般的な日本茶でひとときを過ごしたものかは判断しきれないが、いずれにしても、その日の必ずしも長くない日記は「すばらしい会話を楽しんだ」「本当に楽しかった」といった表現にあふれており、この日に限らず常時親しく交流したようである。一一月に入って香港で船を乗り換えたのち、横浜に向かう最後の航路は別々であったので、クララたちは別れを惜しみ、宿泊先のホテルでささやかな一席を設け、彼らをもてなした。

航海の終盤に差し掛かったシンガポール以降の日記は、クララ自身の言によれば多忙と船酔いのためにごく散発的になり、「いちばんおもしろいところを」書き残すことができなかったのだという。右の「お別れ会」についても、すでに東京に到着したのちの一一月二〇日、なんとか忘れないうちにという体で、多くのことを一度に振り返って記したなかに書き留められている。この日本人の一行の存在、とりわけ「徳川」氏と、おそらくはひさびさに本格的に日本語で会話を重ねた船中での毎日は、彼女を一気に日本での生活に引き戻したのではなかろうか。

横浜では、高木三郎が出迎えた。高木は、かつて富田鐵之助とともに勝海舟の長男小鹿に付いてアメリカに留学し、引き続き在米でサンフランシスコ領事などを務めていた人物だが、帰国してクララたちとも親しく交流するようになるのは、彼女らの先の日本滞在の最後のほうからである。あたかもそのころロンドンに出た富田と交代した感があるが、その後、ずっとやりとりがあったのだろう、クララは彼の存在を、「航海中私たちの守護神のように思っ」ていたという。

この日は横浜の高木の自邸――高木はこの一年前に外務省を辞め、横浜に商社を設立したところだった(13)――に招かれて休息をとったのち、そのまま鉄道で東京に向かったらしい。このあたりからは、勝手知ったる様子である。「かくてエホバは、かれらを望むところの湊にみちびき給う」という聖句が胸に宿ったというその日を、クララは一八八二年一一月二五日の日記で振り返っているのだが(14)、東京着を二一日と記しているのは、慌ただしい日々のなかでの誤りと思われる。彼女らが到着当夜に挨拶にきたことを書き残している勝海舟日記によれば、それは一一月一九日であり(15)、他のさまざまな件とともに順序立てて書かれている様子からは、勝のほうが間違っているとは考えられないからである。

東京では半月ほど宣教師ウォデル邸に世話になったのち、元の勝屋敷内の家に入った。ここでは家の増築を始めてくれていて、まだそれが完成しないうちに移ってきたのである。慌ただしい年末年始のの ち、クララが引っ越し後初めて日記帳を広げるのは一八八三年一月九日のことで、その日に始まり、ほとんど書くたびごとに、勝家の人々の親切、家族の一員として扱ってくれるあたたかさへの感激が記されている。勝家からは結婚した逸子がいなくなったが、入れ替わるように長男小鹿の「若奥様」がいて、クララと大変気が合ったようである。むろん、逸子も頻繁に実家、そしてクララを訪れてきている。そして、この一月九日の日記にある次の数行は、ぜひ紹介しておかねばなるまい。

……もっともうれしいのは梅太郎の変わりようである。祝福あれ、若者。彼は一九歳の大柄な若者に成長し、物腰も控え目で落ち着いているが、何よりすばらしいのは、すっかり心が変わったことである。まったく信心深いクリスチャンになったのである。それはいろいろな振る舞いに表われている。……よい青年で私たちは彼を誇りに思う。……

クララが梅太郎と結ばれるのは、ここから三年後のことである。

しかし、越してきてほどなく、それまでもけっして丈夫とは言えなかった母アンナが本格的に体調を崩したこともあって、クララの生活はすぐにかつてのような日常に戻ることが叶わないまま、ほとんど勝家内に閉ざされていたように見受けられる。四月一七日、ついにアンナが他界。母との心理的な距離がきわめて近かったと思われるクララにとって、この経験は非常に深刻なものであった。激しい悲しみと、同時に周囲からの多くの優しさと励ましに包まれて母の最期を看取ったときの様子は、クララの四月三〇日の長い日記に、心身を絞るようにして書かれている。

クララは明確な日付を記していないが、勝海舟の日記から四月一九日であったことがわかるアンナの葬儀は、多くの重要人物を含め、旧来の知人たち数百人が参列する盛大なものになった。前日、勝海舟のもとには逸子の夫である目賀田種太郎、先にロンドンから戻っていた富田鐵之助、そして津田仙、滝村小太郎などが出入りしており、なかでも津田に対して、勝は「明日葬送の事万事厚く世話いたし遣わ」すよう指示を与えたらしい(16)。また、式のために屋根のついた馬車を貸与してくれたのは、イギリス公使ハリー・パークスであったという。もともとアンナと近しかった女性たちは、やってきてクララを抱きしめ、ともに泣き崩れたが、彼女に最も力を与えたと思われるのは、つねに冷静であったという勝海舟夫人の言葉だった。クララ自身が丁寧に書き留めたとおり、ここに記しておくことにしたい。

神の思し召しなのですよ、ですからあなたは悲しみに負けてはいけません。あなたの涙でお母様を生き返らすことはできません。お母様はもうなんの苦痛もなく、今は幸せです。さあ元気を出して、お兄様や妹さんのためにお生きなさい。集会や学校の仕事をお続けなさい。そしてこの国で、あなたのお母様がなさっていた役を引き継いでください。悲しいときは私たちのところへいらっしゃい、いっしょに泣きましょう、そしてあなたが幸せな時はいっしょに笑いましょう。さあ勇気をお出しなさい。そしてお母様を手本になさい。これから先の長い年月のことは考えず、今日という日以外はないと思ってただ毎日をお過ごしなさい。(四月三〇日)

その後、五月の半ばごろから、彼女は少しずつ、キリスト教関係の集会などを中心に外出するようになった。が、ようやく以前のペースを取り戻し、社交に忙しい日々を送りだしたように見えるのは、この年一一月一九日の日記に、「日本に着いてからちょうど一年……私はもっと規則正しく書かねばならないのだが母を失って、野心も全部なくしてしまった」と、どん底の心境を書いてからのことである。

翌二〇日の日記には、兄ウィリスが無料の施療院を始め、さらには母を記念する病院の建設をめざしていること、[17]一方、妹のアディもすっかり成長し、いまやロンドン聖書連合の日本支部を結成する中心人物として活躍していることを、誇らし気な様子で記している。自身の夢についてはとくに何も書いていないのだが、兄妹三人で揃って横浜へ出かけたこと、またその前の午前中には、自分の現在の生徒と連れ立って逸子の嫁ぎ先へ遊びに行き、そこから一緒に銀座に出て買い物をしたことなどを、ひさびさに屈託のない、元気な筆致で書き留めている。

女性たち

そのころ、クララが出会い、親しくなったのが、かの「最初の女子留学生」のなかでも、日本で初めて正式な学士号（ヴァッサー・カレッジ）を取得して帰国した、山川捨松だった。ただしクララの書きぶりからは、捨松を知ったのはあくまで陸軍卿大山巌の新夫人としてであったようである。捨松が大山と結婚したのは一八八三年一一月八日、[18]日記に捨松が現れる最初は、一二月七日。しかしこの段階で、山川捨松さんと旧姓で書いているところを見ると、紹介されたときは結婚前だったのだろう。

昨夏亡くなった大山の先妻沢子が、もともとは金沢時代のウィリスが大山に気に入られた縁でホイットニー家に英語を習いにくるようになったことには、先の章で触れた。クララが捨松と知り合ったのはどのようなきっかけによるものか、残念ながら直接のところはわからない。ただ、沢子亡き後、クララたちが二度目に日本にやってきたばかりで、まだアンナも存命であったとき、大山から長女信子に英語を教えてほしいという依頼があったというから（一八八三年一月九日）、その年のうちに大山家に嫁し、信子の母ともなった捨松と出会ったのは、自然な成り行きであったのだろう。

他方、クララは、在米中から知己を得ていた津田梅子とも親しく交際を続けていたことが、日記からわかる（一八八三年一二月七日、一八八四年七月）。とりわけ右のように捨松が登場する一八八三年一二月七日の日記には、別の時間帯に梅子も現れ、クララの新しい生活を彩っていく女性たちとの交友関係が、とりわけ鮮やかに映し出されている。

実に、梅子と捨松がサンフランシスコ発のアラビック号から連れ立って横浜港に降り立ったのは、クララたちが着いた翌日、一八八二年一一月二〇日のことであった[19]。クララは八二年の夏をエディンバラで過ごしていたとき、梅子から手紙を受け取り、彼女が一〇月にはアメリカを発って帰国することになったのを承知してはいたが（一八八二年八月一〇日）、これほど近接したタイミングで横浜の地を踏んだことを、その時点では知らなかったであろう。

津田塾大学図書館所蔵の梅子の英文書簡を網羅的に調査したバーバラ・ローズによると、梅子は帰国後なかなか日本の生活になじめず、捨松や、一足先に帰国した前出の永井繁子（結婚して瓜生繁子）と行き来するほかは、日本人だけでなく在留外国人たちとの交際も難儀で孤独を味わっていたが、外国人ではクララが唯一、友だちと言える存在であった。ところが、その一方で実はクララの熱烈な信仰心に辟

図13−1　大山捨松
写真提供：会津武家屋敷

易していることを、アメリカでの育ての親であるランマン夫妻に手紙で打ち明けていたという[20]。

ここからは、仕事で日本に渡る父に従ってきた一回目とは異なり、宗教面での自身の目的を確立して再来日したクララのありようを、本人の日記とはまた異なる角度からうかがい知ることができる。母を亡くしてからのクララはよりいっそう、梅子の指摘している傾向を強めていたのではないか。

しかし、あとから知り合った捨松との間には――捨松の側の評価は確認できないので公平な比較とは言えないが――そうした溝があったようには思われず、ここで取り上げている一八八三年一二月七日にも、クララが永田町の大山邸を訪問すると、捨松は彼女を自室に招き入れ、二人で二、三時間もおしゃべりを楽しんだらしい。さまざまな雑談に興じたなかでも、二人がとくに熱を入れて話したのは、「日本における飲酒の害について」、そして「日本文学について」であった。クララから見て「悩める少女」であったろう梅子と違い、捨松は一八六〇年生まれでクララと同い年でもあり、ホイットニー家が日本の上流社会との間に築いた独特の関係に見合う「大山将軍の夫人」という立場で登場したこともあって、ごく自然な友人関係が成立したように見える。

クララはその日の日記に、「日本の婦人たちの間に、よい文学を紹介するために何かしたいが、もしそれが不可能なら、誰かにそれをするようにすすめることが私の願いなのである」と書く。日本語の会話には不自由しなかったが読み書きが完全にできたとは思えないクララと、少女時代の一一年間をアメリカで育ち、日本語を完全に忘れてしまわないよう努力してきたとはいえ、結婚にあたって特訓を受ける必要があったという捨松は、[21]いずれも日本文学の知識にあふれていたとは思えない。が、クララは学校こそ出ていないが母親に読書の習慣をつけられ、自身でも書くことが好きであったし、[22]捨松もまた、留学帰りの仲間を募ってシェークスピア劇を上演するような才の持ち主であったから、[23]（英語）文学に育まれたそれぞれの経験に基づいて、日本人の女性たちにも同様のチャンスをと願う点では、お互いに共感できたのであろう。

図13-２　津田梅子
津田塾大学津田梅子資料室所蔵

そして同じ日の午後には、梅子を含め、何人もの女性たちが続々と勝屋敷内のホイットニー家を訪れ、「お茶とケーキとオレンジゼリー」をいただきながらおしゃべりをしたり、手芸をしたりして過ごしている。ずいぶんおおぜいが集ったようだが、日記に名前が残っているのは「吉原夫人」「お逸さん」「小鹿島夫人」「梅さん」「琴さん」「前田嬢」「おしなさん」で、これらの人々がいるところへたまたま「フェノロサ夫人」と「テリー夫人」

も立ち寄ったという。

「吉原夫人」とは、前年に創設された日本銀行の初代総裁、吉原重俊の妻である。薩摩藩出身で、森有礼たちよりも一年遅れて正規に英米両国へ留学したなかの一人であり[24]、クララがこの一家と知り合った具体的な経緯はわからないが、住まいがごく近所であったといい、クララはこの二週間ほど前に、吉原夫妻の娘の誕生祝いに招かれて出席している（一八八三年一一月二四日）。

「お逸さん」は説明するまでもない。「小鹿島夫人」は、本書では第一〇章で言及した、ホイットニー家に英語を習いにきた初期の生徒の一人、渡辺筆子、そしてのちの石井筆子のことである。「梅さん」の次の「琴さん」は梅子の姉。「前田嬢」は在釜山総領事前田献吉の娘で、半年ほど前からクララのところへ英語を習いにくるようになっていた（一八八三年六月一九日）。「おしなさん」は残念ながらわからない。

加えて、「フェノロサ夫人」は言わずと知れた美術史家アーネスト・フェノロサの妻であり、ホイットニー家とは一時帰国以前から付き合いがある。「テリー夫人」は、東大で法学を教えていた御雇外国人、ヘンリー・テリーの妻であろうか。

クララを囲んで午後の時間をともにした日本人の女性たちは、「とても楽しゅうございました、来週もきっと参ります」と言って帰ったといい、その様子からは、これが単なる社交のためのお茶会ではなく、おそらくはクララが女性たちの知的な交歓を意図して計画した定期的な懇話会であって、どうやらこの日が初回であったように受け取れる。クララの日記は、彼女が母の死というショックから立ち直ったのちも、結果としては引き続き散発的になっていくため、この試みが回を重ねる様子を追跡することは叶わないが、少なくとも翌年四月の時点では、金曜日に「一二時頃集まって夕方まで仕事をしたり、読書やおしゃべりを」したり、「時には習慣や家庭管理について」議論したりもするという「とても楽しい行事」が続いているのを確認することができる（一八八四年四月一七日）。

クララはこの一二月七日の日記に、「祖国の婦人たちのためになることを何かするよう」、「津田梅子さんや大山夫人のような、現在高い地位にある若い人たち」に仕向けたい、そうすれば「私は自分がそれをしたのと同じようにうれしく思うだろう」と書く。その日の午後に始められた会は、彼女が思い描く、いわば草の根からの啓蒙活動を、一つの形にしたものだったのではないか。

しかし、捨松を筆頭に留学帰りの女性たちが、もとよりクララに促されるまでもなく、日本社会の変革のために役立ちたいという意欲に燃えていたことは言うまでもない。だからこそ、すでに多くの先行研究が述べてきたように、一〇年を超える留学期間を経てその知識や経験を十分に期待され、国づくりの場で然るべき仕事を与えられて活躍する日々を思い描いて帰国した捨松や梅子は、なんら女性活用の場を整えていなかった政府の対応に驚き、時間が無為に流れるなかで焦燥に駆られる日々を送ってもいたのである。その点については、クララの洞察はやや甘い。

クララと出会った時期の捨松は、その煩悶を一つ乗り越え、政府高官の妻という社会的地位を得ることで自らの活躍の可能性を開くという方向へ、いわば腹を据えたところだったと言うことができる。彼女が結婚を選んだために、その「意欲と実行力を完全なかたちで社会の場で発揮する」ことができなかったという見方ももちろんできるが[25]、次章にも表れる彼女の社会変革努力を可能にしたのはこの地位にほかならず、帰国したばかりの日本社会の現実を見通してこうした道をとったこともまた、その慧眼を証しているのではないか。むろん、捨松がそのような計算のためだけに大山の妻になったのではないこと、二人が仲の良い夫妻であったことは先行研究からも知られるところであって[26]、この結婚を彼女のキャリア形成の角度からのみ評価するのは大いに誤りであるのだが。

一方、捨松よりも年下で高校卒業とともに帰国した梅子が、悩んだ末に再留学を果たし、捨松の協力も得ながら女子教育の先駆者と呼ばれるようになっていったことは周知のとおりである[27]。最初の帰国から一年のうちには、紹介を受けて短期間、英語教師の仕事をしたこともあったが、先行きはまったく見えなかった。そうしたなかでたまたま伊藤博文――岩倉使節団の一員として渡米時の幼い梅子を知っていた――と再会、当面その家に住み込んで夫人と子どもの家庭教師をすることになったのが一八八三年一二月とされており、先に見た一二月七日のクララの懇話会は、伊藤家への転居に前後する時期だったことになる。この伊藤との縁によって、梅子は一八八九年からの再留学以前、八五年から、華族女学校で教職に就いたのだった[28]。

意欲と失望、夢と悩みを抱えながら、しかしたしかに、新しい女性たちが登場しつつある。捨松や梅子のような、文字どおりのひと握りながら、その先端を行く人材もあれば、彼女たちと同席しつつ、ゆるやかに自分を変えていく逸子のような人もいる。いずれにしても、いまここにいるのは、梅子らが教師として育てる世代が社会に登場してくる前の、正真証明の第一世代――自身は江戸時代の終わりに生を受けて、明治維新とそれに引き続く社会実験とともにその人生を歩んだ女性たち――である。

クララはいまや、御雇外国人の娘でもなく、社会全体から見れば小さな存在であったには違いない。しかし、これらの女性たちだけではなおつくり出すことが難しかったであろう交流や学びのきっかけをもたらし、触媒として果たしたその役割はけっして無視できないように思われる。梅子に疎まれてもいたように、彼女の二度目の滞日生活においては信仰の側面が強まった一方、自身が少女から大人の女性に成長し、日本の同世代の女性たちとの交際が広がったのみならず、彼女らに積極的にかかわるようになっていったのも、この時期の特徴である。それゆえにこそ、だんだん間の空くようになる彼女の日記には、明治の若い女性たちが、他では得がたいいきいきとした表情を伴って現れる。この人々を抜きにして文明開化を語ることはできないということも、そこからははっきりとわかるのである。

第一四章　天皇陛下の観桜会〈一八八四（明治一七）年四月二五日〉

輝ける一日

明くる年の春。クララが日本で過ごした長い年月のなかでも、おそらく最も誇りに満ちた、すばらしい一日が、この日だったのではないかと思われる。一八八四年四月二五日の日記――。

今日初めて日本の天皇様にお目にかかった。天皇陛下が外交団と日本の華族の方々をお浜御殿へ観桜と昼食に招待された。一時半に御殿に向けて出発し、ほどよい時間に到着して、化粧室に案内され、そこで待ちかまえていた宮廷に仕える三人の美しい女性が、私の毛皮のケープ、パラソル、手袋をあずかり、衣服にブラシをかけてくれた。……

クララは兄ウィリスとともに、アメリカ公使ビンガム夫妻の一行に加えられて、天皇主催の観桜会に招待を受けたのである。

私たちは池のほとりの木の下で打ち興じていた日本の地位の高い方々に加わり、そこで多くの高位の人々に紹介された。……清国公使、オーストリア公使、ハワイ公使、鍋島公そのほかの方々、徳川様と随員の方にもお会いしたし、イギリスから帰国されたばかりの森夫人とも楽しいおしゃべりをした。森夫人は昔とちっとも変わらず美しい。輝く目に涙を浮かべ、深い感情を込めた声で母のことを話された。

クララが日本と関係を持って過ごしてきた日々の集大成のようであったこの日が、ほかでもない、亡くなった母アンナの誕生日であったことは、彼女をいっそう感激させたようである。この日のクララは、母とロンドンで買った――そのときは使い道がなさそうであったのに、「日本で園遊会に行くようなこと」があるかもしれないからと母が勧めてくれた――ドレスを着て出席していた。

天皇皇后両陛下が登場したのは一時間ほども雑談に興じたあとのことで、招待客らが呼ばれ、整列したところへ行列が現れた。軍服姿の天皇が先頭に立っていたという。天皇が各国公使とその夫人に声をかけ、握手をして通り過ぎると、その後に皇后と女官たちが続いた。

すばらしい光景であった。堂々とした陛下のお姿、宮廷の婦人たちの華やかな衣装、外国公使夫人方の目立つ軽やかなパリ仕立の洋服、館員夫人たちのねずみ色や山鳩色の比較的地味な衣装、清国公使館の人々の鮮やかな絵のような服装――そのすべては私の心に決して忘れ得ぬ印象を残した。

クララが明治天皇を見るのは、初めてではない。七年前の内国勧業博覧会閉会式で、触れるほどの距離を通り過ぎ、式典に臨む天皇を目の当たりにした。その二年後、グラント大統領来日時に行われた天覧演武でも、遠くにその姿を仰いだはずである。しかしここでは、見物の一人ではなく、招待客として列席し、特別に設けられた天幕のなかに入って午餐の饗応にもあずかった。クララはビンガム夫妻とともに天幕の入り口近くに立っていたので、先頭で入っていく天皇に向かってその場でお辞儀をしたという。昼食は、クララの記述からはいわゆる立食パーティー形式であったことが読み取れる。

天皇についてクララは、「想像していたより、ずっとご立派」であったと言い、「背丈は約五フィート八インチ（引用者注・一七〇センチ程度）か、多分もう少し低いかもしれ」ず、「明るいオリーブ色でやや重厚な」顔立ちに「小さい山羊ひげと口ひげが」あって、「快活で温和な表情」であったと、彼女らしい率直な描写を日記に残している。「口ひげを残してあとはきれいに剃っておられ」た七年前と少しスタイルが変わったことがわかるが、表情や顔色までが観察できたのは、今回の親密な環境ならではだろう。天皇は各国公使たちの挨拶を受けると「優雅に頭を下げ、微笑され」たという。

皇后は、「とても小さく、きゃしゃで、高貴な貴族的顔立ちと、豊かな下唇をお持ち」であり、「儀式の時の慣例に従って厚化粧をされ、御髪は独特の平たい宮廷様式で、油を十分つけ、束ねてうしろに下げておられた」。こちらも、内国勧業博のときに比べて距離がぐっと縮まっている。クララは、皇后についても衣装にも興味津々の目を向け、「美しい錦の長着」の「外側はたくさんの豪華な模様のついた濃い美しい水色の緞子」であったこと、「緋袴」に「真っ白な内着を召され」、「靴をはいて」いたことを記録に留めた。

　第六章で触れたように、一八八七年の「婦女服制の思召書」に先立って、皇后が洋装で公の行事に出るようになるのはその前年から。ここで見ている一八八四年の観桜会の日には、まだ七年前と同様、洋装の天皇に和装の皇后という組み合わせであった。ただ、クララによれば皇后は「豪華な刺繍と深い縁飾りがある美しいフランス式パラソル」を手にしていたという。これは必ずしも政策的なものではなく、本人の好みであったろうか。

　この日のことは『明治天皇紀』の明治一七年四月二五日条に、「濱離宮に於て観櫻會の御催あり、皇族・大臣・參議・勅任官・麝香間祗候及び其の妻、各國交際官・領事及び在留各國軍艦長・乗組士官其の他外國貴賓竝びに其の妻を召したまふ、天皇、皇后と列を同じくして行幸あらせられ、諸員に謁を賜ひ、中島・燕及び松各御茶屋に於て立食の宴を賜ふ」として現れる[1]。観桜会とは、この三年前、一八八一年に始められた、天皇主催の社交行事であった。前年一一月には同じ趣旨の観菊会がスタートしており、双方を併せて、今日も春と秋に赤坂御苑で開催されている園遊会の前身にほかならない。

　観桜会ははじめ吹上御苑で行われたが、クララが出席した三回目から浜離宮に変更され（一九一七〔大正六〕年から新宿御苑）、観菊会のほうは、一九二九（昭和四）年に新宿御苑に移るまでずっと赤坂仮皇居（離宮）が会場であった。これらは、外務卿井上馨が自ら発案し、不平等条約改正の「側面工作トシテ外人ヲシテ欧洲文明ノ我国ニ瀰漫セルヲ知ラシムル」ために、実行に移されたものである[2]。

　二つの行事の沿革については川上寿代による詳細な研究があり[3]、それに頼るなら、下敷きとなったのはイギリス王室のガーデンパーティーであった。井上はこれに先立つ外遊の折、欧州各国では王室、皇室が社交の中心を担っていることを知り、とりわけイギリスの例に注目して、日本の皇室にもぜひ同様の役割を担ってもらいたいとの強い意向を持つようになったという。ちなみにイギリスでも、ガーデンパーティーが始まったのは、ヴィクトリア女王のもと、一八六〇年代からのことで、必ずしも長い伝統があったわけではないのだが。井上は外務卿に就任すると、在イギリス公使館に勤務経験があり、現地の礼式に明るい外務省員を二人、宮内省に異動させ、皇室外交の導入を図ったのである。

その一人であった長崎省吾という人物の後日の談話が、同じ川上の著作に紹介されている。長崎の証言するところによれば、天皇が「内外人を多数召サレテ」行うという前例のない催しにあたっては、天皇の「御動作」、つまり「陛下ハドウ云フ風ニ遊バスカ、何処デドウ遊バスカト云フコト」が大変な問題となり、とりわけ最初の観菊会の前には「下見聞トシテハ岩倉右大臣其他参議宮内卿、皆出ラレマシテ」、「余程重キヲ措イデ《ママ》研究セラレタ」という。国としての新しい試みの一歩一歩に、文字どおり全身全霊をかけて取り組んだ明治政府の人々の苦労が偲ばれるが、同時に明治天皇自身にとってこそ、大変な跳躍であったことを想像せねばなるまい。それにしては、クララの見たその姿は、四年目にしてすでにすっかりこなれた、余裕を感じさせるものであったと言えるのではないか。

クララが何気なく書いている天皇と外交関係者の「握手」も、ヴィクトリア女王の実践が背景にあり、また天皇が招待客らとともに立食形式の昼食に臨むことについても、同様にイギリス王室のガーデンパーティーが範となっていた。ただし、招待客が会場内のどこで天皇の入場を待ち、どのような手順で対面し、握手を賜るかといった礼式については、こののちも長く試行錯誤が重ねられ、多くの細かな変更を見る。その詳細についても川上の著作に譲るが、同書では、まさにクララの出席した一八八四年の観桜会について、宮内庁の「観桜会録」では握手の有無に言及がなく、他にも史料がないため確認不能とされている。が、この年もたしかに握手が行われていたことを、クララの日記が証してくれたことになる。

ところでクララの記録からは、天皇と皇后が、時間差をつけて人々の前に登場したことが明らかである。内国勧業博のときもそうであった。天皇は政治の要請を受けて観桜会の実施自体は受け入れたが、西洋風に皇后と並んで御苑内を歩くことは、自身の意思によって受け入れなかったのだという(4)。

鹿鳴館時代

さまざまな矛盾を抱えながらも、日本は幕末以来の新しい国際環境のなかで道を切り開く努力を続けている。観桜会と、それと対をなす観菊会とは、第一義的に外交上の戦略に基づく行事として始められたが、これらと同じ意図から生まれ、時代の代名詞ともなった社交場、鹿鳴館が東京・山下町（日比谷）に完成したのは、この前年、一八八三年のことであった。一一月二八日、井上馨外務卿の主催で盛大な開館式が行われた。

グラント将軍をはじめとする賓客の来日にあたり、宿泊施設の未整備が痛感されたことが鹿鳴館建設の背景にあったことは、先にも述べた。また完成後は、この欧風の豪奢な館で西洋式の夜会が重ねられたという事実から、それらの催しや、その器としての建物自体が欧化のシンボル的存在となり、政府ないし井上はこれをもって日本の文明化、国際化の度合いを形で示そうとしたとの見方がなされてきた。[5]

これに対して近年の李啓彰による研究は、鹿鳴館の建設過程をつぶさに検証し直すなかから、そうした華やかな催しの舞台、また賓客の接遇所としての機能よりも、欧州に見られる会員制クラブの形成をめざしたものとしての同館の性格に光を当てており、興味深く、かつ妥当と考えられる。[6] 鹿鳴館完成の翌年、つまりここで見ている観桜会の年に発足し、今日も日本を代表する会員制社交クラブとして存続する東京倶楽部（東京・六本木、現名誉総裁・常陸宮正仁親王殿下）は、その沿革として「不平等条約の改正という重大な国際問題に直面し」、「時の外務大臣井上馨卿等が英国に範をとったジェントルマンズ・クラブとして……設立を発案」したものであり、「設立当初、鹿鳴館に同居して」いたことを公表しているが、[7] 李は外務省史料等をもとに、これこそがもともと鹿鳴館本体についての井上の構想であったことを明らかにしている。

国内における社交クラブの先行例としては、福沢諭吉の提唱で一八八〇年に設立され、これも現存する交詢社（東京・銀座、現理事長・安西祐一郎慶應義塾大学名誉教授）があり、当時すでに活動を開始していたが、自ずと慶應義塾の同窓会としての色合いが濃く、実業家や官僚など各界職業人の交流から、のちに政治結社的活動へも移行していく要素を持っていた。[8] それとは異なり、井上の場合、何よりも国際的な交流の場を志向したことは容易に想像できる。現実には、設立後の維持・運営費にも一部、クラブ会員の会費をあてるという「官民共同」の構想が大蔵省の反対に遭い、結果として、官立の鹿鳴館とは別立てで、会員制の東京倶楽部が生み出されることになった(9)。

むろん、ジェントルマンズ・クラブという組織の導入自体、欧化の一環にほかなるまい。が、ここには、その創設をもって文明化の主張とするという表層的な発想よりも、日本人と外国人の交際を中心に上流階級の日常的な知的交歓の機会を増やし、相互理解のレベルを向上させることで条約改正を「望ましい方向へ導く(10)」という、究極の外交目的に照らしてむしろ迂遠ながら、実質的でまっとうな展望が見出せる。こうした性格において、この鹿鳴館／東京倶楽部と、井上自身が条約改正交渉の「側面工作」と明言したという観桜会、観菊会とは、「鹿鳴館外交」と称される努力のいわば両輪であったと見なしうるのではないだろうか(11)。

さて、観桜会への招待の栄に浴したクララは、鹿鳴館にも出入りするようになる。ここでは、彼女が足を運んだ、右のような社交とは少し異なった行事に目を留めておきたい。開場から約半年が過ぎた一八八四年六月、クララの日記では「七月」という見出しのもと、過去二ヵ月ほどの出来事をまとめて振り返っているなかに、鹿鳴館で開催された「バザー」の模様と、そこへヘップバーン夫人と連れ立って足を運んだことが書き残されている。

「日本の婦人方は品物を売って、総額一万円の純益をあげた」、「この珍しい催しの大成功を大変うれしく思った」と彼女が記すこの催事は、ほかでもない大山捨松が発案し、一八八四年六月一二～一四日の三日間にわたって行われた、日本初とされるバザーのことに相違ない。『朝日新聞』（一八八四年六月二〇日）では「婦人慈善會」、『読売新聞』（六月一四日）では「レヂスフエヤ」（レディーズ・フェア）と表現されている。

陸軍卿夫人となった捨松は、あるとき政府高官の夫人らと有志共立東京病院（現・東京慈恵会医科大学附属病院）を視察する機会を持ったが、看護婦が一人もおらず男性が病院の世話をしているのを目の当たりにして驚き、院長にこの点を質した。[12] 捨松はアメリカで大学卒業後、帰国までの時間を活用して看護学を学んだという背景もあって、看護の問題には高い意識を持っていたことが知られている。[13] なお、この点にクララ日記が語るところを付け加えるなら、前章で取り上げた一八八三年一二月七日のクララと捨松の会話からは、捨松が当時、本来は医師になりたいという気持ちを持ちながら、周囲の賛同を得られず、おそらくはそれに代わるものとして看護学のコースを受講したことが推測されるのである。

さて一方、ここで捨松に対応した院長とは、薩摩藩出身で元海軍付の医師であった高木兼寛である。イギリス留学経験もあり、しかもその留学先は、かのフローレンス・ナイチンゲールが在籍して看護婦養成システムの整備に奔走していたセント・トーマス病院であって、高木自身その医療思想に強く共感していた。したがって、もとより彼も専門性を持った看護婦の必要を十分に認識していたのだが、資金不足からとても手が回らないと正直に答えたのである。[14]

捨松が自身の手で資金を集めることを思い立ったのはここからで、政府要人の夫人らに声をかけ、手芸品などを会場に持ち寄って自ら売り捌き、その利益を社会的な用に役立てるという、日本ではまだまったく知られていなかったバザーの実施を提案したのだった。しかも、人々の耳目を集めるに違いない、開館なったばかりの鹿鳴館で。

捨松の子孫で評伝の著者である久野明子は、これについて興味深い指摘をしている。捨松が高校生活を送ったニュー・ヘイヴンの町には、地元の名士で構成される「ヒルハウス・ソサエティ」なる集まりがあり、とりわけこのなかに「アワー・ソサエティ」（私たちの会）と名づけられた女性だけの会があって、貧困層の女性や子どもへの支援を目的に、寄付金集めを含むさまざまな福祉活動に従事していた。捨松がホスト・ファミリーとともにこの活動に参加していたことが、バザーの発想につながったというのである。[15]

結果としてバザーは、自ら会頭を務めた捨松以下、六月一〇日付の『読売新聞』によるなら、[16]その呼びかけに応えて伊藤博文（宮内卿）、井上馨（外務卿）、森有礼（文部省御用掛／前駐英公使）の夫人が副会頭を引き受け、そのほか西郷従道（農商務卿）、大木喬任（文部卿）、川村純義（海軍卿）、松方正義（大蔵卿）、鍋島直大（式部頭／元駐伊公使）、前田献吉（前釜山港総領事）、長岡護美（元駐蘭公使）らの夫人が委員に、名誉委員には山縣有朋（内務卿）、山尾庸三（前工部卿）、寺島宗則（元駐英公使）、榎本武揚（元駐露公使）、吉田清成（元駐米公使）、芳川顕正（東京府知事）の夫人が名を連ねて準備が進められ、総長に左大臣・有栖川熾仁親王妃、副総長に同威仁親王妃を迎えるという錚々たる顔ぶれで実施の運びとなった。津田梅子も「書記」役で実行部隊に加わっていたようである。

五月末日には鹿鳴館で、バザーの参加希望者を対象に、それ自体盛大な説明会が行われた様子であり、それを報じる翌日付の『読売新聞』記事は、当時この試みが説明された文脈をよく伝えているので、ここに全文を紹介しておきたい。

○慈善會　此ほど大山參議の奥方伊藤井上両參議の令嬢其他二三名の婦人の發起にて一の救貧会社の如きものを設け銘々手藝にて製し出せしものを一つに陳列し其を販賣した利益を以て救貧の資用に充るといふの法にて昨日午後一時より貴顯紳士の令閨令嬢百名ほど鹿鳴館へ集會して其の手續き等を打合されしといふが是れハ西洋各國に在るバザーといふ慈善の法にて市を設けて貴人高位の妻女等が其手にて製せし織物なり糸物なり其他種々の物を陳列して衆人の購買に供し其の利益を以て仁慈の事に用ふるなれバ此の市に入る事を得る者ハよしや其物品の他に比べて直の高きも更に厭はず勇みて之を求むるものなれバ市の販賣方中々捗々しく多くの品も忽ちに賣盡す由往時亞米利加南北戦争の時に方り北部にてハ兵士の死傷者を吊慰する爲めにとて盛大なるバザーを開きたる事あり近くハ英國當女帝の皇女にも御手づから製し玉ひし茶をバザーに出されしに一斤五圓の高價あるも忽ちに賣捌けりといふ

貴婦人たちが直接出店するという珍しさもあり、結果として入場切符は一万四〇〇〇枚が売れて会場は大賑わいとなり、約八〇〇〇円の収益──クララの聞き書きよりは少なめだが──を上げて、[17]バザーは大成功のうちに終わった。そもそも来場したのは皇族や政府高官など、係の女性たちの夫や父親など関係者がほとんどで、「三尺帯の職人風やヘコ帯の書生風ハ一人も無」[18]いという、これ自体、上流階級

図14−1　鹿鳴館でのバザー風景
「鹿鳴館貴婦人慈善会図」1884年、橋本周延画。江戸東京博物館所蔵
Image：東京都歴史文化財団イメージアーカイブ

の社交の場にほかならない。彼らはあちこちでつかまっては、果たして使うことがあるのかどうかわからない品物を手に取り、お金を払って歩いたものではあろう。

クララもまた、「ほとんどすべてのテーブルで……係の日本の婦人方の中に親しい顔を見かけた」と言い、目的が目的であるから「価格はもちろんおかしいほど高く、「だまされたとこぼしている人も多かった」が、「全体としては楽しい行事」だったと感想を述べている（一八八四年七月）。休憩所では「受持の貴婦人令嬢が周旋して來賓に茶菓子レモン等を差し出」してくれたというのだから[19]、実際、その日の鹿鳴館はつねの社交行事ともまた違った、浮き浮きとした雰囲気に包まれていたに相違ない。

そして、バザーの収益金が有志共立東京病院に寄付されると、当初の問題意識に従い、高木兼寛はその年のうちに、アメリカでナイチンゲール式の教育を受けた宣教看護婦メアリー・リード（Mary E. Reade）を招いて教育法の検討を開始、翌年、初めての看護見習い生一三名を採用、看護婦教育所（現・慈恵看護専門学校）が開設されたのである。その翌年の一八八六年一月には教育所の建物が完成して、日本で初めて二年制の課程をもった正式な看護教育がスタートした[20]。

欧米においても、世上に知られたセント・トーマスでのナイチンゲールの活動を中心に、専門的な看護職の確立に向けた運動が展開されたのは一八六〇年代以降のことであって[21]、その灯はこうしてほぼ同時代に、日本にも移植されたことになる。これもまた、捨松という才能にも恵まれての、鹿鳴館の落とし子の一つと言えようか。この空間で、女性たちが夜な夜なの舞踏会の花にとどまらず、こうして新しい経験を積んだこともまた、特筆に値しよう。

極端なきらびやかさと、一方で井上馨の条約改正交渉失敗とともに消えゆくあだ花のイメージによって語られることの多い鹿鳴館だが、その象徴する時代を漕ぎ進めていたのは、社会の各所で生きる人々の懸命の努力であった。それ自体はいつの世にも変わらぬことながら、とりわけここで見ている一八八〇年代の半ばとは、観桜会をはじめ、右でわずかに触れた看護教育など、近代化の過程で始められ、今日につながる社会制度や慣習が目に見える形を表し始めた、明治における最初の実りのときであったと言うことができそうである。

明治一七年の日本を生きる

　このとき以降、クララが鹿鳴館を再び訪れたのは、同年一一月三日の晩であった。鹿鳴館で催された天長節（天皇誕生日）の舞踏会に、やはりビンガム公使の一行に加わり、ウィリスと連れ立って出席したのである。このときは、新駐米日本公使として出発していったばかりの九鬼隆一の夫人から贈られた錦でドレスを仕立て、着用したという（一八八四年一一月一二日）。クララはこの年の夏、紹介を受けて九鬼夫人の洋装の調達全般を手伝うことになり、夫妻と直接に多くの時間をともにしながら忙しく過ごしていたのだった（一八八四年七月）。

　一八七三年以来、天長節の一一月三日には毎年、宮中で日中に祭典が催され、その次第の内には御前での昼餐が含まれていた。限られた政府要人や高級官僚に加え、一八八一年以降は各国駐在公使が招かれるようになったこの皇室行事――一月五日に祝う新年節、二月一一日の紀元節と併せ、「三大節賜宴」と称された――とは別に、同じ日の夜、別会場で盛大な晩餐会が開かれるのが慣例となっており[22]、クララが参加したのはこの部分である。一八八四年は、これが初めて鹿鳴館で行われた年でもあった。

　同年一一月五日の『読売新聞』によれば、三日当日、各国公使と政府高官らは宮中の行事を終えると、夕刻、まずは井上外務卿の官舎へ正餐に招かれ、それから鹿鳴館へ移動して夜会に加わったのだという。まさに丸一日をかけての祭典であった。夜会へは観桜会・観菊会同様、各招待客の夫人や娘も同道することになっており[23]、同じ読売の記事には「内外貴顕方の夫人に八階上の舞踏場に於て踏舞し食堂ハ階上二ヶ所階下二ヶ所にて同十時より開食」と記録されている。クララの書き残すところによれば、この会には約一五〇〇人に招待状が出され、ほとんど全員が招待に応じた。クララは、「出席できたのはうれしかったけれど、あまり楽しくはなかった」、なぜなら「あまりにも人がいっぱいで、また暑すぎた」からだという。

観桜会で晴れやかな春を迎えたこの年、クララの日本での立ち位置は、ほぼ定まったように見える。彼女の滞日理由は、もはや誰かの娘としてではなく、また誰かの妻としてでもない。心に宣教の思いを強く抱き、自らの意思で日本にいることはたしかだが、いわゆる女性宣教師ではなく、他に職業を持っているわけでもない。あくまで過去九年間の周りの人々との縁に支えられて、日本に暮らしている——その点で、きわめて特異な存在になっていたと言うべきだろう。

日本人との縁は、依然として勝家を拠点としつつ、両親といた前回の滞日時と比べ、政官界の重要人物や旧世代の「殿様」が直接出入りすることこそなくなったが、そのかわりに、捨松ほか、クララ自身と同世代の女性たちとの交際が広がり、深まっている。しかしそれだけではなく、一方でビンガム駐日米公使夫妻との縁が、彼女が一人のアメリカ人女性として日本の上流社会に出入りすることを可能にしていた。とくにこの時期のクララの日記は、そうした複合的な人脈の産物でもある。

一つ興味深い書き込みに触れておくならば、右に見たバザーの一ヵ月ほど前、例によって女性たちが集合し——このときはクララの家ではなく、皆で芝公園に出かけ、石井筆子が使用人に担がせてきた手製のお弁当を広げた——、さまざまな問題を取り上げて議論した際、慈善病院のためにバザーを行うという考えは参加者の間でおおかた不評であったという。とくに筆子は、そのような資金集めは一時的な役にしか立たず、貧困にある人たち自身を教育によって変えない限り永続的な助けにはならないことを力説したらしい（一八八四年五月八日）。

おそらくバザーの噂が流れ始めたばかりであったろうこの時点では、まさに一時的に病院費用の足しにするお金を集めるかのような誤解もあったかもしれず、永続的な看護学校設立という目的は伝わっていなかったのだろう。ともあれここには、のちに障害児教育施設を創設し、その運営に専心することになる筆子の片鱗が見えるようではないか。捨松とも親しいクララが、この催しの成功を大いに喜んだことは先にも述べたが、その一方で筆子をはじめ、自らを啓発してやまないクララ周辺の女性たちは、なかなか辛辣な議論を交わしてもいたのである。

クララはこのあと、同年一一月八日に催された観菊会にも出席したことが日記からわかるが（一一月一二日）、このように次々と自分に与えられる華やかな経験がビンガム公使の庇護あってのものであることを、彼女自身がよく認識していた。そのことは先の観桜会当日をはじめ、日記に繰り返し記されている。そもそも兄のウィリスが二度目の来日後、医師としての活動の道を探る一方でアメリカ公使館の通訳の職を得ており(24)、その妹としての公使館とのつながりは存在した。が、クララ本人がしばしば破格の優遇を受けたのは、少女時代から公使夫妻に娘のようにかわいがられたことの延長であり、とりわけ両親を亡くして日本に暮らす彼女を夫妻は心にかけていたのであろう。

彼女の日記は右にも触れた一八八四年一一月一二日以降、二年半にわたって途切れ、その後、母アンナの四回目の命日にあたる一八八七年四月一七日の書き込みを最後に本当に終わってしまうので、ビンガム公使が一八八五年に長い駐日生活を終えて離日したのち、ここまでの日記を彩ってきたようなクララの生活がどう変化したか、しなかったかについては判断できない。いずれにしても、彼女がもう一方で交際を維持する日本人コミュニティーのなかに、捨松や梅子、また筆子のように、新しい学識を身に着けた女性たちが登場してきたことは、観桜会のときを頂点として、西洋文化の輸入者たるクララの位置を、徐々に後景に退かせつつあるように思われる。

捨松のバザーは、看護教育の必要もさることながら、女性が専門職について活躍することのできる場をつくりたいという意識、また彼女自身が情熱を傾けて精力的に働くことへの意欲に突き動かされてのものだったろう。しかしクララは、たとえばこのバザーを一緒に取り仕切ったり、または自身もロンドンで見てきたマイルドメイの例に倣って、日本で積極的に活動を起こしたりする選択肢は持たなかったように見える。日記は、その立場を柔らかに受け止めつつ、彼女たちを媒介し、精神的な後ろ盾となることで満足を得ていたと思われるクララの姿を伝えている。

クララを取り巻くコミュニティーは日本社会全体のなかで多分に上流知識階級に偏ったものではあるが、そのなかから、ホイットニー一家が最初にやってきた九年前とは異なる自信と信念をもって、自律的な社会建設に立ち上がろうとする人々が、たしかに出現しつつある。彼・彼女らが、もがきながらも自らの手で、次の、いわば「明治日本製」の社会を、いよいよつくっていくことになるであろう――。クララが暮らす明治一七年目の日本は、彼女自身の人生をも乗せて、そのような段階に進もうとしているようである。

註

（序章）

（1）例外として、『津田梅子――ひとりの名教師の軌跡』（双文社出版、二〇〇五年）の著者、亀田帛子氏が、クララ日記の未翻訳部分に含まれる梅子関連の記載について、講談社版ならびに中公文庫版の訳者である一又民子氏所蔵の原文（写しと推測される）を参照されている。

（2）髙橋秀悦「幕末維新のアメリカ留学と富田鐵之助――『海舟日記』に見る『忘れられた元日銀總裁』富田鐵之助⑸」『東北学院大学経済学論集』第一八六号（二〇一六年）、一―九一頁。

（3）寺岡寿一編『明治初期の在留外人』（再版）、寺岡書洞、一九八一年。また、今井庄次「明治二十年代における「内地雑居」的傾向について」『国史学』第一〇四号（一九七八年）、一―二二頁。

（4）これ以外の既存の「クララ論」としては、曽我芳枝「『クララの明治日記』に見る日本文化――『雅楽』を中心として」『東京女子大学比較文化研究所紀要』第七二号（二〇一一年）、一七―三〇頁、野口武司「『勝海舟の嫁　クララの明治日記』について――人物記載のあり方の検討を通して」『信州豊南短期大学紀要』第二二号（二〇〇五年）、一―一八六頁が挙げられる。とりわけ野口論文は、クララ日記に登場する膨大な数の人物について、たとえば名字のみで簡単に言及されている場合にも本人を特定するなどの作業を網羅的に行った労作である。残念ながら作業は和訳出版（原文から削除された部分も少なくない）を元に行われているため、各人物の初登場の日付については原文では必ずしもこのとおりではない可能性があり、注意が必要だが、登場人物に関する百科事典としての意義は大きく、筆者も活用させていただいた。この場を借りて感謝を申し上げたい。

（第一章）

（1）石附実『近代日本の海外留学史』ミネルヴァ書房、一九七二年。

(2)「海外留学生採用ノ為歸朝セン〔ヲ請フ」(明治四年七月八日)『太政類典(第一編・慶應四年～明治四年)』第一一九巻(国立公文書館蔵)。

(3)髙橋秀悦「富田鐵之助のニューヨーク副領事就任と結婚と商法講習所――『海舟日記』に見る『忘れられた元日銀總裁』」富田鐵之助(6)」『東北学院大学経済学論集』第一八七号(二〇一六年)、一五一―九二頁。

(4)残り二回は、一八六四(文久三/元治元)年のいわゆる鎖港使節(欧州を回るはずであったが、フランスのみを訪問して帰国)と、一八六七(慶応三)年パリ万国博覧会にあたっての使節。他に、いわば経済ミッションや、より実務的な任務を負ったものを含めれば、一八六二(文久二)年を皮切りに四度にわたって上海調査のために派遣された使節団のほか、一八六五(慶応元)年の横須賀製鉄所建設準備を目的とした遣仏英使節団、一八六六年の遣露使節団(領土確定交渉のため)、一八六七年の遣米使節団(軍艦購入のため)を数えることができる。

(5)犬塚孝明『森有礼』吉川弘文館、一九八六年。

(6)渋沢輝二郎『海舟とホイットニー――ある外国人宣教師の記録』ティービーエス・ブリタニカ、一九八一年。

(7)前掲、髙橋。

(8)一橋大学学園史刊行委員会編『一橋大学百二十年史』一橋大学、一九九五年。

(9)髙橋は一連の経緯の背景として、一八七二年の「学制」、翌年の「学制二編」の制定をめぐり、新たな教育体系における「商業」の位置づけが二転三転したこととの関係を指摘している。前掲、髙橋。

(10)前掲、犬塚。

(11)前掲、髙橋。

(12)東京都編・発行『商法講習所』一九六〇年。

(13)引用は一橋大学附属図書館ウェブサイト内「複式簿記がやってきた!――明治初期簿記導入史と商法講習所」に拠った。http://www.lib.hit-u.ac.jp/service/tenji/k15/taterunoshui.html(二〇一八年八月一八日最終確認)

(14)前掲、犬塚。

（第二章）

（1）野間恒『豪華客船の文化史』NTT出版、一九九三年。
（2）Kemble, John Haskell, "The Big Four at Sea: The History of the Occidental and Oriental Steamship Company," *Huntington Library Quarterly*, Vol. 3, No. 3（1940）, pp. 339–357.
（3）アーネスト・サトウ著、坂田精一訳『一外交官の見た明治維新㊤』岩波書店、一九六〇年。
（4）土屋喬雄、玉城肇訳『ペルリ提督　日本遠征記㊂』岩波書店、一九五三年。
（5）条約上は開港地として「神奈川」と定めがあったのを、幹線道である東海道中の宿場町に外国人が入り込むことを避けたい幕府は、これを近傍の寒村であった横浜に「すり替えて」開港した。開港地変更の経緯とその後に起こった外交上の問題に関しては、佐野真由子『オールコックの江戸』（中央公論新社、二〇〇三年）参照。
（6）横浜開港資料館、横浜市歴史博物館編・発行『開港場　横浜ものがたり』一九九九年。
（7）横浜港史については数多くの研究があるが、簡潔明瞭な概説として、前掲、横浜開港資料館、横浜市歴史博物館をお奨めしたい。
（8）横浜商業会議所編『横浜開港五十年史（下巻）』名著出版、一九七三年。
（9）横浜市編・発行『横浜市史　第三巻下』一九六三年、八一九―八二五頁。
（10）西川武臣『横浜開港と交通の近代化――蒸気船・鉄道・馬車をめぐって』日本経済評論社、二〇〇四年。前掲、野間。また、社団法人横浜港振興協会、横浜港史刊行委員会編『横浜港史　各論編』横浜市港湾局企画課、一八八九年を参照。
（11）東京都編・発行『商法講習所』一九六〇年。
（12）銀座の地所について詳しくは、酒井雅子「商法講習所と鯛味噌屋――一橋大学の源流を求めて」『一橋大学創立150年史準備室ニューズレター』№2（二〇一六年）、七〇―一三五頁。
（13）勝部真長他編『勝海舟全集20（海舟日記Ⅲ）』勁草書房、一九七三年。
（14）『七分積金始末』東京都総務局文書課、一九五一年。なお、一橋大学はこの日を創立記念日としている。

大場高志「一橋大学の創立記念日について（資料紹介）」『一橋大学創立一五〇年史準備史ニューズレター』No.3（二〇一七年）、五二―六六頁を参照のこと。

（15）明治八年八月三一日付、福沢諭吉より富田鐵之助宛書簡。『福沢諭吉全集　第一七巻』岩波書店、一九六一年。

（16）明治八年九月一〇日付、森有礼より高木三郎宛書簡。大久保利謙監修『新修　森有禮全集　第二巻』文泉堂書店、一九九八年。

（第三章）

（1）細谷新治『商業教育の曙（上巻）』如水会学園史刊行委員会、一九九〇年。

（2）縫については、福田須美子の研究を参照のこと（『つながりあう知――クララと明治の女性たち』春風社、二〇〇九年）。

（3）森有礼夫妻を初例とする説が流布しているが、実際には富田夫妻、および高木三郎（当時サンフランシスコ副領事）の結婚が先行した。「契約結婚」とは、個人と個人が一夫一婦制を前提に、今日の制度で言う「婚姻届」を出してする結婚の謂いととるべきであろうが、当時の当事者、とくに森の場合は、近代化をリードする意識からか、かえって言葉どおりの「契約」と解する向きがあったと考えられている。髙橋秀悦「富田鐵之助のニューヨーク副領事就任と結婚と商法講習所――『海舟日記』に見る『忘れられた元日銀總裁』富田鐵之助(6)」『東北学院大学経済学論集』第一八七号（二〇一六年）、一五―九二頁。

（4）明治八年四月二九日付、福沢諭吉より富田鐵之助宛書簡。『福沢諭吉全集　第一七巻』岩波書店、一九六一年。

（5）直接の背景となったのは、ともに一八七五年公布の新聞紙条例および讒謗律であった。中野目徹「【解説】明六社と『明六雑誌』」山室信一、中野目徹校注『明六雑誌(上)』岩波書店、一九九九年、四三三―四六九頁。

（6）逐次刊行物部編『全国複製新聞所蔵一覧』国立国会図書館、一九九四年の各紙注記を参照。

（7）石井研堂『増補改訂　明治事物起原　下巻』春陽堂書店、一九四四年（一九九六年復刻）。

（8）平沢信康「近代日本の教育とキリスト教(5)――明治初期・欧化主義の時代におけるキリスト教女子教育」『鹿屋体育大学　学術研究紀要』第一五号（一九九六年）、四九―六四頁。
（9）詳しくは前掲、平沢を参照のこと。
（10）前掲、石井。
（11）槌田満文編『明治東京歳時記』青蛙房、一九六八年。
（12）前掲、石井。
（13）前掲、槌田。
（14）古屋安雄『なぜ日本にキリスト教は広まらないのか――近代日本とキリスト教』教文館、二〇〇九年。
（15）深町正勝『カナダ・メソジスト教会の伝統――静岡教会の歴史を辿って』更新伝道会、一九八七年。
（16）静岡学問所と「静岡の文明開化」については、樋口雄彦『静岡学問所』静岡新聞社、二〇一〇年、ならびに佐野真由子「日本の近代化と静岡――幕臣たちとキリスト教と」上村敏文、笠谷和比古編『日本の近代化とプロテスタンティズム』教文館、二〇一三年、六一―九一頁を参照のこと。
（17）山本幸規「静岡藩お雇い外国人教師E・W・クラーク――静岡バンド成立の背景」『キリスト教社会問題研究』第二九号（一九八一年）、一二八―一三二頁。
（18）勝海舟『解難録・建言書類（復刻原本＝海舟全集第九巻）』原書房、一九六八年。
（19）太田愛人『明治キリスト教の流域――静岡バンドと幕臣たち』中央公論社、一九九二年参照。
（20）久山康編『近代日本とキリスト教〔明治篇〕』創文社、一九五六年。また、前掲、古屋。
（21）松浦玲『勝海舟』筑摩書房、二〇一〇年。

（第四章）
（1）渋沢青淵記念財団竜門社編『渋沢栄一伝記資料　第二六巻』渋沢栄一伝記資料刊行会、一九五九年。なお、東京会議所は同年一二月には解散され、一八七八年に新たに東京商法会議所（今日の東京商工会議所の前身）が設立された。

(2) 滝村(瀧村)については宮知正人「瀧村小太郎(鶴雄)関係文書調査」『東京大学史料編纂所報』第三〇号(一九九五年)、五九頁を参照のこと。

(3) 樋口雄彦『第十六代　徳川家達』祥伝社、二〇一二年。

(4) それ以外の者は、新政府に出仕するか、武士身分を捨てて農民または商人となる道がとられた。この際の静岡への移住は必ずしも無収入を想定したものではなく、いわゆる「無禄移住」となったのは、より後の段階に至って新政府出仕や帰農の道に見切りをつけ、あらためて静岡に「帰参」した者たちである。静岡県編『静岡県史　通史編5　近現代一』静岡県、一九九六年、また、佐野真由子「日本の近代化と静岡——幕臣たちとキリスト教と」上村敏文、笠谷和比古編『日本の近代化とプロテスタンティズム』教文館、二〇一三年、六一—九一頁参照。

(5) 前掲、樋口。

(6) 徳川恒孝監修『家康・吉宗・家達——転換期の徳川家』徳川記念財団、二〇〇八年。

(7) 前掲、樋口。

(8) 一九一四(大正三)年に内閣総理大臣となる機会が生じたが、これを辞退した経緯については、前掲、樋口を参照。

(9) 佐野真由子『オールコックの江戸』中央公論新社、二〇〇三年。

(10) Hammersmith, Jack L., *Spoilsmen in a "Flowery Fairyland": The Development of the U. S. Legation in Japan, 1859–1906*, Kent: The Kent State University Press, 1998. また、高坂正堯『不思議の日米関係史』PHP研究所、一九九六年。

(11) 川崎晴朗「ビンガム・ペーパーズについて」『東京家政学院筑波女子大学紀要』第二集(一九九八年)、三五—四〇頁。

(12) 他に、少し時代が下るが、外交官夫人自身が残した滞在記として、キャサリン・サンソム著、大久保美晴訳『東京に暮す——1928—1936』岩波書店、一九九四年を紹介しておきたい。

(13) 野口武司「『勝海舟の嫁　クララの明治日記』について——人物記載のあり方の検討を通して」『信州豊南

短期大学紀要』第二二号（二〇〇五年）、一一―一八六頁。

(14) 辻達也「明治維新後の徳川宗家――徳川家達の境遇」『専修人文論集』第六〇号（一九九七年）、四七―八四頁。

〔第五章〕

(1) 宮間純一『国葬の成立――明治国家と「功臣」の死』勉誠出版、二〇一五年。

(2) もっとも今日では、平成天皇の葬送や新天皇の即位に関する儀式は従来よりも簡易な形で行われるべきことが論じられているが。

(3) 辻ミチ子『和宮――後世まで清き名を残したく候』ミネルヴァ書房、二〇〇八年。また、川延安直「徳川家茂の肖像――川村清雄画『徳川家茂像』を中心に」徳川恒孝監修、徳川記念財団編・発行『徳川家茂とその時代――若き将軍の生涯』二〇〇七年、六一―六三頁。

(4) 徳川恒孝監修、徳川記念財団編・発行『徳川家茂とその時代――若き将軍の生涯』二〇〇七年。

(5) 宮内庁編『明治天皇紀　第一』吉川弘文館、一九六八年。

(6) 前掲、宮内庁。

(7) 前掲、辻。

(8) 宮内庁編『明治天皇紀　第二』『明治天皇紀　第三』吉川弘文館、一九六九年。

(9) 前掲、辻。

(10) 勝部真長編『勝海舟全集20〔海舟日記Ⅲ〕』勁草書房、一九七三年。

(11) 髙橋秀悦『海舟日記に見る幕末維新のアメリカ留学――日銀総裁　富田鐵之助のアメリカ体験』日本評論社、二〇一八年。

(12) 「故二品親子内親王御葬祭ノ儀徳川家達留守心得へ達」（明治一〇年九月三日、国立公文書館蔵）。また、前掲、勝部。

(13) 前掲、宮間。

(14)小川原正道『西南戦争』中央公論新社、二〇〇七年。
(15)前掲、小川原。
(16)前掲、小川原。
(17)『評論新聞』第七六号（明治九年三月）。
(18)萩原延寿『西南戦争　遠い崖13――アーネスト・サトウ日記抄』朝日新聞出版、二〇〇八年。
(19)たとえば『読売新聞』明治一〇年九月三日、七日。
(20)新人物往来社編・発行『松平定敬のすべて』一九九八年。
(21)前掲、勝部。
(22)岡本拓司『科学と社会――戦前期日本における国家・学問・戦争の諸相』サイエンス社、二〇一四年。
(23)山下政三『明治期における脚気の歴史』東京大学出版会、一九八八年。
(24)前掲、岡本。
(25)前掲、岡本。
(26)山下政三『脚気の歴史――ビタミンの発見』思文閣出版、一九九五年。
(27)前掲、岡本。
(28)前掲、山下（一九九五年）。また、前掲、岡本。

（第六章）

(1)国立国会図書館デジタル展示「博覧会　近代技術の展示場」を参照のこと。http://ndl.go.jp/exposition/index.html（二〇一八年八月一九日最終確認）
(2)国立公文書館デジタル展示「公文書にみる　発明のチカラ――明治期の産業技術と発明家たち」を参照のこと。http://www.archives.go.jp/exhibition/digital/hatsumei/index.html（二〇一八年八月一九日最終確認）
(3)Bonython, Elizabeth, and Burton, Anthony, *The Great Exhibitor: The Life and Work of Henry Cole*, London: V&A Publications, 2003.

（4）田中彰校注『米欧回覧実記（五）』岩波書店、一九八二年。

（5）「東京勧業博覧会」株式会社乃村工藝社博覧会資料COLLECTION https://www.nomurakougei.co.jp/expo/exposition/detail?e_code=1326（二〇一八年八月一九日最終確認）

（6）同博については、増山一成「幻の博覧都市計画――東京月島・日本万国博覧会」佐野真由子編『万国博覧会と人間の歴史』思文閣出版、二〇一五年、二六七―二九五頁を参照されたい。

（7）明治天皇聖蹟保存会編『明治天皇行幸年表』大行堂、一九三三年。

（8）「内国勧業博覧会閉場式臨御被為在度伺」『公文録・明治十年・第五十八巻・明治十年十一月・内務省伺（三）』（国立公文書館蔵）。

（9）幕末から明治前期にかけての美術の概念とその展示をめぐる模索については、野呂田純一『幕末・明治の美意識と美術政策』宮帯出版社、二〇一五年。

（10）たとえば多木浩二『天皇の肖像』岩波書店、二〇〇五年、佐々木克『幕末の天皇・明治の天皇』講談社、二〇一五年。

（11）国立公文書館デジタル展示「近代国家日本の登場――公文書に見る明治」を参照のこと。http://www.archives.go.jp/exhibition/digital/modean_state/contents/progress/index.html（二〇一八年八月一九日最終確認）

（12）立脇和夫監修『ジャパン・ディレクトリー　幕末明治在日外国人・機関名鑑　第二巻　1876〜1878年』、ゆまに書房、一九九六年。なお、こののち年内には中国（清）の初代駐日公使（何如璋）が着任する。

（13）むろん万国博覧会には必ずすべての国家が参加するという決まりがあるわけではない。が、主催国が国交を開いている限りにおいてできるだけ多くの国を招請しようとするのが常であり、また、万博の招請活動は当初からの慣例により必ず外交ルートを通じて行われ、一国家として主催国と同等のステータスがなければ「参加国」とはされなかったため（典型的には、参加各国が「所有」する植民地は別のカテゴリーで扱われた）、各万博の公式カタログに記載された「参加国」リストを通観することで、相当に網羅的、かつ逐次的に、国家の興亡ひいては「国際社会」の構成員の変化を追うことができるのである。

(14) United States Centennial Commission, *International Exhibition 1876 Official Catalogue: Part I Main Building and Annexes*, 2nd and revd. ed., Philadelphia: John R. Nagle and Company, for the Centennial Catalogue Company, 1876.
(15) 若桑みどり『皇后の肖像——昭憲皇太后の表象と女性の国民化』筑摩書房、二〇〇一年。
(16) 坂本佳鶴恵「洋装化と女性雑誌——戦前の関与について」『お茶の水女子大学人文科学研究』第六巻（二〇一〇年）、一二三—一三四頁。
(17) 前掲、若桑。
(18)『明治十年内国勧業博覧会報告書　陶磁、蒔絵、繍絲』内国勧業博覧会、一八七八年。句読点は筆者による。
(19) 東京国立博物館編『明治デザインの誕生——調査研究報告書「温知図録」』国書刊行会、一九九七年を参照のこと。
(20) 松浦玲『勝海舟と西郷隆盛』岩波書店、二〇一一年。

（第七章）

(1)「技術官僚」という用語の使用は、工部省の設立経緯と理念について最新の研究成果を発表した柏原宏紀の主張に拠っている。柏原『工部省の研究——明治初年の技術官僚と殖産興業政策』慶應義塾大学出版会、二〇〇九年。
(2) のち外交に転じ、また枢密顧問官も務めた。高崎哲郎『評伝大鳥圭介——威ありて、猛からず』鹿島出版会、二〇〇八年。
(3) この経過について詳しくは、植村正治「明治初期工学教育機関の設立——工学寮について」『社会科学』第八九号（二〇一〇年）、二一—四七頁。なお、最終的な「工部大学校」という名称は、当初の小学校・大学校の両機能を含めた全体を指すものである。
(4) 石橋絢彦「回顧録（其の二）」、旧工部大学校史料編纂会編『旧工部大学校史料・同附録』青史社、一九七八年、二〇七―二五七頁。

（5）旧工部大学校史料編纂会編『旧工部大学校史料・同附録』青史社、一九七八年。

（6）三好信浩『増補　日本工業教育成立史の研究』風間書房、二〇一二年。三好は、建議が伊藤博文と共同でなされたという通説を、二人の実際の動きを追ったうえで否定している。

（7）「工部学校取建并虎御門内延岡藩邸御渡申立」『公文録・明治四年・第一八巻・辛未五～七月・工部省伺』（国立公文書館蔵）。句読点は筆者による。なお、ここに引用した文書の解説ないし現代語訳として、植村正治による適切かつ明快な文章を、以下にお借りして紹介する。

古来より一国の文明を盛大にするためには、国全体で知識を開発し厚生に利用しなければならない……。すでに設立された工部省が管理する事業はまさにこのための基礎であり、早急に実績をあげ「万国ト併立富強」していくことが常に希求されてきた。しかし、官営工場の規模に関係なく、技術に関することが「皇朝」にとってきわめて重要な任務であり、「実学」の知識を持つ者でなければこれを十分に遂行することはできない。残念ながらわが国においてはその技術の一分野も理解している人物が見当たらず、このため今日多数の外国人により事業の設立・維持が行われていることはやむを得ないことである。常に彼等の余力を借りてようやく業績を上げ、一時は順調に進んだ様にもみえたが、永遠の「富強ノ基本」にはならないという不安な状態である。このような状況を考慮すると人材教育が不可欠であると考えられる。工部省内に「工部学校」を早急に設立し、「少年有志ノ者」を学校で勉強させ、一定の年数を経た後、教師の指導の下に欧米に留学させ、学業成果を上げたのち奉職させることにすれば、外国人の雇用などが減少し、鉄道を始めとする諸官業の実績が日本国中に行きわたる。永遠に朽ちることのない基本となり、「皇威」が世界中に輝き、必ずやすべての国民が文明盛大の恩恵に浴するに違いないと考える。学校設立場所として、旧延岡藩邸が最適の場所なので、できるだけこの場所を譲渡していただき、学校建設命令を下していただきたい。学校建設に当たっては（工部省が）最大限の努力で迅速に行うことにする。竣工後の生徒募集などの学校規則については調査後に報告するので、学校設立の英断を早急に下されたい……。（前掲、植村）

（8）梅渓昇『お雇い外国人の研究　上巻』青史出版、二〇一〇年。
（9）ただし、ダイアー主導との通説に対し、ダイアー以前に日本側で持っていた計画の主体性を掘り起こした論考として、和田正法「工部大学校創設再考――工部省による工学寮構想とその実施」『科学史研究』第五〇号（二〇一一年）、八六―九六頁を参照されたい。
（10）前掲、植村。
（11）前掲、旧工部大学校史料編纂会。なお、明治一八年四月改正の同校「學課並諸規則」では、専門学科は土木学、機械工学、造船学、電気工学、造家学、製造化学、鉱山学、冶金学の八科となっている。
（12）前掲、旧工部大学校史料編纂会に収載。
（13）八本木浄「日本における工業系高等教育の創始と変遷」『日本の科学者』第四二巻第一〇号（二〇〇七年）、一六―二一頁。
（14）これら多くの御雇外国人の事績に関する豊かな識見が盛り込まれた読み物として、『東京人』通巻二一九号（二〇〇五年）の特集「『お雇い外国人』を知っていますか？――明治ニッポンの家庭教師たち」を挙げておきたい。
（15）ここでは狭義の御雇外国人に位置づけられる「官傭」に限って述べているが、民間会社や個人などが雇用した「私傭外国人」に目を向けた場合には、この傾向が逆になり、いわば官傭と入れ替わるようにして数が延びていったことが明らかにされている（前掲、梅渓）。これらの人々も当時の日本において重要な役割を果たしたとはいえ、単に従業員として外国人を雇い入れるケースと区別がつきにくく、そこに明確な定義があるわけでもないことから、本書では基本的に、「官傭」の人々を指して限定的に「御雇外国人」と位置づけている。（梅渓は、官傭、私傭を区別しつつ、両者を含めて御雇外国人としているが、私傭に関しては資料も少なく研究が蓄積されていないことを述べている。）
（16）「日本近代建築の夜明け――建築設計競技を中心に」国立国会図書館ウェブサイト「本の万華鏡」を参照のこと。http://www.ndl.go.jp/kaleido/entry/16/（二〇一九年一月二日最終確認）
（17）前掲、旧工部大学校史料編纂会。

(18) ディクソン自身はその後、郷里で神学を学び直し、牧師であった父と同じ道を歩んだ。再びスコットランドを離れ、オーストラリアおよびニュージーランドのキリスト教界で活躍したことが知られている。"The Cyclopedia of New Zealand" by Victoria University of Wellington. http://nzetc.victoria.ac.nz/tm/scholarly/tei-Cyc02Cycl-t1-body1-d1-d23-d39.html (Accessed 19 Aug. 2018)

〈第八章〉

(1) 塚原康子『明治の国家と雅楽——伝統の近代化/国楽の創成』有志舎、二〇〇九年。

(2) 曽我芳枝「『クララの明治日記』に見る日本文化——『雅楽』を中心として」『東京女子大学比較文化研究所紀要』第七二巻(二〇一一年)、一七—三〇頁。

(3) 前掲、曽我もクララ日記を参照し、同様の指摘をしている。

(4) 前掲、塚原。

(5) 前掲、塚原。

(6) 一八七一年八月の官制改革により、宮内省式部寮雅楽課に移行、今日の宮内庁式部職楽部に続いている。前掲、塚原。また、一般財団法人日本雅楽協会ウェブサイトを参照のこと。http://gagaku.or.jp/(二〇一九年一月二日最終確認)

(7) 明治政府に正式任用された雅楽奏者が「伶人」と呼ばれた。前掲、塚原。

(8) 阿部勘一他『ブラスバンドの社会史——軍楽隊から歌伴へ』青弓社、二〇〇一年。

(9) この展開に関する優れた研究として、奥中康人『国家と音楽——伊澤修二がめざした日本近代』春秋社、二〇〇八年。

(10) 前掲、塚原。なお、その後の雅楽界におけるさまざまな出来事もさることながら、第二次世界大戦後の皇室のあり方の変化に伴って、社会における雅楽奏者の位置も大きく変貌せざるをえなかったことは言うまでもない。そうしたなかでも、今日の宮内庁式部職楽部が、いわゆる雅楽と西洋音楽の双方をこなす演奏家集団であり続けていることは、日本の音楽史にとどまらず、より広い意味での明治日本の模索と、そのなかから見つけた一つの答えを、よく表しているのではないだろうか。

(11) 上田真樹「明治初期における西洋音楽用語の創成——瀧村小太郎の試行」『音楽教育史研究』第九号（二〇〇六年）、一一—二二頁。なお、訳書の原著名は、各種の書誌情報をもとに修正した。

(12) 藤原義久・森節子・長谷川明子「瀧村小太郎の生涯と楽語創成——原資料による西洋音楽受容史の一考察」音楽図書館協議会編・発行『音楽情報と図書館——音楽図書館協議会二〇周年記念』一九九五年、一六一—二〇四頁。ただしこの研究では、本稿のこのあとの部分で取り上げる、パリ万国博覧会送付用音楽書の翻訳に関する経緯は見落とされている。

(13) 前掲、塚原。

(14) 東京大學史料編纂所『柳營補任』（二、三、五、六）、東京大學出版會、一九六三〜五年。

(15) 前掲、塚原。

(16) 原本は国立国会図書館デジタルコレクションでも閲覧可能である。http://dl.ndl.go.jp/info:ndljp/pid/854801（二〇一八年八月一九日最終確認）

(17) 東川清一「音名に異はあれどその音はみな同じ」江崎公子編『音楽基礎研究文献集　別巻』大空社、一九九一年、一二—一六頁。

(18) 前掲、塚原。

(19) 完成品は小さなパンフレットとして少部数が会場で配布され、そのまま散逸したことが想像される。いずこか、おそらくパリの家庭内などに眠っているものがいずれ発見されることを祈る。

(20) 前掲、塚原。

(21) 佐野真由子「文化の実像と虚像——万国博覧会にみる日本紹介の歴史」『国際関係論研究』第九号（一九九五年）、七七—一一二頁。

(22) ただしそれ以前、徳川政権下でも、一八六二年ロンドン博、一八六七年パリ博に参加している。

(23) その議論の傾向について、稲賀繁美「官製『日本帝国美術史』の誕生——正史編纂の舞台裏に隠された歴史観の葛藤」を参照されたい。稲賀繁美研究室ウェブサイト　http://www.nichibun.ac.jp/~aurora/1998/98-

16.html（二〇一八年八月一九日最終確認）

(24) たとえば、一九〇〇年パリ万博のために、巴里万国博覧会臨時博覧会事務局によって「日本の農業」についての解説書 *L'Agriculture au Japon*（Paris: Maurice de Brunoff, [1900]）が作成されている。こうした解説書は、一貫したシステムによって編纂され、保管されたものではないため、網羅的な収集には困難が伴うが、今後、発掘していくことには大きな意味がある。

(25) 寺本敬子『パリ万国博覧会とジャポニスムの誕生』思文閣出版、二〇一七年に概要が紹介されている。

（第九章）

(1) 一橋大学学園史刊行委員会編『一橋大学百二十年史』一橋大学、一九九五年、および、同委員会編『一橋大学年譜Ⅰ（明治八年八月―昭和二一年三月）』一橋大学、一九七六年。また、国立国会図書館「近代日本人の肖像」を参照のこと。http://www.ndl.go.jp/portrait/（二〇一八年八月一九日最終確認）

(2) これに関連して、この約二年後、一家の（一時）帰国に際しての出来事をめぐって、クララは自分が娘として父親にまったく関心を持たずにいたことに気づき、そのことを日記に記している（一八八〇年一二月一二日）。

(3) 前掲、一橋大学学園史刊行委員会。

(4) 戸田清子「工部省における御雇外国人――明治前期　日本の技術導入をめぐって」『奈良県立大学研究季報』第一三巻第四号（二〇〇二年）、二七―三六頁。

(5) 前掲、一橋大学学園史刊行委員会。

(6) 犬塚孝明『森有礼』吉川弘文館、一九八六年。

(7) 前掲、一橋大学学園史刊行委員会。

(8) 東京都編・発行『商法講習所』一九六〇年。

(9) 勝部真長他編『勝海舟全集20〔海舟日記Ⅲ〕』勁草書房、一九七三年。

(10) 内田和秀「横浜山手病院について　17. 解説編　ウィリスと赤坂病院(1)」『聖マリアンナ医科大学雑誌』Vol.

43（二〇一五年）、九三―九七頁。

（11）手塚竜麿「金沢時代のウィリス・N・ホイットニー」『英学史研究』第一四号（一九八一年）、三一―三六頁。

（12）ウィリスはその後、一九一一年に離日した。さらなる医学研鑽のうえで日本に戻るためであったが、病を得て叶わず、一九一八年にロンドンで死去した（渋沢輝二郎『海舟とホイットニー――ある外国人宣教師の記録』ティービーエス・ブリタニカ、一九八一年）。病院は経営困難となりついに閉鎖に至ったが、待合室での聖書研究会から始まったとされる教会は、日本基督教団赤坂教会として現存している。なお、同教会は赤坂病院の閉鎖時期を一九二七年としており（同教会ホームページ akasakachurch.com/〔二〇一八年八月一九日最終確認〕）、先行研究でもその見解が流布しているが、内田和秀は複数の医師名簿を手がかりに一九二九年と推定している（内田「横浜山手病院について 18・解説編 ウィリスと赤坂病院(2)」『聖マリアンナ医科大学雑誌』Vol. 43〔二〇一五年〕、九九―一〇二頁）。

（13）日本では初例となったユーイングの蓄音機（蘇言機）について詳しくは、日本音響学会のウェブサイトを参照のこと。http://www.asj.gr.jp/qanda/answer/167.html（二〇一八年八月一九日最終確認）

（14）流通しているクララ日記の和訳版では、一八七八年一〇月二一日の段階から大山の肩書きを「中将」としているが、大山が中将となるのは北陸から戻った後の一八七八年一一月二〇日である（尾野實信編『元帥公爵大山巖年譜』大山元帥傳刊行所、一九三五年）。クララ自身が原文で用いているのは、つねに一般的な将官の呼称としての General であり、訳者が後日の大山のイメージを遡って反映させたものと思われる。

（15）前掲、勝部。

（16）松浦玲『勝海舟』筑摩書房、二〇一〇年。

（17）佐野真由子「日本の近代化と静岡――幕臣たちとキリスト教と」上村敏文、笠谷和比古編『日本の近代化とプロテスタンティズム』教文館、二〇一三年、六一―九一頁参照。

（第一〇章）

（1）高校教育インスティテュート「アメリカ教育における歴史・伝統・理念の形成・発展」二〇一四年。http://ins.jp.org/aer_files/aer_file2_nkato.pdf（二〇一八年八月一九日最終確認）
（2）長島要一『明治の国際人・石井筆子――デンマーク女性ヨハンネ・ミュンターとの交流』新評論、二〇一四年。長島は同書で新資料を検証し、いわゆる鹿鳴館時代の晩餐会で、フランス語通訳として活躍した筆子こそがピエール・ロティ「お菊さん」のモデルであると述べている。
（3）筆子については、福祉史の方面から研究されることが多かった。津田裕次『滝乃川学園石井亮一・筆子が伝えた社会史(1)――女子教育から知的障害者教育へ』大空社、二〇一二年、川上輝昭「草創期における障害児の福祉と教育――石井筆子の功績から学ぶもの」『名古屋女子大学紀要　人文・社会編』第五四号（二〇〇八年）、四三―五五頁など。
（4）東京都編・発行『東京の女子教育』一九六一年。
（5）湯川次義『近代日本の女性と大学教育――教育機会開放をめぐる歴史』不二出版、二〇〇三年。なお、こうしたなかで、一八八二年にアメリカの大学で学位を取得した最初の日本人女性が、本書第一三章の主要な登場人物となる山川捨松である。
（6）櫻井役『女子教育史』増進堂、一九四三年。
（7）梅根悟監修・世界教育史研究会編『女子教育史』講談社、一九七七年。
（8）前掲、東京都。
（9）前掲、東京都。また、「女子学院中学校・高等学校　公式サイト」を参照のこと。www.joshigakuin.ed.jp/school/deveropment/（二〇一八年八月一九日最終確認）
（10）平塚博士記念事業会編『平塚益徳著作集　第Ⅰ巻　日本教育史』教育開発研究所、一九八五年。また、それぞれ「青山学院（https://www.aoyamagakuin.jp/history/)」「平安女学院中学校・高等学校（www.jh.heian.ac.jp/school_profile/gakkouno_enkaku)」「神戸女学院中学部・高等学部（www.kobejogakuin-h.ed.jp/annai/enkaku.html)」のウェブサイト内で詳細な学校沿革が紹介されている。（二〇一八年八月一九日最終確認）
（11）前掲、平塚博士記念事業会、ならびに東京都。さらに、これらの系譜について詳細な情報を盛り込んだ研究成果として、平沢信康「近代日本の教育とキリスト教(5)――明治初期・欧化主義の時代におけるキリスト教女子教育」『鹿屋体育大学学術研究紀要』第一五号（一九九六年）、四九―六四頁を紹介しておきたい。
(12) 国立国会図書館第一四八回常設展示カタログ「女學生らいふ」二〇〇七年。
(13) 菅聡子「国家と女学生――東京女子高等師範学校を事例として」『お茶の水女子大学人文科学研究』第四巻（二〇〇八年）、四一―五一頁。
(14) 平沢信康「近代日本の教育とキリスト教(4)――明治初期・欧化主義の時代におけるキリスト者の教育活動」『鹿屋体育大学学術研究紀要』第一四号（一九九五年）、六三―八〇頁。なお、平沢は「三大私塾」としているが、ここでは人口に膾炙している「三大義塾」の語を採用した。
(15) 平沢信康「近代日本の教育とキリスト教(3)――幕末・明治初期におけるキリスト教系私塾・学校の出現と信仰の自由化」『鹿屋体育大学学術研究紀要』第一二号（一九九四年）、七九―九一頁。
(16) 前掲、東京都。

（第一一章）
(1) Young, John Russell, *Around the World with General Grant: A Narrative of the Visit of General U. S. Grant, Ex-President of the United States, to Various Countries in Europe, Asia and Africa, in 1877, 1878, 1879*, New York: The American News Company, 1879, 2 Vols.
(2) 外務省編『日本外交文書　第十二巻』日本國際連合協會、一九四九年。
(3) 渋沢青淵記念財団竜門社編『渋沢栄一伝記資料　第二十五巻』渋沢栄一伝記資料刊行会、一九五九年。
(4) 井上馨侯傳記編纂会編、『世外井上公傳3』原書房、一九六八年。また、宮永孝訳『グラント将軍日本訪問記』雄松堂書店、一九八三年（前掲、Young の日本訪問部分のみを翻訳し、かつ訳者の解説を加えたもの）。
(5) Chang, Richard, T., "General Grant's 1879 Visit to Japan", *Monumenta Nipponica: Studies in Japanese Culture*, Vol. 24 (1969), pp. 373–92.
(6) 前掲、外務省。

（7）前掲、宮永。

（8）豊島左十郎編『グランド公略伝』北島禹三郎、一八七九年など。

（9）前掲、Chang. なお、グラントと日本のかかわりについて特筆されるのは一般的に、初期の不平等条約改正交渉においてグラントが日本の立場を後押ししたことと、琉球の併合問題に関して中国との平和的交渉を日本に助言し、両国の仲介役を果たそうとしたことの二点だが、それらの論点をめぐっても、独立してグラントの影響を掘り下げた研究は見当たらない。

（10）中嶋哲也「術から文化へ――元米国大統領グラントの演武鑑賞と柔術」『鹿児島大学教育学部研究紀要　人文・社会科学編』第六六巻（二〇一五年）、七七―九二頁、Okamoto, Kikuko, "A Cultural History of Planting Memorial Trees in Modern Japan: With a Focus on General Grant in 1879",『総研大文化科学研究』第九号（二〇一三年）、八一―九四頁。また、グラント来日のみを扱った研究ではないが、同様の観点から文化史上の興味深い意義づけを行ったものとして、倉田喜弘『芝居小屋と寄席の近代――「遊芸」から「文化」へ』岩波書店、二〇〇六年を挙げておきたい。

（11）本章でここまでに紹介した各論文は、クララ日記を使用していない。他方、グラント来日自体を研究したものではないが、その前後の経緯を解明する資料の一環としてクララの日記を活用した希少な例に、松浦玲『勝海舟』筑摩書房、二〇一〇年がある。

（12）立脇和夫監修『ジャパン・ディレクトリー　幕末明治在日外国人・機関名鑑　第三巻　１８７９～１８８０年』ゆまに書房、一九九六年。

（13）阿部勘一他『ブラスバンドの社会史　軍楽隊から歌伴へ』青弓社、二〇〇一年。

（14）流通している邦訳版では「井上外務卿」となっているが、クララの原文では "chief of the Kobu sho, or Public Works Department" つまり工部卿であり、実際、井上はこのとき工部卿であった。外務卿就任はここから二ヵ月後である。前掲、井上馨侯傳記編纂会。

（15）前掲、外務省。

（16）前掲、渋沢青渊記念財団竜門社。

(17) 前掲、渋沢青淵記念財団竜門社。
(18) 前掲、渋沢青淵記念財団竜門社。
(19) 前掲、渋沢青淵記念財団竜門社。
(20) 国立国会図書館「近代日本人の肖像」。http://www.ndl.go.jp/portrait/datas/331.html(二〇一八年八月一九日最終確認)
(21) 国立国会図書館「近代日本人の肖像」。http://www.ndl.go.jp/portrait/datas/319.html?cat=56(二〇一八年八月一九日最終確認)
(22) 前掲、渋沢青淵記念財団竜門社。なお渋沢自身は晩年に至って、祝辞の朗読は自分が行ったという趣旨のことを複数の回顧談で語っているが、同時代の報道は『東京日日新聞』『朝野新聞』がともに福地が読み上げたと記録しており、後者のほうが信頼性が高いと考えるべきであろう。
(23) 前掲、渋沢青淵記念財団竜門社。
(24) 竜門社編『青淵先生六十年史――一名・近世実業発達史　第二巻』竜門社、一九〇〇年。
(25) 前掲、渋沢青淵記念財団竜門社。
(26) 前掲、井上馨侯傳記編纂会。
(27) 近年では、二〇二〇年東京オリンピックに向け延遼館を復元する計画を舛添前都知事が公表したことなどから、まとまった研究のなかった往時の同館に関する調査が着手された。東京都公文書館編『延遼館の時代――明治ニッポンおもてなし事始め』東京都公文書館、二〇一六年。
(28) 前掲、宮永。
(29) 多田好問編『岩倉公実記(下巻)』原書房、一九六八年。
(30) 前掲、渋沢青淵記念財団竜門社。
(31) 前掲、中嶋ならびに倉田。
(32) 前掲、渋沢青淵記念財団竜門社。
(33) 前掲、宮永。

（第一二章）

（1）*Michigan Argus* 紙（一八七一年八月二五日）で発表された詩と考えられる。Ann Arbor District Library: https://aadl.org/node/288816（二〇一八年八月二〇日最終確認）

（2）野口武司「『勝海舟の嫁　クララの明治日記』について——人物記載のあり方の検討を通して」『信州豊南短期大学紀要』第二一号（二〇〇四年）、一—一〇八頁

（3）前掲、野口も、むろんウィリスの学業の問題だけでなく、一家の経済的困窮を帰国理由に挙げている。

（4）犬塚孝明『森有礼』吉川弘文館、一九八六年。

（5）勝部真長他編『勝海舟全集20〔海舟日記Ⅲ〕』勁草書房、一九七三年。

（6）ただし、訳出されている部分にも折々に抜けがあることは、やはり序章で述べたとおりである。

（7）我部政男・広瀬順晧編『国立公文書館所蔵　勅奏任官履歴原書・下巻』柏書房、一九九五年。

（8）Alcock, Rutherford, *Medical Guide to Paris: A Description of the Principal Hospitals of Paris, with Some Accounts of the Practice of the Most Eminent Physicians and Surgeons Attached to the Different Hospitals*, London: Burgess and Hill, 1828.

（9）BIE（Bureau International des Expositions）ウェブサイトを参照のこと。https://www.bie-paris.org/site/en/（二〇一九年一月二日最終確認）

（10）日本での研究として、松村昌家『水晶宮物語——ロンドン万国博覧会一八五一』リブロポート、一九八六年がある。

（11）パビリオン形式はこの先すぐ、一八六七年のパリ万博から導入されはじめ、先に触れた一八七三年ウィーン博でも、巨大建築と各国パビリオンが併存していた。吉田光邦『図説万国博覧会史——一八五一—一九四二』思文閣出版、一九八五年。

（12）徳川恒孝監修、徳川記念財団編・発行『家康・吉宗・家達——転換期の徳川家』二〇〇八年参照。

（13）HIDDEN LONDON ウェブサイトを参照。http://hidden-london.com/gazetteer/sydenham/（二〇一九年一月二日最終確認）

（14）前掲、徳川には、書簡の写真が豊富に掲載されている。
（15）クララは記していないが、ワイト島は有名なリゾート地であるだけでなく、ヴィクトリア女王夫妻が好み、頻繁に訪れた離宮オズボーンハウス（現在は文化遺産として公開されている）の所在地として著名な場所である。ENGLISH HERITAGE ウェブサイトを参照のこと。https://www.english-heritage.org.uk/（二〇一九年一月二日最終確認）
（16）前掲、犬塚。
（17）*Illustrated London News*, 24 May 1862.
（18）奥中康人『国家と音楽――伊澤修二がめざした日本近代』春秋社、二〇〇八年。また、国立国会図書館「近代日本人の肖像」。http://www.ndl.go.jp/portrait/datas/529.html?cat=62（二〇一八年八月二〇日最終確認）
（19）前掲、勝部。
（20）Mildmay ウェブサイト参照。https://mildmay.org/（二〇一八年八月二〇日最終確認）
（21）渋沢輝二郎『海舟とホイットニー――ある外国人宣教師の記録』ティービーエス・ブリタニカ、一九八一年。

（第一三章）

（1）戸田徹子「フィラデルフィアにおける柴四朗――日米交流の起点として」『山梨国際研究　山梨県立大学国際政策学部紀要』第九号（二〇一四年）、六〇―六九頁。
（2）渋沢輝二郎『海舟とホイットニー――ある外国人宣教師の記録』ティービーエス・ブリタニカ、一九八一年。
（3）この点に関しては多くの研究があるが、たとえば内田道子「メアリ・H・モリス奨学金」飯野正子他編『津田梅子を支えた人びと』有斐閣、二〇〇〇年、一七七―二〇一頁を参照のこと。
（4）永井繁子については、生田澄江『舞踏への勧誘――日本最初の女子留学生永井繁子の生涯』文藝社、二〇〇三年。

（5）久野明子『鹿鳴館の貴婦人　大山捨松』中央公論社、一九九三年。

（6）亀田帛子『津田梅子——ひとりの名教師の軌跡』双文社出版、二〇〇五年。同書で亀田は、実際にはモリス家の日本人客名簿に、梅子のモリス家初訪問は一八八二年二月と記録されていることを述べたうえで、それが三月の誤りであり、クララと一緒に訪れたときのことを指すという推測を、説得力のある理由とともに示している。

（7）前掲、渋沢。また、前掲、内田も、内村とモリス家の交際に触れている。

（8）前掲、渋沢。

（9）クララは一八八二年九月二二日の日記に、ウィリスが資金不足のため諦めようとしていたその申請が、一家がいよいよロンドンを出発しようとするときになって再び篤志家が現れ、可能になったことを記している。この篤志家とは誰か。現時点ではあくまで想像にすぎないが、二つの有力な可能性に触れておきたい。一つは、フィラデルフィアのモリス家と交際のあったロンドンの著名なクウェーカー一族、ブレイスウェイト家である。ウィリスは、このときのロンドン滞在中に出会ったとされるその娘メリーと一八八五年に結婚し、日本に呼び寄せた。また、メリーの弟ジョージ・ブレイスウェイト（George Braithwaite）は、英国聖書協会の派遣で一八八六年に妻レティティアと来日、日本での伝道活動に生涯を捧げることになる（前掲、渋沢）。もう一つの可能性は、ジャーディン・マセソン社のロンドン代表で、幕末の長州密航留学生を現地で援助したこともあるヒュー・マセソン（Hugh Mackay Matheson）である（Yamamoto Yumiyo, "Inoue Masaru-'Father' of the Japanese Railways", Nish, Ian, ed. *Britain & Japan Biographical Portraits-Volume 2*, London: Routledge, 1997, pp. 21-34.）。クララたちは、前回ロンドン滞在中の一八八〇年六月一四日に、初めて同市北郊ハムステッド・ヒースの屋敷にマセソン家を訪ねており、その後も継続的に交際があったことが日記からわかるが、これは必ずしも日本という縁によるものではなく、マセソンが長老派の教会において、平信徒の活動家として一目置かれており、とりわけ海外伝道に強い関心を持っていたという背景と関係していたのではないかと想像される（*Memorials of Hugh M Matheson, edited by his wife with a prefatory note by the Rev. J Oswald Dykes*, London: Hodder and Stoughton, 1899.）。これから向かう二度目のロンドンでは、一八八二年七月一日に、クララとウィリスの二人でマセソン夫人主催のガーデンパーティーに出席している。
（10）勝部真長他編『勝海舟全集20（海舟日記Ⅲ）』勁草書房、一九七三年。
（11）家達はこのとき、夏から数ヵ月の予定で一時帰国すると話したというが、国内ではほぼ同じ時期から家達の縁談が動き出しており（前掲、勝部）、一〇月に帰朝すると翌月に近衛忠房長女泰子と結婚。留学生活は打ち切られることになった（徳川恒孝監修、徳川記念財団編・発行『家康・吉宗・家達――転換期の徳川家』二〇〇八年）。
（12）たとえば、松戸市戸定歴史館「徳川慶喜・昭武関係年表」。https://www.city.matsudo.chiba.jp/tojo/rekishikan_shoukai/rekishi/nenpyou/index.html（二〇一八年八月二一日最終確認）
（13）国立国会図書館「近代日本人の肖像」。http://www.ndl.go.jp/portrait/datas/118.html?cat=44（二〇一八年八月二一日最終確認）
（14）この日から再び、既刊の中公新書（および講談社）版に訳出されている。
（15）前掲、勝部。
（16）勝部真長他編『勝海舟全集21（海舟日記Ⅳほか）』勁草書房、一九七三年。
（17）一方でこの時期のウィリスは、駐日アメリカ公使館の通訳の仕事に就いて収入を得ていた（Hammersmith, Jack L., *Spoilsmen in a "Flowery Fairylad": The Development of the U.S. Legation in Japan*, 1859–1906, Kent: The Kent University Press, 1998）。
（18）尾野實信編『元帥公爵大山巖年譜』大山元帥傳刊行所、一九三五年。
（19）飯野正子他編『津田梅子を支えた人びと』有斐閣、二〇〇〇年。
（20）Rose, Barbara, *Tsuda Umeko and Women's Education in Japan*, New Haven: Yale University Press, 1992. なお、同書の当該時期に、クララとともに彼女の「父親」としてDr. Whitneyが登場するのは、とくにDr. という称号を用いていることからも、兄ウィリスの誤りであろう。一家と交際のあった梅子がクララの五歳年上の兄を父親と間違えるとは考えられないうえ、梅子はクララを父ウィリアムが健在であった時期から知っていたのであるから、梅子が単にDr. Whitneyと書いているのを、著者がクララの父と誤解したものと思われる。

(21) 前掲、久野。

(22) 本書で見てきた日記のみならず、アメリカ議会図書館蔵、"Clara A. Whitney Papers" に含まれるエッセイや小説原稿がそのことを証している。

(23) 前掲、久野。

(24) 「初代総裁：吉原重俊《よしはらしげとし》」日本銀行ウェブサイト。https://www.boj.or.jp/about/outline/history/pre_gov/sousai01.htm/（二〇一八年八月二一日確認）

(25) 秋山ひさ「明治期女子留学生の生涯――山川捨松の場合」『神戸女学院大学論集』第三一巻第三号（一九八五年）、八一―一〇四頁。

(26) 前掲、久野。

(27) 梅子の研究は、本章脚注に既出の著作を中心に、枚挙にいとまがない。なお、女子に限らず当時の留学生について考察した近著として、安酸敏眞『欧米留学の原風景』知泉書館、二〇一六年も参照されたい。とりわけ付属の年表は有用である。

(28) 津田塾大学編・発行『津田梅子文書』一九八四年（改訂版）。

（第一四章）

(1) 宮内庁『明治天皇紀　第六』吉川弘文館、一九七一年。

(2) 川上寿代『事典　観桜会・観菊会全史――戦前の〈園遊会〉』吉川弘文館、二〇一七年。なお、引用部「側面工作……」は、宮内庁宮内公文書館蔵「現行宮中年中行事調査部報告十六　観桜会」より川上が同書中に紹介したものである。

(3) 前掲、川上。

(4) 前掲、川上。

(5) 大塚孝明『明治外交官物語――鹿鳴館の時代』吉川弘文館、二〇〇九年。

（6）李啓彰「井上馨による外交『裏舞台』の創出――鹿鳴館の建設過程からの考察」『社会システム研究』第二二号（二〇一一年）、一四五―一六五頁。
（7）「倶楽部の歩み」一般社団法人東京倶楽部ウェブサイト。http://www.tokyoclub.or.jp/history.html（二〇一八年八月二二日最終確認）
（8）「交詢社の沿革」一般社団法人交詢社ウェブサイト。http://www.kojunsha.or.jp/enkaku.htm（二〇一八年八月二二日最終確認）また、住田孝太郎「近代日本の中の交詢社」慶応義塾大学出版会ウェブサイトも参照のこと。http://www.keio-up.co.jp/kup/webonly/ko/koujyunsya/vol1.html（二〇一八年八月二二日最終確認）
（9）前掲、李。
（10）前掲、李。
（11）この文脈における観桜会、観菊会の存在が忘れられてきた要因として、前掲、川上では、両会が外国人からの人気も相俟って次第に年中行事化し、その当初の目的と離れて今日まで続けられてきたこと、また、これらが天皇・皇后の主催行事として行われたために、鹿鳴館のように世間の批判の対象になりにくかったことを挙げている。
（12）今日では「看護師」の呼称が定着したが、当時の文脈に沿って「看護婦」の語を使うことをお断りする。
（13）久野明子『鹿鳴館の貴婦人　大山捨松』中央公論社、一九九三年。
（14）松田誠『高木兼寛の医学――東京慈恵会医科大学の源流』東京慈恵会医科大学、二〇〇七年。
（15）前掲、久野。
（16）各人の官職は、以下の資料で補正した。我部政男・広瀬順晧編『国立公文書館所蔵勅奏任官履歴原書・下巻』柏書房、一九九五年、秦郁彦編『日本官僚制総合事典　1868―2000』東京大学出版会、二〇〇一年、犬塚孝明『森有礼』吉川弘文館、一九八六年。
（17）『読売新聞』一八八四年六月一七日、一九日。
（18）『読売新聞』一八八四年六月一四日。
（19）『読売新聞』一八八四年六月一四日。

（20）前掲、松田。また、「学校法人慈恵大学　歴史〜建学の精神／沿革」学校法人慈恵大学ウェブサイト。http://www.jikei.ac.jp/jikei/history.html（二〇一八年八月二一日最終確認）なお、同ウェブサイトによれば、同じ目的のバザーが、ここで見ている一八八四年六月に続き、一八八五年一一月にもう一度開催された。
（21）*Florence Nightingale Museum*, London,［c］2010.
（22）山崎鯛介「明治天皇の御会食にみられる三つの機会とその内容」山崎他『天皇のダイニングホール――知られざる明治天皇の宮廷外交』思文閣出版、二〇一七年、一―一七頁。
（23）各招待客に許可する同伴者の範囲をめぐっての政府の試行錯誤や、これに関連する諸問題については、前掲、川上。
（24）Hammersmith, Jack L., *Spoilsmen in a "Flowery Fairlylad": The Development of the U.S. Legation in Japan, 1859–1906*, Kent: The Kent University Press, 1998.

あとがき

クララ・ホイットニーの日記を追いかけることで見えてくる世相を、ときに立ち止まって深掘りし、ときには気まぐれにさまよいながら、クララに誘われるままに描き出してみたい――本書で試みたことは、それに尽きる。申すまでもなく、クララのすべてでもなければ、当時の社会について万遍なく解説しようとしたものでもない。

結果としては、一八七三(明治六)年から八四年にかけての日本を、同時代の国際的な広がりのなかに位置づけてみるという視角が、本書の一つの特色となったように思う。むろん、クララとその一家が日本の外からやってきた人々であって、その存在自体が日本の国際関係の展開を語っている以上、当然のことには違いない。しかし同時に、この時期の日本の国づくりにとって、事実上すべての努力が、国際社会における地位の確立という強い目的意識に支えられ、つながっていたことを、筆者自身、あらためて実感することになった。

とりわけ筆者が新たな確信を得たのは、日本の近代化ないし文明開化と称される過程そのものを、海を越えた視野で捉えることの必要である。新しい知識を海外から学ぶとか、貿易が盛んになるとかといった意味ではない。もっと具体的に、そして単純に、日本社会のシステムや風景が急速な変化を遂げていったとき、それは国内でのみ起きていたわけではないということである。典型的には、在外で活躍した森有礼のような人物の存在が示す、外交制度の発達。また、富田鐵之助や、のちには徳川家達なども含む、留学生らの生活圏の広がり。さらに日本人だけでなく、一度は日本と縁を持ったディクソンのような人々が各地へ帰国し、場合によっては日本に関する本を書き、「日本」を介して互いにゆるいつながりを持ちながら生涯を送る様子は、あたかも世界地図上に日本の痕跡が散らばり、網をなしていくかのようであり、「広がりゆく日本」と呼ぶにふさわしい。文明開化とは、錦絵にも描かれた日本国内の諸事象を軸としながらも、国境を超えてそのような全体が更新されていく過程として捉えられるのではないか。

日本人とも一般の御雇外国人とも異なる、独特の立ち位置にあったクララとその家族は、まさにこの「広がりゆく日本」と日本の国内とをひと続きのものとして照らし出す、絶好の行動半径を持っていたということになるだろう。クララの日記――殊に、既刊の和訳書では省略されていた全体を見渡した場合――の歴史的な意義は、この点においてとくに他に代えがたいものがある。

ところで、一八七九年一月一一日の日記には、クララが勝家で経験した、次のようなシーンが記録されている。――逸子とおしゃべりしながら廊下に出てくると、思いがけず勝海舟本人と行き会い、クララは驚いて頭を下げながら、「失礼いたしました」と言って道を空ける。すると海舟は立ち止まり、「すっかり日本人におなりですな」と言ってほほ笑む。

クララ本人の日本文化受容という意味では、まことに印象的な場面である。実は本書を構想した当初の段階では、クライマックスとしてそこに照準を合わせていた。執筆を進めるにつれ、その予定を変更したのは、右に述べたようにこの日記が全体として示唆する、日本史のグローバルな展開とでも言うべきものに気づかされたからである。先行研究がクララ日記を取り上げる際にも中心となってきた、個人の文化受容という観点とはまた別の、そのような広がりを重視し、追ってみたいと考えるようになった。

むろんそのことは、クララの日記を読むうえで、彼女個人の異文化体験に注目することの価値をいささかも減ずるものではない。筆者がつねに支えられてきたのも、クララが日本文化を吸収しながら日々成長する姿への感動であり、異国に生きた少女を主人公とする物語として、これ以上おもしろい読み物はあるまいと思う。

その意味で忘れえないのは、二〇〇五（平成一七）年から二〇一〇年まで勤務していた静岡文化芸術大学での「文化交流論」という授業で、クララ日記（中公文庫版）をテキストに取り上げていたときのことである。教室で一緒に日記を読み進めては、クララの経験が持つ意味や社会状況を解説し、学生が意見を述べたり、短い感想文を繰り返し書いたりするという形の授業だった。共学ではあるが女子学生が多くを占める学科のことでもあり、クララとほぼ同年代の学生たちは、文字どおり主人公とともに一喜一憂していた。年によっては八〇人ほどの受講生がいたにもかかわらず、教室には皆の集中力が充満していた。

それは筆者にとっても、一人でこの日記を読んだときとはまったく異なる、胸にクララの人生を刻み付けるような経験であった。本書を執筆する機会をいただいたとき、最初に胸に浮かんだのは、その授業の様子や、学生たちが述べてくれた意見の数々であり、またそのときのことがなければ、クララの日記をこうした書物のテーマに選び、あらためて深く読み込むことは考えつかなかったかもしれない。当時、私の「文化交流論」を受講してくれた「文芸大」の学生たちに、心からありがとうと伝えたい。

さて、アメリカ議会図書館に所蔵されている "Clara A. Whitney Papers" には、日記以外の資料も含まれていることを序章で述べた。それらのなかでも興味深いものの一つは、クララが一九〇〇（明治三三）年に至って梅太郎のもとを離れ、六人の子どもたちをつれてアメリカに帰ったのち、さまざまな日本関係の記事を切り抜いて保管していたスクラップブックである。

「日本の子どもたち」「日本の迷信」「日本における誕生日」、さらには「天皇の園遊会」……といったエッセイの数々は、すべてに署名があるわけではないが、クララ自身が寄稿したものであることは間違いない。残念ながら切り抜きには掲載紙名や掲載日が付されていないのだが、断片的に拾うことのできる情報からは、少なくとも帰国後数年にわたり、さまざまな日刊紙の日曜版や週刊誌などに彼女の文章が収録されたほか、*The Sunday School Advocate for Boys and Girls* という子ども向け週刊新聞に連載していたらしいことが読み取れる。

これらはクララが依頼されたり、楽しみで書いたりした面もあろうが、彼女にとって重要な収入源という性格が強かったものと推測される。ずっとのちになって、クララの末娘であるヒルダ・ワトキンズ（Hilda E. Watkins）が日本の勝家の子孫と交流を持つようになってから、毎日新聞の英字紙である *Mainichi Daily News* に寄せた回顧記事（一九七四〔昭和四九〕年三月一〇日）によれば、アメリカに移ってからも一家は日本から仕送りを受けていたが、それはいつも「望むとき」に届くわけではなく、クララは日本について書くことと、ときに講演することで家計を支えたという。

そうしたなか、クララがニューヨークの出版社 Harper & Brothers（現 HarperCollins）から受け取った一九〇五（明治三八）年八月一五日付の手紙が、やはりアメリカ議会図書館の文書群のなかに残されている。日本の女性たちの生活について彼女が執筆し、同社に送ったらしい数章の原稿について、その内容や文章力を高く評価しながらも、出版が難しいことを述べた丁寧な手紙である。その理由は「ニューヨークには多くの日本人がいて日本の習慣や歴史について書いており、このマーケットはやや供給過剰気味であるため」だという。

クララの落胆を想像すれば心が痛むが、手紙に説明された状況は、日露戦争期のアメリカにおける日本人たちの活躍の一端を語っており、まことに興味深い。同時に、こうした日本人自身の台頭によってクララの役割が後退するという図式は、遡って一八八〇年代、捨松や梅子が最先端の「国際派日本人」として留学先から戻り、悩みながらもそれぞれの活動を始めていった時期の様子とも重なる。少なくとも当初、日本においては西洋文化の最高の窓口であり、アメリカに戻れば日本文化の最高の語り手であったクララの人生は、このような角度からも、個人の異文化受容というストーリーを超えて、「広がりゆく日本」の一断面を映し出していると言えるだろう。

クララは、一九三六（昭和一一）年一二月六日に亡くなった。これも右の文書群中に保管されている、地元紙に掲載された訃報（*Chester Times*, December 9, 1936）には、彼女の日本とのつながりや帰国後の執筆活動のこと、また晩年を過ごしたペンシルヴァニア州メディアの町で、長老派の教会活動に熱心に参加していたことなどとともに、「日本人を称賛するにおいて断固たるものがあった」と記されている。

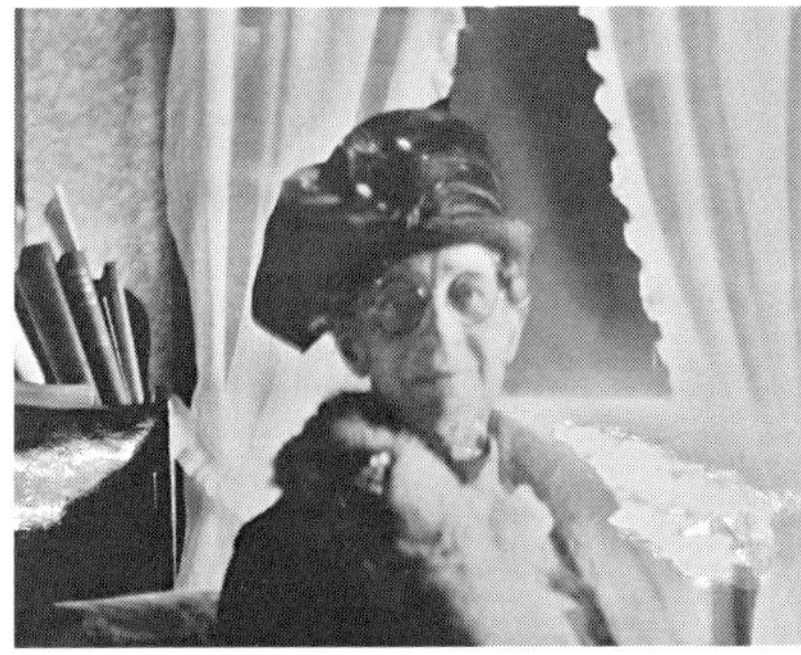

1926年（65〜66歳）のクララ
BOX 4, Clara A. Whitney Papers, Manuscript Division, Library of Congress, Washington, D.C.

◇

本書を書き進める過程では、各地の図書館・資料館などで多くの方々が筆者のややこしい相談に乗り、調査の道を開いてくださった。個々にお名前を挙げることは叶わないが、心から御礼を申し上げたい。とりわけアメリカ議会図書館の貴重書閲覧室では、メモ用紙を含めて室外からの持ち込みはいっさい不可とされているところ、クララ日記の原文と日本から持参した既刊和訳本との比較が必須であると主張する筆者の説明に耳を傾け、スタッフ全員で情報を共有したうえで、方法を講じてくださった。帰国後の問い合わせにも建設的に応じていただき、研究者の立場に立ったサポートに感銘を受けている。

最後に、本叢書の企画にお誘いくださり、「近代」の枠にクララ・ホイットニーの日記を取り上げるという提案を承諾してくださった倉本一宏先生、そして、大幅な執筆の遅れにもかかわらず、いつもいつも寛容に励まし続けてくださった臨川書店編集部・西之原一貴さんへの感謝を記して、筆を置くことにしたい。

佐野真由子

二〇一八年暮れの静かな夕方に

佐野真由子（さの　まゆこ）

1969年東京都生。ケンブリッジ大学国際関係論専攻MPhil課程修了。東京大学博士（学術）。京都大学大学院教育学研究科教授。外交史・文化交流史、文化政策。
主な著作に、『オールコックの江戸――初代英国公使が見た幕末日本』（中央公論新社、2003年）、『万国博覧会と人間の歴史』（編著、思文閣出版、2015年）、『幕末外交儀礼の研究――欧米外交官たちの将軍拝謁』（思文閣出版、2016年）などがある。

日記で読む日本史 18
クララ・ホイットニーが綴った明治の日々

二〇一九年二月二十八日　初版発行

著者　佐野真由子
発行者　片岡敦
印刷製本　亜細亜印刷株式会社

発行所　606-8204 京都市左京区田中下柳町八番地
株式会社 臨川書店
電話（〇七五）七二一―七一一一
郵便振替　〇一〇七〇―二―八〇〇

落丁本・乱丁本はお取替えいたします
定価はカバーに表示してあります

ISBN 978-4-653-04358-4　C0321

〔ISBN 978-4-653-04340-9　C0321　セット〕